Inhalt

Anhang

Gustav Mahler – ein Lebensbild

Mahlers Geburtshaus in Kalischt

Gustav Mahler wurde am 7. Juli 1860 in Kalischt, einem Dorf im abseits gelegenen Grenzgebiet zwischen Böhmen und Mähren, geboren. Seine Eltern, Bernhard und Marie Mahler, gehörten dem jüdischen Kleinbürgertum an und suchten sich beharrlich in den Kaufmannsstand emporzuarbeiten. Das Streben nach einer höheren gesellschaftlichen Stellung war für dieses Kleinbürgertum insofern von besonderer Bedeutung, als es, mitten unter Deutschen und Tschechen lebend und doch von ihnen wie durch eine unsichtbare, aber nicht durchlässige Wand getrennt, allen möglichen Vorurteilen und Diffamierungen ausgesetzt war. Wie empfindlich der Sohn Gustav noch im reifen Alter mit den Umständen seiner Herkunft umging, zeigt ein Brief an Richard Specht, einen Wiener Kritiker und Musikschriftsteller, der 1905 die erste Biographie Mahlers veröffentlichte: »Die ›Schank‹ (die Sie meinen Eltern vindizieren) scheint mir eine etwas triviale Spezifizierung. Ich glaube, daß der Kaufmannsstand meinen Vater zur Genüge bezeichnet« (Briefe, S. 295).

Die »Assimilation« war den Juden in den westlichen Teilen des habsburgischen Vielvölkerstaates eher möglich als den in gleichsam nationaler Abgrenzung lebenden jüdischen Schichten im Osten des Riesenreiches. Und als sich nach 1860, vor allem infolge des verlorenen Italien-Krieges von 1859, die habsburgische Regierung zu liberalen Zugeständnissen gezwungen sah, durch welche das wirtschaftlich immer stärker werdende Bürgertum beschwichtigt werden sollte, siedelte die Familie Mahler (im Dezember 1860) in die Handels- und Industriestadt Iglau (Jihlava) über. Hier wohnten in der Mehrheit Deutsche. Mahler besuchte das Gymnasium, ohne sich jedoch durch besonderen Lerneifer oder Aufgeschlossenheit auszuzeichnen. Dagegen fühlte er sich bald zur Musik hingezogen, zu den Liedern und Tänzen der tschechischen Bevölkerung und zu den merkwürdig aufreizenden Märschen des in der Nähe einquartierten österreichischen Militärs. Die Spuren dieser Erlebnisse sollten sich im gesamten späteren Schaffen Mahlers nicht mehr verlieren: Klänge und Wendungen aus der Volks- und Militärmusik gehören zum Fundus seiner Ausdruckswelt, der Lieder wie der Sinfonien.

In Iglau erhält Mahler ersten Musikunterricht. Im Klavierspiel muß er bald beachtliche Fähigkeiten erworben haben, denn bereits mit zehn Jahren tritt er erstmals öffentlich auf. Der Rezensent des Lokalblattes geht mehr als freundlich auf dieses Ereignis ein, und der Vater wittert im Erfolg des Sohnes eine Gelegenheit, Lohn und Ansehen auf einem Gebiet zu erlangen, dem die Familie aus Neigung ohnehin zugetan war. 1871 schickt man Mahler nach Prag, um ihm neben dem Gymnasialunterricht eine bessere musikalische Ausbildung zu ermöglichen. Doch dieser Schritt auf dem Weg zum »Wunderkind« geht fehl: mehr als mangelhafte schulische Leistungen und eine bedrückende Atmosphäre im Haus der Wirtsleute veranlassen den Vater, seinen Sohn wieder nach Iglau zurückzuholen. Die Sommerferien der folgenden Jahre verbringt Mahler stets auf dem Land, als Gast auf verschiedenen Gutshöfen. 1875 begegnet er im böhmischen Moravan dem Gutsverwalter Gustav Schwarz, der selbst ein leidenschaftlicher Musikfreund ist. Beeindruckt von den pianistischen Fähigkeiten des

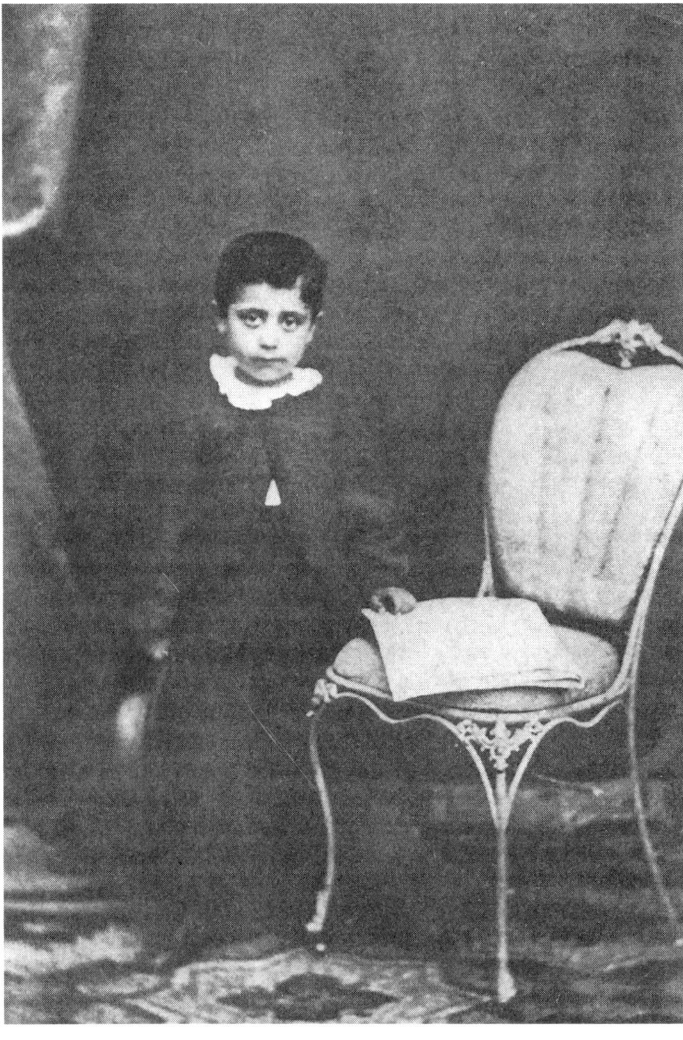

Gustav Mahler im Alter von 5 oder 6 Jahren

jungen Mannes, sorgt Schwarz mit Zustimmung des Vaters dafür, daß Mahler noch im September das Studium am berühmten Konservatorium der Gesellschaft der Musikfreunde in Wien aufnimmt.

In jenen Jahren ist Wien nicht nur die Hauptstadt eines weiträumigen Reiches, sondern längst auch ein europäisches Zentrum der Kultur, vor allem der Musik und des Theaters. Aber die Stadt wurde zugleich und immer stärker ein Hort des Konservatismus, in den politisch-sozialen Bereichen wie in der Kultur. Mahler lernte nun das klassische Repertoire der Oper, des Konzerts und des Theaters in Aufführungen kennen, deren Niveau im damaligen Europa als unvergleichlich galt. Doch dieses Niveau verband sich eben nicht selten mit der Abwehr neuer Strömungen in der Kunst, die, wie etwa der Naturalismus oder der Impressionismus, von anderen Zentren, von Berlin und Paris, ausgingen, und die in Wien in der Tat kaum ein Echo fanden. Indem hier die Klassik – Mozart, Beethoven, Weber, Rossini, Goethe, Schiller, Grillparzer – zum Maßstab künstlerischen Schaffens gemacht wurde, drohte es auf einen akademisch verwalteten Klassizismus abzusinken. Im Streit zwischen Wagnerianern und Brahmsianern war in Wien noch bis in die neunziger Jahre hinein die akademische Partei, die sich auf Brahms berief, tonangebend. Doch es fehlten bis dahin noch die jüngeren Kräfte, die dem Konservatismus erfolgreich hätten entgegentreten können. Dies war dann die Sache von Hugo von Hofmannsthal, Peter Altenberg, Hermann Bahr, Gustav Klimt, Josef Hoffmann und – Gustav Mahler.

So erlebte der Student Mahler ein glanzvolles, aber scheinbar hoffnungslos in der Tradition befangenes Wien, das seinen Ruhm aus der aufwendigen Pflege des Erbes bezog, welcher erkauft und damit auch immer gefährdet war durch die Ignoranz gegenüber dem Neuen, Zeitgemäßen und Zukunftsvollen. Darin dürfte vielleicht auch der Grund zu sehen sein, daß Mahler seine frühen Wiener Erlebnisse nahezu verschweigt und auf seine außerhalb des Konservatoriums betriebenen Studien bestenfalls ironisch zu sprechen kommt: »In meinem 17. Jahre die Universität in Wien bezogen und statt der Vorlesungen (philos. Fac.) – den Wiener Wald fleißig besucht« (Briefe, S. 182).

Mahler studiert Klavierspiel und Komposition, Dirigieren ist noch kein selbständiges Unterrichtsfach. Mit verschiedenen Persönlichkeiten, berühmten oder nachmals berühmten, kommt er in Kontakt, zu einigen entwickeln sich freundschaftliche Beziehungen: zu Anton Bruckner und Hugo Wolf, zu dem Musikwissenschaftler Guido Adler oder zu dem exzentrischen Dichter Siegfried Lipiner. Zwar sind uns einige Einzelheiten aus Mahlers Studienjahren bekannt – daß er als Pianist und Komponist einige Male mit Preisen ausgezeichnet wurde; daß er einen Klavierauszug der *3. Sinfonie* Anton Bruckners anfertigte und daß er, wie aus dem obigen Zitat hervorgeht, ab 1878 an der Universität Vorlesungen in Philosophie und Musikgeschichte hörte. Doch vom Eigentlichen, den Kompositionen, wissen wir nur wenig. Mahler hat sie fast sämtlich vernichtet. Nachweislich hat er Lieder, eine Violinsonate, ein Klavierquartett und -quintett und zumindest eine Sinfonie geschrieben sowie sich mit verschiedenen Opernplänen beschäftigt. Allerdings wurde noch während der Studienzeit sein »opus 1«, die Kantate *Das klagende Lied*, begonnen.

Nachdem Mahler im Sommer 1878 das Konservatorium mit glänzenden Abschlußzeugnissen verlassen hatte, beabsichtigte er, sich ganz der Komposition zu widmen und seinen Lebensunterhalt zunächst noch durch privaten Musikunterricht zu bestreiten. Es scheint, daß er in diesen Monaten nicht daran dachte, die Kapellmeisterlaufbahn einzuschlagen – er fühlte sich zum Komponisten berufen. Doch der subjektive Anspruch des Zwanzigjährigen gerät in Konflikt mit den bescheidenen Lebensumständen, so daß er gezwungen ist, im Mai 1880 einen »General-Revers« zu unterschreiben, der dem Wiener Theateragenten Gustav Lewy für fünf Jahre »die ausschließliche Vertretung meiner sämmtlichen theatralischen Angelegenheiten« (Blaukopf/Roman, S. 158) überträgt. Bereits für den Sommer erhält Mahler durch Lewy ein erstes Engagement. Als »Kurkapellmeister« im oberösterreichischen Bad Hall hat er drei- bis viermal wöchentlich Possen, Operetten und auch Konzerte zu dirigieren. Die mehr als bescheidene Leistungsfähigkeit der Musiker und die auf Mahler gewiß grotesk wirkenden Umstände einer »Kurunterhaltung«, der er zu dienen hatte, ließen ihn nach Ablauf der Verpflichtung fluchtartig nach Wien zurückkehren. Das deprimierende Sommererlebnis aber stärkte seine Überzeugung, nur als Komponist einen angemessenen Wirkungskreis zu finden. Und so bewarb sich Mahler im November 1880 mit dem *Klagenden Lied* um den Beethoven-Preis der Gesellschaft der Musikfreunde, von dessen Verleihung er sich den entscheidenden Durchbruch als Komponist versprach. Doch die Jury, der neben Josef Hellmesberger und Karl Goldmark auch Johannes Brahms angehörte, lehnte die Kantate ab, und es scheint, daß diese Enttäuschung wesentlich zu Mahlers Entschluß beigetragen hat, seine künstlerische Zukunft zumindest für die nächsten Jahre nun doch an die Kapellmeisterlaufbahn zu binden.

Gustav Mahler. Fotografie von 1881

Im September 1881 geht er an das »Landschaftliche Theater« in Laibach (Ljubljana), wo er erstmals auch Opern zu leiten hat: Mozarts *Zauberflöte*, Webers *Freischütz*, Rossinis *Barbier von Sevilla*, Verdis *Troubadour*, Gounods *Margarethe* und andere sowie auch eine Reihe von Operetten. Zweifellos waren die künstlerischen Verhältnisse in Laibach gegenüber Bad Hall entschieden besser. Mahler verfügte immerhin über zwölf Solisten, einen Chor und ein Orchester, dem allerdings nur achtzehn Musiker angehörten. Der Schlußsatz in einer Rezension von Mahlers Debüt am 26. September mit dem *Troubadour* ist dementsprechend aufschlußreich: »Das Orchester unter Herrn Mahlers Leitung hielt sich wacker« (Blaukopf/Roman, S. 162).

In den folgenden Monaten finden die Ergebnisse seiner sorgfältigen und intensiven Probenarbeit mehr und mehr Anerkennung, die Aufführung der *Zauberflöte* wird ein uneingeschränkter Erfolg. Im März 1882 tritt Mahler in einem Konzert der »Philharmonischen Gesellschaft« als Pianist auf, seine Interpretation des *Capriccio brillant* op. 22 von Mendelssohn, der *Waldszenen* von Schumann und der

Polonaise op. 53 von Chopin wird mit lebhaftem Beifall aufgenommen. Schließlich findet auch ein Gastdirigat in Mahlers Heimatstadt Iglau (mit der Operette *Boccaccio* von Suppé) Beachtung, kurz: der Laibacher Kapellmeister kann nun durchaus überzeugt sein, mit der Wahl dieser Laufbahn eine richtige Lebensentscheidung getroffen zu haben. Am Ende der Saison kehrt Mahler nach Wien zurück, um sich nun wieder der Komposition zu widmen. Ihn beschäftigt eine Märchenoper, *Rübezahl*, deren Libretto er selbst geschrieben hatte. Doch die Oper wird bald aufgegeben, Mahler kommt nie wieder ernstlich auf sie (wie auch auf jedes andere Opernprojekt) zurück.

Angesichts dieser vergeblichen Bemühungen, die um so belastender erscheinen mochten, als Mahler außerdem in Wien ein unruhiges, geradezu bohèmehaftes Leben führte, häufig die Wohnung wechselte und in finanzielle Nöte geriet – angesichts dieser mißlichen Lage überrascht es nicht, daß er bereits im Januar 1883 ein neues Engagement annahm, und zwar am Stadttheater in Olmütz (Olomouc). Obwohl die künstlerischen Bedingungen zunächst günstig zu sein schienen, sah sich Mahler in seinen Erwartungen bald enttäuscht. Die Mitwirkenden waren wenig bereit, für die aufopferungsvollen Bemühungen ihres Kapellmeisters um bestmögliche Aufführungen Verständnis zu zeigen. Als das Theater die Spielzeit aus Geldmangel bereits im März abbrechen mußte, wirkte dies auf Mahler wie eine Befreiung. Die Zeit bis zu den Sommerferien überbrückte er mit einem kurzfristigen Engagement als Chordirigent am Carltheater in Wien.

Ein letztes Mal schaltete sich nun Lewys Agentur ein. Sie vermittelte Mahler die Stelle eines Zweiten Kapellmeisters am Hoftheater in Kassel. Diese Entscheidung markierte eine wichtige Etappe in Mahlers Entwicklung. Erstmals konnte er an einem überregional bekannten Institut arbeiten, wurden ihm auch größere Aufgaben gestellt, die ihn aber zugleich zwangen, sich mit noch stärkeren Widerständen auseinanderzusetzen. Zuvor, im Sommer, hatte Mahler die 1876 eröffneten Bayreuther Festspiele besucht, hatte er *Parsifal* gehört, der einen unauslöschlichen Eindruck hinterließ und ihn in der Überzeugung bestärkte, daß Beethoven und Wagner die Gipfelpunkte der gesamten Musikgeschichte darstellten.

Auch wenn die Situation in Kassel zunächst wiederum vorteilhaft erschien – Mahler war vor allem der Bereich der deutschen Oper von Weber, Marschner und Lortzing anvertraut –, so ergaben sich doch bald neue Konflikte. Die großen, zugkräftigen Opern, voran die von Wagner, wurden ausschließlich vom Hofkapellmeister Wilhelm Treiber geleitet, den Mahler wenig schätzte und woraus er auch kein Geheimnis machte. Hinzu kamen persönliche Konflikte, unglückliche Liebesgeschichten, kurzum: als Ende Januar 1884 der berühmte Hans von Bülow mit seiner Meininger Hofkapelle in Kassel gastierte, nahm dies Mahler zum Anlaß, sich um eine neue Wirkungsstätte an der Seite Bülows zu bemühen. Doch der wies ihn ab, verständlicherweise. Was konnte Bülow von den noch immer verborgenen Fähigkeiten eines jugendlichen Kapellmeisters wissen? Später, ab 1891 in Hamburg, entwickelte sich hingegen ein aufrichtiges freundschaftliches Verhältnis zwischen den beiden Musikern so unterschiedlichen Alters, ungeachtet dessen, daß Bülow für Mahlers Kompositionen nur wenig Verständnis aufzubringen vermochte.

Die sich ständig verschlechternde Situation in Kassel aber wurde zugleich zu einem auslösenden Moment für Mahlers kompositorische Produktivität. Je mehr er sich den Konflikten seines Amtes entzog, um so intensiver beschäftigten ihn schöpferische Pläne. Als deren Ergebnis lagen zum Ende der Kasseler Jahre (Juli 1885) eine Reihe von Liedern, der Zyklus *Lieder eines fahrenden Gesellen* und Teile der *1. Sinfonie* vor. Ergänzt wurden diese Stücke noch durch eine »offizielle« Arbeit, eine Bühnenmusik zu Josef Victor von Scheffels damaligem Erfolgsstück *Der Trompeter von Säkkingen*, die einige Beachtung fand und für die Entstehung der *1. Sinfonie* eine nicht unbedeutende Rolle spielte. Doch der schöpferische Aufschwung um 1884/85 konnte nicht auf Dauer die Kasseler Konflikte ausgleichen. Die Spannungen mit dem »Vorgesetzten«, mit dem Hofkapellmeister Treiber, der »der wohlgemuteste 4/4 Schläger [ist], der mir noch vorgekommen« (Briefe, S. 25), setzten sich fort, und die offizielle Kritik scheute selbst vor antisemitischen Attacken nicht zurück. Auch der unbestrittene Erfolg eines Musikfestes Ende Juni 1885, auf dem Mahler das Oratorium *Paulus* von Mendelssohn dirigierte, brachte ihn nicht von seinen Bemühungen um eine neue Stelle ab.

Nachdem sich Mahler bereits im Dezember 1884 am Deutschen Theater in Prag beworben hatte, erhielt er Anfang 1885 ein Angebot, ab Sommer 1886 als Zweiter Kapellmeister unter Arthur Nikisch an das Leipziger Stadttheater zu wechseln. Im Juli 1885 wurde der Kasseler Vertrag vorzeitig gelöst, und Mahler ging für die kommende Spielzeit – erneut als »Überbrückung« – an das Deutsche Theater in Prag, dessen Direktor, Angelo Neumann, sich durch engagierte Aufführungen von Werken Richard Wagners einen bedeutenden Ruf erworben hatte. So wurde der Bayreuther Meister auch für Mahler das große Er-

Neues Theater Leipzig. Stich von Adolf Eltzner

lebnis des Prager Jahres: erstmals verfügte er über ein leistungsfähiges Ensemble, mit dem er Hauptwerke Wagners (*Rheingold, Tristan, Meistersinger*) zur Aufführung bringen durfte. Der Erfolg in der Oper, der im Februar 1886 durch ein vielbeachtetes Konzert mit Beethovens *9. Sinfonie* noch bestärkt wurde, und überhaupt die aufgeschlossene künstlerische Atmosphäre in der böhmischen Hauptstadt, in der er die großen tschechischen Komponisten Bedřich Smetana und Antonin Dvořák kennen- und schätzen lernte – all dies ließ Mahler das baldige Ende der Interimszeit als schmerzvollen Abschied empfinden.

Doch der Vertrag mit Leipzig wäre nicht ohne erhebliche Schwierigkeiten zu lösen gewesen, und so siedelte Mahler im August 1886 in die sächsische Messestadt über. Dabei waren die Verhältnisse in Leipzig denen in Prag nicht unähnlich: eine Großstadt mit mehreren hunderttausend Einwohnern und mit künstlerischen, insbesondere musikalischen Traditionen, die in ganz Europa Anklang gefunden hatten (bis zum Ausgang des Jahrhunderts besaß das Konservatorium den Ruf, das führende Ausbildungsinstitut des Kontinents zu sein); ein Theater, das unter der Direktion Max Staegemanns und dem Dirigenten Arthur Nikisch beachtenswerte Produktionen herausbrachte. Aber damit kommt ein neues Konfliktmotiv ins Spiel. Erneut findet sich Mahler einem Kapellmeister untergeordnet, der noch dazu allgemeine Anerkennung genießt und dem die Leitung der repräsentativen Opernvorstellungen vorbehalten ist. Zwar darf Mahler die frühen Werke Wagners (*Rienzi, Tannhäuser, Holländer*) sowie Webers *Freischütz* übernehmen, der spätere Wagner jedoch, mit dem Mahler in Prag so erfolgreich war, blieb ihm zugunsten Nikischs verwehrt. Die nicht ausbleibenden Spannungen wurden noch dadurch verschärft, daß Mahler selbst für diesen »Vorgesetzten« wenig Sympathie aufbrachte und sich ihm zumindest als ebenbürtig empfand: »Ich [...] kann so beruhigt einer Vorstellung unter ihm zusehen, als wenn ich selbst dirigierte – obwohl ihm das Höchste und Tiefste verschlossen ist« (Briefe, S. 55 f.).

Da wenig Aussicht bestand, diese Verhältnisse entscheidend zu ändern, war Mahler bereits ab Oktober desselben Jahres [!] bemüht, neue Kontakte anzubahnen bzw. alte Verbindungen wieder aufleben zu lassen. Er verhandelte mit Prag, Hamburg, Karlsruhe, selbst mit New York, von wo ein Angebot kam, das »ich vielleicht zuletzt annehmen werde« (ebd., S. 62). Indes ergab sich in Leipzig plötzlich denn doch eine völlig andere Situation: Anfang 1887 erkrankte Nikisch für längere Zeit, so daß Mahler nun das gesamte Repertoire zu übernehmen hatte. Endlich durfte er den *Ring, Meistersinger* und *Tristan*, Beethovens *Fidelio* , Mozarts *Don Giovanni* und andere Meisterwerke dirigieren, wodurch er sich binnen kurzer Frist eine dominierende Stellung am Theater und im Leipziger Musikleben errang. Dies aber führte zu einer Überlastung, aus der sich weiterer, wenn auch anders gearteter Konfliktstoff ergab.

Nicht, daß die Überlastung an sich Konflikte auslöste – Mahler hatte sich seit Jahren bereits auf eine permanent angespannte Lebens- und Arbeitsweise einstellen müssen, die immer weniger als Hemmnis, sondern vielmehr als Stimulans von Produktivität empfunden wurde. Doch nun beginnt er, die Bindung an das Theater als langfristige Gefährdung seiner Unabhängigkeit zu empfinden, die für ihn stets die Unabhängigkeit des Komponisten ist. Nie wird er den Gedanken aufgeben, daß seine Arbeit als Interpret nur Mittel zum Zweck ist für die Arbeit des Komponisten, der er sich, sobald die materiellen Verhältnisse gesichert wären, ausschließlich widmen wolle. Dieser Gedanke wird im Lauf der folgenden Jahre zur Grundüberzeugung seines Wirkens – und, da er sich niemals erfüllen sollte, zum Ausgangspunkt für eine Bewußtseinsspaltung, die Mahler sein Leben lang in Bedrängnis bringt.

Zunächst kann er diesen Konflikt noch einmal kompensieren, und zwar durch einen vielleicht sogar unerwarteten Kompositionserfolg. Vermittelt von Staegemann, hatte Mahler in Leipzig mit der Familie eines Enkels von Carl Maria von Weber, Carl von Weber, freundschaftlichen Kontakt aufgenommen. Der in ihrem Besitz befindliche Nachlaß Webers enthielt Fragmente zu einer komischen Oper, *Die drei Pintos*, die Mahler zu einer spielbaren Fassung ergänzte. Der Aufführung im Januar 1888 war ein überaus freundlicher Erfolg beschieden, so daß das Werk auch in Prag (August 1888), Wien (Januar 1889), Berlin (Juli 1891) und auch noch Jahre später in anderen Städten herauskam. Der mächtige Wiener Kritiker Eduard Hanslick schrieb eine wohlwollende, für Mahler insgesamt ehrenvolle Rezension, in der vor allem Intelligenz und Geschmack des Bearbeiters hervorgehoben werden. Zu Recht hat Mahler die *Pinto*-Aufführung als seinen kompositorischen (Teil-)Erfolg empfunden. Und es scheint, daß er dies zum Anlaß nahm, sich einer eigenen kompositorischen Arbeit erneut zuzuwenden, die bereits in der Kasseler Zeit begonnen worden war: der *1. Sinfonie*. Im März 1888, keine drei Monate nach der Uraufführung der *Pintos*, beendete er das Stück, das er zunächst als *Sinfonische Dichtung in zwei Teilen* bezeichnete.

Die Arbeit an der Sinfonie hatte entschieden dazu beigetragen, daß Mahler seine sonstigen Verpflichtungen am Leipziger Theater mehr und mehr vernachlässigte, woraus sich Spannungen mit Direktor Staegemann und auch mit dem Ensemble ergaben. Die Musiker und Sänger aber scheinen diese Spannungen eher dazu genutzt zu haben, ihre ganz anders begründeten Widerstände gegen ihren Kapellmeister zum Ausdruck zu bringen. Mahler war mittlerweile bekannt und »berüchtigt« für seine kompromißlose, auf Genauigkeit dringende Probenarbeit, durch die er jeden »Theaterschlendrian« energisch austreiben wollte. Dies aber forderte von den Mitwirkenden außerordentliche und zumeist ungewohnte Anstrengungen, die nur unwillig geleistet wurden und in der Regel offenen oder indirekten Widerstand hervorriefen. In diese Situation geriet Mahler bei nahezu allen seinen Engagements, zumal in späteren Jahren: die wegweisenden, modellhaften Inszenierungen an der Wiener Hofoper, deren Vorbild über Jahrzehnte zu wirken vermochte, hatte der Kapellmeister immer auch gegen den Widerstand eines eingeschliffenen Apparats und seine gewohnte Arbeitsweise durchzusetzen – gegen die »Tradition von Schlamperei«, wie ein oft gesprochenes Wort Mahlers lautete. In diesem Sinne war nicht nur der Komponist, sondern auch der Interpret Mahler zeit seines Lebens »unpopulär« – nur wenige Zeitgenossen haben seine Pionierleistungen auch auf dem Theater in ihrer Tiefe und Konsequenz zu erfassen vermocht.

Die Konflikte im Leipziger Theater ließen Mahler im Mai 1888 den Entschluß fassen, Staegemann, dem er übrigens weiterhin freundschaftlich verbunden blieb, um vorzeitige Entlassung zu bitten, die er auch erhielt. Nachdem er die Sommermonate für die Arbeit an einer neuen, der *2. Sinfonie*, genutzt hatte, nahm er das Angebot an, als Erster Kapellmeister und Operndirektor an die Königliche Oper in Budapest zu gehen. Das Angebot kam vor allem durch Vermittlung des Jugendfreundes Guido Adler zustande, eines nachmals bedeutenden Musikologen, von dem auch eine der frühesten Mahler-Monographien stammt. Die Verhältnisse in der ungarischen Hauptstadt waren zunächst wenig ermutigend. Obwohl der pompöse Opernbau erst 1884 eröffnet worden war, herrschte in ihm bereits (oder noch immer) konzeptionslose Improvisation. Die Inszenierungen, soweit der Begriff hier überhaupt verwendet werden kann, richteten sich nach dem Vermögen, mehr wohl noch nach den Launen der Sänger, die, aus fast allen Teilen Europas stammend, die Partien in ihrer jeweiligen Landessprache zu singen gewohnt waren. Mahler stellte sich auch dieser Form von »Schlamperei« energisch entgegen, verfügte, daß alle Partien auf Ungarisch [!] zu singen seien, obwohl er selbst diese Sprache nicht beherrschte und auch den Versuch, sie zu erlernen, schnell wieder aufgab.

Diese Anweisung, durch die zwangsläufig nur ungarische Sänger verpflichtet und weitaus berühmtere Ausländer, die aber diese Anforderung nicht erfüllen konnten, abgewiesen wurden, sowie die ersten, außerordentlich erfolgreichen Inszenierungen (*Rheingold* und *Walküre* im Januar 1889, später *Figaro* und *Don Giovanni*) verschafften Mahler zumal in den nationalistisch gesinnten Kreisen einen beachtlichen Ruf. Und dieser Ruf ist um so höher zu werten, als ihn der Deutsch-Österreicher Mahler trotz permanenten politischen Konfliktstoffs zwischen dem habsburgischen Kaiserreich und dem Königreich Ungarn erlangte, die beide seit dem »Ausgleich« von 1867 zumindest um jeweils regionale Vorherrschaft im Vielvölkerstaat rangen.

Und doch waren es dann gerade diese Konflikte, die bald gegen Mahler umschlugen und seine anfänglich glänzende Stellung untergruben. Obwohl er aufopferungsvoll die Idee verfolgte, den Ungarn eine künstlerisch hochstehende Nationaloper zu schaffen, und darauf bedacht war, auch Werke der einheimischen Komponisten, vor allem von Ferenc Erkel, ins Repertoire aufzunehmen, erhoben sich, ausge-

Das Königlich Ungarische Opernhaus. Buchillustration von Theodor Dörre

löst durch einen Wechsel in der staatlichen Führung des Opernhauses, chauvinistische Stimmen gegen ihn. Als Nachfolger des liberalen und Mahler wohlgesonnenen Ferenc von Beniczky wurde nämlich der konservativ-nationalistisch eingestellte Geza von Zichy zum »Regierungskommissär« ernannt. Zichy glaubte, sich einer »Germanisierung« des Theaters erwehren zu müssen – womit er selbstverständlich auch auf den wachsenden Einfluß des »Juden« Mahler zielte. Mahler hat dies tief getroffen, zumal sein Vertrag für zehn Jahre gelten sollte und er offenbar gewillt war, ihn zu erfüllen.

Zu diesen beruflichen Belastungen kamen noch familiäre Probleme hinzu: im Februar 1889 waren der Vater, im September die Schwester Leopoldine und im Oktober die Mutter gestorben. Mahler hatte als der älteste Sohn die Sorgepflicht für seine vier Geschwister zu übernehmen. Otto, Emma und Alois unterstützte er finanziell, die älteste Schwester, Justine, zog zu ihm nach Budapest und führte den Haushalt, übrigens auch noch in späteren Jahren, bis zu seiner Heirat mit Alma Schindler (1902). Als zudem die Uraufführung der *1. Sinfonie* im November 1889 ein Fiasko wurde und seine nationalistischen Widersacher die reformatorischen Ziele in der Oper endgültig zunichte machten, fühlte sich Mahler als ein in jeder Hinsicht Gescheiterter.

Im März 1891 setzte er deshalb seine vorzeitige Entlassung durch und ging noch im selben Monat an das Hamburger Stadttheater, mit dessen Direktor Bernhard Pollini er bereits seit Herbst 1890 verhandelt hatte.

Die Freie Reichs- und Hansestadt Hamburg war damals neben Berlin, Dresden, Leipzig und München eines der angesehensten Kulturzentren Deutschlands; wirtschaftlicher Wohlstand und eine den florierenden Handelsverbindungen zu dankende Weltoffenheit zogen auch zahlreiche Künstler von bedeutendem Ruf an. Insbesondere in Hans von Bülow, der die Sinfoniekonzerte leitete, fand Mahler einen großzügigen Förderer, der die mißglückte Annäherung in Kassel vergessen machte. Sozial gesehen war Mahlers Position freilich nicht so herausragend wie an der Budapester Hofoper. Träger und Publikum des Hamburger Stadttheaters waren in erster Linie die finanzkräftigen Schichten des Bürgertums, deren künstlerische Interessen gleichermaßen von einem parvenühaften Repräsentationsbedürfnis wie von einer immer stärker museal-neutralisierten Kunstbegeisterung bestimmt wurden. Dennoch sollten sich Mahler gerade hier bisher nicht gekannte Möglichkeiten erschließen, seine interpretatorischen Fähigkeiten zur Geltung zu bringen – er avancierte endgültig zu einem der namhaftesten Dirigenten seiner Zeit.

Am 29. März 1891 stellte er sich mit *Tannhäuser* vor, und obwohl die Saison nur noch bis Ende Mai dauerte, stand er in diesen Wochen fünfunddreißig Mal am Dirigentenpult. Dieses Pensum blieb der Maßstab auch der weiteren Arbeit: in den sechs Hamburger Jahren führte Mahler nicht nur »seine« Hauptwerke (Mozart, Beethoven, Wagner) auf, sondern auch zahlreiche andere klassische und zeitgenössische Stücke. Neben Bizet, Smetana oder Massenet kamen Verdis *Falstaff*, Puccinis *Manon Lescaut*, Tschaikowskys *Eugen Onegin* u. v. a. heraus. Die interessante, Klassiker und Novitäten glücklich verbindende Repertoiregestaltung, ein Ensemble, dem mit Anna von Mildenburg, Max Alvary oder Rosa Sucher bedeutende Sänger angehörten, sowie eine energisch-inspirierende Probenarbeit, die zu vielbeachteten Aufführungen führte, erwarben dem Haus und seinem Kapellmeister bald einen glänzenden Ruf. Ein Ereignis aber trug wesentlich dazu bei, daß Mahlers Name nun auch im Ausland bekannt wurde. Im Juni und Juli 1892 leitete er ein Gastspiel der Hamburger Oper im Londoner Covent Garden mit Beethovens *Fidelio*, Wagners *Tristan* und der gesamten *Ring*-Tetralogie, die in England bisher nur in italienischer Sprache [!] aufgeführt worden waren. Die Aufnahme durch das Londoner Publikum war beispiellos, selbst der stets kritische George Bernard Shaw schrieb von einem »ungeheuren Eindruck«, den das Gastspiel hinterließ.

Nachdem Mahler neben seiner Opernarbeit bereits einige Sinfoniekonzerte des erkrankten Hans von Bülow übernommen hatte, leitete er nach dessen Tod im Februar 1894 die gesamte, als »Bülow-Konzerte« berühmt gewordene Orchestermusikreihe. Doch dies nur für eine Saison (1894/95). Insgesamt war die Belastung des Kapellmeisters unvorstellbar – verschiedene Briefe Mahlers geben darüber Auskunft. Und hinzu kamen wieder einmal interne Konflikte, vor allem mit Direktor Pollini, der ihm, so unglaublich es scheinen mag, mangelnde Pflichterfüllung vorwarf. Der Anlaß: Mahler kehrte nicht rechtzeitig von einem Sommerurlaub zurück, da er sich vor der in Hamburg ausgebrochenen Cholera fürchtete. Pollini zieh ihn des Vertragsbruchs. Dieser Vorfall, der sich bereits im September 1892 ereignete, leitete das allmähliche Zerwürfnis zwischen Mahler und seinem Direktor ein, das abermals eine vorzeitige Entlassung zur Folge hatte. Diese »Wiederholungen« verlangen geradezu nach einem Erklärungsversuch, endet doch auch Mahlers letztes und großartigstes Engagement, das Jahrzehnt an der Wiener Hofoper, nicht anders.

Mahler gehörte zu jenen Musikern, die gegen Ende des vorigen Jahrhunderts die Aufgabe des Orchesterleiters in der Oper grundlegend verändert und den Typus des »Inszenierungs«-Dirigenten geschaffen haben. Nicht länger beschränkte sich die Rolle des Kapellmeisters auf die Oberaufsicht über einen reibungslosen musikalischen Ablauf, zu dem das Geschehen auf der Bühne gewissermaßen parallelunabhängig vonstatten ging. Wagners Ideal des musikalischen Dramas, des »Gesamtkunstwerkes«, in dem alle Mittel der Musik und der Bühne zur Realisierung einer übergreifenden Werk-Idee zusammenwirken, ließ auch die Darstellung der traditionellen Opern nicht unberührt. Das »In-Szene-Setzen« einer Oper wird zur eigenständigen künstlerischen Leistung, in der sich immer stärker das subjektive Ausdrucksbedürfnis des Regisseurs wie des Kapellmeisters geltend macht. Die Inszenierung, früher eher organisatorische Vorbereitungsarbeit, wird zur Interpretation.

Diese Entwicklung hat aber auch zur Folge, daß es zu einer Annäherung zwischen Opernhaus und Konzertsaal kommt, deren treibende Kraft der Dirigent ist. Was im Konzertsaal nach der Jahrhundertmitte zur Norm geriet: sinfonische Musik in eigenständiger, subjektiver Interpretation aufzuführen und damit diese auf eine Stufe mit der Komposition zu stellen, wird gegen Ende des Jahrhunderts auch auf die Opernbühne übertragen. Mahlers Laufbahn vom untergeordneten Provinzkapellmeister über die bereits unvergleichlich bedeutenderen Engagements in Budapest und Hamburg bis zum Operndirektor in Wien und schließlich zur exklusiven Stellung in New York ist geradezu eine Demonstration dieser Aufwertung der Interpretation. Und daß sie keiner augenblicklichen Stimmung oder örtlichen Besonderheit entsprang, sondern einem in die Zukunft weisenden Zeitgeist folgt, verrät nicht zuletzt die Tatsache, daß eine solche Aufwertung durch Musiker mit ganz unterschiedlichen ästhetischen Anschauungen erfolgt: neben Mahler vor allem durch Richard Strauss und Arturo Toscanini.

Dennoch fühlte sich Mahler von Anfang an zum Komponisten berufen. Die Beschreibung des Lebensganges stößt daher immer wieder auf den Konflikt zwischen kompositorischer und interpretatorischer Arbeit, auf das schwierige, letztlich – so will es manchem scheinen – vergebliche Unterfangen, in beiden schöpferischen Bereichen ohne größere Reibungsverluste tätig zu sein. Diese Lebensproblematik Mahlers und der schon früh, Mitte der achtziger Jahre sich abzeichnende Modus vivendi – Komposition in den Sommerferien; Interpretation in der »Saison« (vom Frühherbst bis Mai/Juni); vornehmlich im Winter Überarbeitung und Instrumentierung des Komponierten – hat in der Mahler-Literatur, vor allem in der journalistischen, zu der verbreiteten Auffassung geführt, daß Mahlers Wirken sich in beide Schaffensbereiche aufgespalten habe. Daraus entstand bald das Klischee, daß diese Spaltung für jene »Zerrissenheit« verantwortlich zu machen sei, die Mahler physisch und psychisch zerstörte, indem sie ihm verwehrte, als Komponist zu authentischen Leistungen zu gelangen. Das Klischee äußert sich einerseits im Vorwurf der »Kapellmeistermusik«, des Auseinanderklaffens von Wollen und Können mit den Stichworten »Unoriginalität« und »Trivialität«, andererseits in der Behauptung, das Komponieren und die mit ihm verbundene Konzerttätigkeit habe die Leistungsfähigkeit des Opernkapellmeisters beeinträchtigt. Gerade dieser Vorwurf erhob sich bereits in Leipzig, auch in Budapest, er kehrte in Hamburg wieder und wurde dann auch in Wien benutzt, um Mahler aus dem Amt zu drängen bzw. ihn zu fluchtartigem Aufbruch zu veranlassen.

Obwohl das Klischee von einer »tragischen« Kluft bei Mahler – die »uneigentliche« Interpretation (als »Broterwerb«) habe seine »eigentliche« Lebensaufgabe, die Komposition, überformt und gelähmt und zu schweren Depressionen geführt – sich längst als ein antiquiertes, recht eigentlich un-künstlerisches Vorurteil erwiesen hat, verzerrt es noch immer das Bild der Person Mahlers und seines Werkes. Die »Tretmühle des Theaters«, wie Mahlers charakteristischer Ausdruck lautet, war keineswegs ein leidiges Übel, als das sich ihm die Opernarbeit subjektiv darstellte, sondern nichts weniger als eine entscheidende Voraussetzung seiner schöpferischen Existenz. Die ungeheuere Belastung durch den Interpretationsbetrieb muß als ein produktives Umfeld gesehen werden, dem Mahler mehr als nur unbestimmte Anregungen verdankte. Es prägte seine musikalische Sprache im kompositionstechnisch Elementaren wie in der Komplexität des »Tons«.

Indes gründet die Intensität von Klage und Hoffnung nicht nur darin, daß Mahler seine Lebenslage nicht ändern *konnte*, sondern vor allem darin, daß er sie nicht ändern *wollte*. Er hatte, wenn auch in vielfach vermittelter Weise, einen klaren Begriff davon, welche Schaffensbedingungen ihm gemäß waren. Auch hatte er, spätestens in den »amerikanischen« Jahren, die Möglichkeit, den beklagten Zustand zumindest zu mildern, wenn nicht gar das zu erreichen, was er letztlich erstrebte: ausschließlich als Komponist zu arbeiten. Doch immer wieder, bis zum Tod, ergaben sich Komplikationen, die diesen vermeintlich ersehnten Zustand verhinderten oder aber es ihm ermöglichten, diesem Zustand auszuweichen – am Ende ist es die Sorge um die finanzielle Absicherung seiner Familie, die ihn immer wieder neue Aufführungsverpflichtungen eingehen läßt.

Der zuweilen beschwörend vorgetragene Wunsch nach schöpferischer Konzentration, nach Abgeschiedenheit von der »Tretmühle«, sollte niemals vergessen lassen, daß die Kompositionszeit in den Ferien durch die Theater- und Konzerttätigkeit in der Saison gesteigert, fruchtbar gemacht wurde. So wird auch verständlich, warum dieses »Klagemotiv« immer formelhafter wiederkehrt und schließlich zu rhetorischer Unverbindlichkeit erstarrt. Selten, dann aber drastisch, macht Mahler selbst dieses Spiel durchschaubar. Am 1. Januar 1910 schreibt er:

> »Glaubst Du wirklich, daß ein an Tätigkeit gewöhnter Mensch wie ich sich andauernd als ›Pensionär‹ wohlfühlen könnte? Ich brauche eine praktische Betätigung meiner musikalischen Fähigkeiten unbedingt als Gleichgewicht gegen die ungeheuren inneren Ereignisse beim Schaffen« (Briefe, S. 374 f.).

So hatte Mahler denn auch 1894, in einem mit öffentlichem Wirken besonders stark ausgefüllten Jahr, die bereits 1888 begonnene *2. Sinfonie* abgeschlossen. Die Sätze 1 bis 3 wurden im März 1895 vom Philharmonischen Orchester Berlin unter Mahlers Leitung aufgeführt, die übrigen Werke des Konzertes dirigierte Richard Strauss. Überhaupt kommt Strauss, mit dem Mahler seit 1887 in Kontakt stand, das Verdienst zu, sich in selbstloser Weise für den nur wenig älteren, doch als Komponist noch weitgehend unbekannten Kollegen eingesetzt zu haben. Auch die vollständige Uraufführung der Sinfonie im Dezember 1895 am selben Ort und mit demselben Orchester hätte ohne dessen Fürsprache nicht stattfinden können. Dennoch mischten sich in Mahlers Verhältnis zu Strauss bald kritische Momente, die wohl nicht allein der Rivalität oder gar dem Neid gegenüber einem weitaus Erfolgreicheren entstammten.

Das energische, zielstrebige, dabei doch stets diplomatische Wirken von Strauss in wichtigen Musikzentren Deutschlands, vor allem als Kapellmeister in Weimar (1889–94) und München (1894–98), hatte nicht unwesentlich zu einem künstlerischen Klima beigetragen, welches auch der Aufführung von Mahlers Kompositionen zugute kam. Die frühen Sinfonischen Dichtungen (*Aus Italien*, *Don Juan*, 1889; *Macbeth*, *Tod und Verklärung*, 1890; *Till Eulenspiegel*, 1895; *Also sprach Zarathustra*, 1896) wirkten im damaligen Musikleben durchaus revolutionär und stellten sich dem herrschenden Akademismus anscheinend rigoros entgegen. Darin sah Mahler denn auch das Verbindende zwischen sich und Strauss:

> »Abgesehen davon, daß ich wohl mit meinen Werken als Monstrum dastehen würde, wenn nicht die Straussischen Erfolge mir die Bahn geöffnet, sehe ich es als meine größte Freude an, daß ich unter meinen Zeitgenossen einen solchen Mitkämpfer und Mitschaffer gefunden. Schopenhauer gebraucht irgendwo das Bild zweier Bergleute, die von entgegengesetzten Seiten in einen Schacht hineingraben und sich dann auf ihrem unterirdischen Wege begegnen. So kommt mir mein Verhältnnis zu Strauß treffend gezeichnet vor« (1897; Briefe, S. 201).

Doch Mahler erkannte offensichtlich auch schon früh das Pseudorevolutionäre in Strauss' künstlerischer Haltung und nahm im zunächst schockierenden Elan der Musik deren scheinhaft-progressiven bzw. bürgerlich-apologetischen Grundzug wahr, der in den reiferen Werken denn auch immer unverstellter zum Ausdruck kam: »Ich habe jetzt mit Strauss in Berlin sehr ernst gesprochen und ihm seine Sackgasse zeigen wollen. Er konnte mir aber leider nicht ganz folgen« (1901; Alma Mahler, S. 269). Freilich hinderte dies Mahler nicht, in einzelnen Fällen, insbesondere für die *Salome* (1905), rückhaltlose Bewunderung zu äußern und sich für die Aufführung des als anstößig geltenden Stückes mit Nachdruck einzusetzen.

Es überrascht wohl kaum, daß Mahler nach all den Jahren des Herumstreifens zwischen Adria und Nordsee, die trotz der vielen Widrigkeiten einen zielstrebigen Aufstieg mit sich brachten, immer stärker den Wunsch verspürte, nach Wien zurückzukehren – und zwar durch die Berufung an die Hofoper. Es hätte dies zugleich die Rückkehr in seine Heimat bedeutet – wenngleich »Heimat« für ihn wohl eher dort war, wo er seine künstlerischen Ideale am besten verwirklichen konnte. Mit einigem Vorbehalt sollte man denn auch den Ausspruch verstehen, daß ein Ruf nach Wien die »Berufung zum Gott der südlichen Zonen« sei. Der ironisch-distanzierte Unterton läßt sich wohl schwerlich überhören, und im folgenden Jahrzehnt wird Mahler erfahren müssen, daß er zwar als Kapellmeister von vielen »vergöttert«, von wenigen auch als Komponist anerkannt wird, daß er aber in jedem Fall ein »Gott ohne Heimat« bleibt: »Zu fremd ist alles, was ich sage« (Bauer-Lechner, S. 35).

Nachdem Mahler bereits im Sommer 1895 den Kontakt zur Wiener Hofopernintendanz aufgenommen hatte, bemühte er sich ab Herbst 1896 immer zielstrebiger um den Wechsel des Engagements – und bewies dabei bemerkenswertes taktisches Geschick. Er erreichte es, daß sich sowohl sein ehemaliger Budapester Intendant Ferenc von Beniczky, als auch Freunde und wohlgesinnte Kritiker mit Empfehlungen für ihn verwendeten. In Wien selbst waren dies vor allem Ludwig Karpath und die Sängerin Rosa Papier. Im Februar 1897 trat Mahler zum Katholizismus über – eine Entscheidung, die leicht zu treffen gewesen sein mochte, hatten doch weder das Elternhaus, oder spätere Einflüsse noch persönliche Neigungen bisher eine konfessionelle Bindung entstehen lassen. Der Übertritt war eine Konzession an die mehr oder weniger stillschweigend akzeptierten gesellschaftlichen Verhaltensregeln. Und in der Tat führten die »konzertierten« Bemühungen zum Erfolg. Doch ehe Mahler im April 1897 den Vertrag als Kapellmeister der Wiener Hofoper unterschrieb, unternahm er noch eine große Konzerttournee nach Moskau, Petersburg, Warschau, Budapest und München. Am 11. Mai leitete er erstmals eine Vorstellung der Hofoper – Wagners *Lohengrin*.

Hofoper Wien

Seit der Studienzeit in den siebziger Jahren hatte sich in der Kaiserstadt manches verändert, insbesondere das Jahr 1897 war in mehrerlei Hinsicht ereignisreich. Am 3. April, dem Tag, an dem Johannes Brahms starb und eine Woche vor Mahlers Vertragsabschluß, gründete eine Gruppe von Malern und Architekten die »Wiener Secession«. Gustav Klimt, Carl Moll, Koloman Moser, Josef Hoffmann u. a. schufen sich ein Forum für zeitgenössische, »junge« Kunst, das den noch immer vorherrschenden Akademismus überwinden und neuen Ideen und Gestaltungsformen zum Durchbruch verhelfen sollte. Hermann Bahr, der als Literat und Kulturkritiker der Vereinigung nahestand, brachte deren avantgardistische Ziele auf die provokante Formel: »Bei uns wird nicht für oder gegen die Tradition gestritten. Wir haben ja gar keine. Es wird nicht zwischen der alten und einer neuen Kunst, nicht um irgendwelche Veränderung in der Kunst gestritten. Es wird um die Kunst selbst gestritten« (Blaukopf/Roman, S. 212). Der Elan der secessionistischen Bewegung hat Mahler, den die bildenden Künste bislang wenig interessierten, nachhaltig beeinflußt, insbesondere seit er durch die Verbindung mit Alma Schindler, der Stieftochter Carl Molls, in persönlichen Kontakt zu den Mitgliedern trat.

Die künstlerischen Veränderungen waren zugleich in einen grundlegenden Wandel der politischen Verhältnisse verwoben. Durch die

Wahl Karl Luegers zum Bürgermeister von Wien erhielt die Christlich-Soziale Partei, deren Führer er war, ein erheblich größeres Aktionsfeld. Ihr konservativ-reformistisches, im Grunde antiliberales Programm zielte vor allem auf die Stärkung des nationalistisch gesinnten Kleinbürgertums, das Lueger nicht zuletzt durch antisemitische Parolen zu gewinnen trachtete. Die Folgen dieser Hetze bekam Mahler sogleich nach seiner Antrittsvorstellung zu spüren. Aber auch die oppositionelle Sozialdemokratie verstärkte ihre Bemühungen, die Interessen der unteren Schichten, der Arbeiter und Angestellten, wirkungsvoller zu vertreten. Sie besaß in Victor Adler eine tatkräftige Persönlichkeit, die sich mit Intelligenz und Durchsetzungsvermögen der Verbesserung der sozialen Verhältnisse annahm. Mahler kannte Adler seit vielen Jahren, sympathisierte mit dessen Zielen, ohne sich deshalb politisch eindeutig zu engagieren. Bekannte Anekdoten wie die von einer Begegnung mit demonstrierenden Arbeitern am 1. Mai 1905 (»alle hätten ihn so brüderlich angesehen –. *Das* eben wären seine Brüder! Diese Menschen seien die Zukunft!«; Alma Mahler, S. 104) sollten nicht überbewertet werden, da Mahlers Interesse für soziale Probleme eher von naturphilosophischen, an Dostojewskis »Philosophie des Mitleids« erinnernden Ansichten geleitet ist. »Wie kann man glücklich sein, wenn ein Geschöpf auf Erden noch leidet«, lautet ein von Mahler häufig zitierter Satz aus Dostojewskis Roman *Erniedrigte und Beleidigte*.

In Karl Kraus, dem wortmächtigen Schriftsteller, Essayisten und Kritiker, fand Mahler einen, wenn auch mit Musik wenig vertrauten Förderer, der ihn in Wien mit einem geradezu prophetischen Artikel begrüßte:

> »Mit Siegfriedsallüren ist in das Opernhaus dieser Tage ein neuer Dirigent eingezogen, dem man es vom Gesicht ablesen kann, daß er mit der alten Mißwirtschaft energisch aufräumen wird. [...] Es geht das Gerücht, daß man ihn bald auf den Direktionsstuhl setzen wird. Dann wird das Repertoire unserer Hofoper wohl nicht mehr ausschließlich aus ›Cavalleria rusticana‹ bestehen, heimische Komponisten werden ihre Manuskripte nicht mehr ungelesen zurückbekommen (sondern gelesen) und verdiente Sängerinnen nicht mehr grundlos vor die Tür gesetzt werden. Der neue Dirigent soll bereits so effektive Proben seiner Tatkraft abgelegt haben, daß schon fleißig gegen ihn intrigiert wird« (Blaukopf/Roman, S. 213).

Gustav Mahler in Wien. Silhouette von Hans Schließmann aus Mahlers ersten Wiener Jahren

Das »Gerücht« bewahrheitete sich bald: bereits im Juli 1897 übernahm Mahler an Stelle des erkrankten Wilhelm Jahn das Direktionsamt, im Oktober erfolgte der Vertragsabschluß. Damit begann die eigentliche »Ära Mahler«, das bis heute unvergessene Jahrzehnt der Wiener Hofoper, in dem Mahler eine noch heute nachwirkende Auffassung moderner Musiktheaterarbeit prägte. Er konzentrierte sich zunächst auf die Verbesserung der Inszenierungen, die nach alter Gewohnheit eher einem von Zufällen geleiteten Spektakel glichen. Mahler forderte unnachgiebig, daß die Sänger den nunmehr exakten Regieanweisungen folgten und daß die Szenerie in einen sinnvollen Bezug zum musikalischen Geschehen gebracht wurde. Er beseitigte die »Striche« in den Partitur-»Fassungen« der Meisterwerke – jene entstellenden Kürzungen, die aus Anpassung an die Bequemlichkeit des Publikums zum Teil schon vor Jahrzehnten vorgenommen worden waren. Das Ensemble wurde durch berühmte Sängerinnen und Sänger bereichert, durch Marie Gutheil-Schoder, Anna von Mildenburg, Selma Kurz, Erik Schmedes, Leo Slezak, Richard Mayr u. v. a.

Als Mahler 1903 den Bühnenbildner Alfred Roller, der zur »Secession« gehörte, gewinnen konnte, entstanden die berühmten Inszenierungen von Wagners *Tristan*, Webers *Euryanthe*, Verdis *Falstaff*, Beethovens *Fidelio*, Mozarts *Così fan tutte, Don Giovanni, Die Entführung aus dem Serail, Die Hochzeit des Figaro* und *Die Zauberflöte*, die so etwas wie Modellcharakter erlangten und in ganz Europa Anerkennung fanden. Insgesamt brachte Mahler von 1897 bis 1907 etwa einhundert Werke heraus. Wagner und Mozart, den auch Roller besonders liebte, waren nach wie vor die Favoriten. Aber auch nicht wenige neue Stücke wurden vorgestellt, so Hugo Wolfs *Corregidor*, Richard Strauss' *Feuersnot* oder Hans Pfitzners *Die Rose vom Liebesgarten*. Daß sich unter den Novitäten auch manch schwaches Werk befand, darf nicht verwundern. Nach Wagners Tod war in der deutschen Oper gewissermaßen ein Vakuum entstanden – das Vorbild des Bayreuther Meisters wirkte auf die Nachfolgenden (Siegfried Wagner, Emil Nikolaus von Reznicek oder Karl Goldmark, um nur einige Namen zu nennen) erdrückend und trieb sie in die Epigonalität. Erst nach der Jahrhundertwende begann die große Zeit von Richard Strauss (*Salome*, 1905; *Elektra*, 1908), Hans Pfitzner und Franz Schreker.

Das Orchester der Hofoper war bereits durch Hans Richter, den »Apostel« Wagners und Bruckners, zu einem hochrangigen Ensemble geformt worden, dessen Spielkultur von Mahler weiter vervollkommnet wurde. Als Kapellmeister stand ihm neben Franz Schalk der »Assistent« Bruno Walter zur Seite. Walter, mit dem Mahler bereits in Hamburg zusammengearbeitet hatte, setzte sich später mit außerordentlichem Engagement für die Kompositionen seines »Lehrers« ein und brachte nach dessen Tod *Das Lied von der Erde* und die *9. Sinfonie* zur Uraufführung. Im November 1898 übernahm Mahler für den scheidenden Hans Richter die Konzerte der Wiener Philharmoniker, die, obwohl personell mit dem Orchester der Hofoper identisch, als Konzertensemble (bis heute) eine selbständige Institution darstellen. Eduard Hanslick, der noch immer einflußreichste Kritiker, schrieb nach Mahlers Debütkonzert:

> »Einen anerkannteren, besseren Führer konnten unsere Philharmoniker sich nicht wünschen – eine Überzeugung, die auch augenblicklich Macht gewann über das Publikum. [...] Es wurden die Coriolan-Ouvertüre und die Eroica von Beethoven gegeben. Dazwischen Mozarts g-Moll-Symphonie – Stücke, welche unserem trefflichen Orchester seit Jahren so fest in Kopf und Fingern nisten, daß es sie leidlich im Schlaf spielen könnte. Demungeachtet ließ Mahler diese Tondichtungen in drei langen, peinlich ge-

> nauen Proben neu studieren. Er wollte eben, daß sie ›wachend‹ gespielt wurden, mit ganzer Hingebung und lebendigem Geist. Sie haben in der gestrigen Aufführung tatsächlich wie ein neues Erlebnis gewirkt« (Blaukopf/Roman, S. 220).

Doch dieses hochgestimmte Verhältnis zwischen Dirigent und Orchester verschlechterte sich bald, vor allem aufgrund von Mahlers »retuschierenden« Eingriffen in die Sinfonien Beethovens und Schumanns sowie durch die Aufführung von Beethovens Streichquartett f-Moll op. 95 mit einem stark besetzten Streichorchester. Die Mehrheit der Musiker, aber auch der Kritiker, empfand Mahlers Haltung den »Klassikern« gegenüber als verantwortungslos, als ein »Sakrileg«. Und dies ließ schließlich ihren Widerstand derart anwachsen, daß Mahler bereits zum Ende der Saison 1901 die Leitung der Philharmoniker wieder aufgab.

Es ist nicht zu übersehen, daß sich Mahler in den ersten Wiener Jahren nur sehr zurückhaltend um die Aufführung eigener Werke bemühte. In den insgesamt zweiundzwanzig Abonnementskonzerten der Philharmoniker, die er leitete, erklangen lediglich einige Orchesterlieder (aus den *Liedern eines fahrenden Gesellen* und den *Wunderhorn*-Gesängen) und die *1. Sinfonie*. Die *2. Sinfonie* und die Kantate *Das klagende Lied* wurden in Sonderkonzerten im April 1899 bzw. Februar 1901 aufgeführt.

Doch auch die kompositorische Arbeit scheint in diesen Jahren eingeschränkt gewesen zu sein. 1896 war die *3. Sinfonie* beendet worden, erst im Sommer 1899 begann Mahler die *4. Sinfonie*. Bis zur Jahrhundertwende dürfte Mahlers Zurückhaltung gegenüber der Aufführung eigener Werke aus den Verpflichtungen seiner Doppelstellung als Operndirektor und Leiter der Philharmoniker erwachsen sein. Je mehr sich jedoch der Widerstand gegen seine künstlerische und auch organisatorische Arbeitsweise verstärkte (der sich als nationalistisch-antisemitische Kritik an Repertoiregestaltung und Personalpolitik, aber auch an der vermeintlichen »Traditionsfeindlichkeit« Mahlers äußerte), um so mehr scheint sich ihm die Erkenntnis aufgedrängt zu haben, im offiziellen Wiener Musikleben auch für seine Kompositionen keine günstige Resonanz finden zu können. Aus Briefen ist zu erfahren, welche Energie Mahler entfaltete, um seine Werke in fast ganz Europa zur Aufführung zu bringen – aber mit Ausnahme des *Klagenden Liedes* und der *Kindertotenlieder* kam keines zuerst in Wien heraus (die frühe Kantate erklang in einer stark gekürzten Fassung und die *Kindertotenlieder* erschienen in einem Konzert der von Arnold Schönberg und Alexander von Zemlinsky gegründeten, ebenso avantgardistischen wie kurzlebigen »Vereinigung schaffender Tonkünstler« – also wahrlich unter Ausnahmebedingungen). Überhaupt gab es bis zu Mahlers Tod nur relativ wenige Aufführungen seiner Werke, die zum Teil von (mehr oder weniger) befreundeten Dirigenten geleitet wurden, von Oskar Fried, Ferdinand Löwe, Oskar Nedbal oder Bruno Walter. Bedacht werden muß dabei freilich, daß sich Mahler gegenüber »fremden« Aufführungen äußerst kritisch verhielt, sorgfältigstes Proben verlangte und eine Aufführung rigoros verhindert hätte, wenn sich ihm auch nur der Verdacht aufdrängte, sie könne seine Ansprüche nicht erfüllen.

Höhepunkte der Konzerttätigkeit in Europa waren die Gastspiele in Holland (1903, 1904 und 1906), Rußland (1902 und 1907) und Finnland (1907). Insbesondere in Holland fand Mahler dank des selbstlosen und sachkundigen Einsatzes von Willem Mengelberg lebhafte Aufnahme. So sorgte Mengelberg dafür, daß Mahler im Oktober 1904 seine *4. Sinfonie* in einem Konzert zweimal spielen konnte. 1920 organisierte und leitete Mengelberg ein Mahler-Fest mit der Aufführung sämtlicher Sinfonien, das wesentlich zu deren öffentlicher Wahrnehmung nach dem Ersten Weltkrieg beigetragen hat.

1901 lernte Mahler die fast zwei Jahrzehnte jüngere Alma Maria Schindler kennen, sie heirateten am 9. März 1902. Damit änderten sich seine privaten Verhältnisse grundlegend. Die Schwester Justine, die seit den Budapester Jahren Mahler den Haushalt führte, heiratete zwei Monate später den Konzertmeister der Philharmoniker, Arnold Rosé. In Almas Familien- und Freundeskreis – sie war die Tochter des namhaften Malers Emil Jakob Schindler und später, wie schon erwähnt, die Stieftochter des Secessionisten Carl Moll – begegnete Mahler zahlreichen progressiv denkenden Künstlern wie Gustav Klimt, Koloman Moser, Josef Hoffman, Emil Orlik, aber auch Max Reinhardt, Gerhart Hauptmann oder dem Burgtheater-Direktor Max Burckhard. Alma, künstlerisch vielseitig begabt, erhielt Kompositionsunterricht bei Alexander von Zemlinsky, über den Mahler nun auch in nähere Beziehung zu jüngeren Komponisten kam, vor allem zu Arnold Schönberg und dessen Schülerkreis. Als Schönberg und Zemlinsky 1904 die schon genannte »Vereinigung schaffender Tonkünstler« gründeten, wählten sie Mahler zu deren Ehrenpräsidenten. Schönberg und seine bedeutendsten Schüler Alban Berg und Anton Webern sahen in Mahler eines ihrer großen Vorbilder, dem Gehör zu schaffen – insbeson-

Gustav und Alma Mahler. Fotografie vermutlich von 1909

dere bei Berg nicht zuletzt mittels der Auseinandersetzung im eigenen Werk – sie als eine Verpflichtung empfanden.

Mahlers Zusammenleben mit Alma verlief nicht immer konfliktlos, in den letzten Jahren muß es wohl eine Art Dauerkrise gegeben haben. Mahler, besessen von seiner künstlerischen Aufgabe, forderte, daß auch Alma sich ihr unterordne. Daß sie sich dagegen zu wehren begann, und zwar in ihrem Selbstverständnis, in ihren Beziehungen zu Mahler wie dann auch zu anderen Personen, ist nur zu verständlich. Doch Alma hat früh die Bedeutung ihres Mannes erkannt und sich intensiv an der Durchsetzung seines Werkes beteiligt. Dies ist wohl entscheidend, nicht aber manches Fragwürdige, ja Unerträgliche in ihren Memoiren. Bei aller zeitbedingten Laxheit im Umgang mit dokumentarischem Material scheint sie keine schwerwiegenden Veränderungen bei Veröffentlichungen, etwa der Briefe, vorgenommen zu haben – Alma Mahler dürfte, trotz allem eitlen Geltungsdrang, nicht zu jener »Fälscherbande« von Witwen zu zählen sein, die noch immer von Cosima Wagner und Elisabeth Förster-Nietzsche angeführt wird und bis heute Zulauf hat.

Seine beiden Kinder, die Töchter Maria Anna, geboren 1902, und Anna Justine, geboren 1905, liebte Mahler grenzenlos. Der Tod der erst fünfjährigen Maria Anna im Sommer 1907 (sie starb an Diphtherie) war ein Verlust, der ihn zutiefst verstörte und den er nicht mehr verwinden konnte. Das persönliche Unglück aber war nur ein Teil der krisenhaften Situation, in die er im Lauf des Jahres 1907 geriet. Obwohl die Spielzeiten 1905 und 1906 Inszenierungen vorstellten, die den Ruf der Hofoper als führendes Musikinstitut Europas nur festigen konnten, verdichtete sich der Widerstand gegen den Operndirektor. Neben dem neuerlichen Vorwurf, Mahler vernachlässige durch häufige und zeitaufwendige Konzertreisen seine Verpflichtungen am Theater, richteten sich die Angriffe vor allem gegen eine vermeintliche »Überfremdung« des Spielplans – deutsche und österreichische Komponisten würden zugunsten tschechischer, italienischer, russischer u. a. zurückgedrängt. Mahler konnte sich um so weniger solcher Vorwürfe erwehren, je nachdrücklicher sie von politischen, insbesondere von nationalistischen Absichten geleitet waren und auch persönlich auf ihn zielende antisemitische Attacken einschlossen. Eine Konzertreise zu Beginn des Jahres 1907 löste in Wien eine Pressekampagne aus, durch die er sich gezwungen sah, seine Entlassung zu erbitten und nach einem neuen Wirkungskreis Ausschau zu halten. Ab Mai dieses Jahres verhandelte er mit Heinrich Conried, dem Direktor der Metropolitan Opera New York, der ihm einen Vertrag über vier Jahre anbot. Die Bedingungen waren äußerst günstig: ein hohes Honorar und – nicht minder wichtig – nur wenige Monate im Jahr, in denen er präsent sein mußte. Und das bedeutete, daß ihm weit mehr Zeit zur Komposition blieb als je zuvor.

Nachdem Mahler im Oktober 1907 seine letzte Vorstellung in Wien geleitet hatte (Beethovens *Fidelio*), verabschiedete er sich am 24. November mit einer Aufführung der *2. Sinfonie*, die zu einem triumphalen Erfolg wurde. Abgesehen von den Freunden und Anhängern, für die sein Abschied einen schweren Verlust bedeutete (bereits im Mai hatte er ein Dankschreiben erhalten, das u. a. von Hugo von Hofmannsthal, Alfred Polgar, Arthur Schnitzler, Stefan Zweig, Gustav Klimt, Sigmund Freud und Arnold Schönberg unterzeichnet war), scheint einem nicht unbeträchtlichen Teil des Publikums, der sich früher zumindest passiv verhalten hatte, durch das bevorstehende Ende der »Ära Mahler« aufgegangen zu sein, wer da von ihnen ging und was ihm zu danken war. Am 9. Dezember reiste Mahler mit seiner Frau ab, am 21. Dezember trafen sie in New York ein, und am 1. Januar 1908 leitete er seine erste Vorstellung an der »Met«: Wagners *Tristan und Isolde*. Am folgenden Tag war in einer Rezension zu lesen: »Das Haus war so voll wie bei einem Caruso-Abend [...]. Der Beifall war allgemein und dauerte lang an. Viele standen auf und brachen in Hochrufe aus. Mr. Mahler schaute glücklich drein« (Blaukopf/Roman, S. 258).

Die folgenden Aufführungen von *Fidelio, Don Giovanni, Siegfried, Walküre, Figaros Hochzeit* und *Die verkaufte Braut* waren nicht weniger erfolgreich. Obwohl Mahler ein Ensemble zur Verfügung stand, dem mit Enrico Caruso, Emmy Destinn, Fjodor Schaljapin oder Marcella Sembrich die glanzvollsten Sänger der Zeit angehörten, litten doch die Inszenierungen wieder unter dem alten »Schlendrian«, den er in Wien so energisch bekämpft hatte. Noch einmal beschäftigt er sich deshalb mit Reformplänen. Sie scheinen zunächst auch leichter durchsetzbar als in Wien, da die finanziellen Voraussetzungen an der »Met« weitaus günstiger sind. Doch die Pläne scheitern frühzeitig. Mahlers Bemühungen, Alfred Roller erneut als Mitarbeiter zu gewinnen, schlagen fehl; bereits im Februar 1908 rückt an die Stelle von Conried der ehemalige Direktor der Mailänder Scala, Giulio Gatti-Casazza – und mit ihm kommt Arturo Toscanini nach New York. Mahler und Toscanini aber verstehen sich wenig. Die unvermeidlichen Spannungen bringen Mahler endgültig von seinen Reformplänen ab, mehr noch: Resigniert beginnt er, sich mit dem »Schlendrian« abzufinden und auch von sich selbst nicht mehr das Höchstmaß an Leistungsfähigkeit zu fordern. Er willigt sogar in die früher rigoros bekämpften »Striche« in den großen Opernpartituren ein.

Das nachlassende Interesse am Opernbetrieb aber wurde durch zunehmende Konzerttätigkeit kompensiert. Zunächst aber kehrte Mahler Ende April 1908 nach Europa zurück. Im neuen Sommerferienort Toblach (das Haus in Maiernigg, in dem Mahler seit 1899 die theaterfreie Zeit verbracht hatte, war nach dem Tod der älteren Tochter verkauft worden) entstand in den folgenden Monaten *Das Lied von der Erde*, eine Folge von sechs Orchesterliedern, deren Untertitel

Eine Sinfonie für Alt- und Tenorstimme und Orchester lautet, und im September fand in Prag die Uraufführung der *7. Sinfonie* statt. Ab November war Mahler vertragsgemäß wieder in den USA und dirigierte mehrere Konzerte der New York Symphony Society, am 8. Dezember seine *2. Sinfonie*. Eine finanzielle Krise der Konzertgesellschaft mobilisierte eine Gruppe von Mäzenen, die einen »Garantiefonds« zur Verfügung stellte und damit eine Reorganisation des Orchesters verband. Chef des neuformierten Orchesters, das nunmehr »New York Philharmonic Orchestra« hieß, wurde Gustav Mahler, dem man zugleich eine Reihe von Vollmachten – wie etwa die Engagierung von Musikern – einräumte, so daß er zurecht den Freunden in Europa von »seinem« Orchester berichten konnte. Im ersten Konzert am 31. März 1909 erklangen Beethovens *7. Sinfonie* sowie das *Siegfried-Idyll* und die *Tannhäuser*-Ouvertüre von Wagner, im folgenden, am 6. April, Beethovens *9. Sinfonie*.

Danach kehrte Mahler wieder nach Europa zurück. Ein Aufenthalt in Paris brachte die Begegnung mit Auguste Rodin, der ein höchst charakteristisches Porträt Mahlers modellierte. In den Toblacher Sommermonaten komponierte Mahler die *9. Sinfonie*, die in mehrfacher Hinsicht den Kulminationspunkt seines gesamten Schaffens darstellt. Nachdem er im Oktober 1909 drei Aufführungen der *7. Sinfonie* in Holland dirigiert hatte, reiste er nach New York, wo er sich fast ausschließlich den Konzerten mit »seinem« Orchester widmete. Zunächst stand ein »Historisches Konzert« auf dem Programm, in dem neben Werken von Händel, Rameau, Grétry und Joseph Haydn von Johann Sebastian Bach eine »Suite aus den Orchesterwerken mit ausgeführtem Continuo zum Konzertvortrag bearbeitet von Gustav Mahler« vorgestellt wurde. Noch im November 1909 eröffnete Mahler einen Beethoven-Zyklus von fünf Konzerten, der dessen 2. bis *9. Sinfonie* und sieben Ouvertüren umfaßte. Daneben gastierte er häufig auch in anderen Städten (Boston, Philadelphia). Schwerpunkt der Programme waren eindeutig die Klassiker: Mozart, Beethoven, Schubert, Mendelssohn, Schumann, dann Brahms und Wagner. Von neueren Komponisten waren vor allem Richard Strauss und Ferruccio Busoni vertreten, aber auch Claude Debussy (*Prélude d'après-midi d'un faune*), Sergej Rachmaninow (*3. Klavierkonzert* mit Rachmaninow als Solist) oder Edward Elgar (*Seebilder*). Von den eigenen Kompositionen führte Mahler neben der bereits erwähnten *2. Sinfonie* lediglich die *1.* und *4. Sinfonie* sowie die *Kindertotenlieder* auf. Bemerkenswerte Resonanz scheint es nicht gegeben zu haben.

The Philharmonic Society
of New York

1910... SIXTY-NINTH SEASON ...1911

Gustav Mahler ... Conductor

MANAGEMENT LOUDON CHARLTON

Carnegie Hall

TUESDAY NIGHT, JANUARY 17
AT EIGHT-FIFTEEN

FRIDAY AFTERNOON, JANUARY 20
AT TWO-THIRTY

Soloist
MME. BELLA ALTEN
(of the Metropolitan Opera House)

All-Modern Programme

1. OVERTURE "Das Kätchen von Heilbronn" . . . . *Pfitzner*
2. SYMPHONY No. 4, in G major . . . . *Mahler*
I Recht gemächlich
II In gemächlicher Bewegung
III Ruhevoll
IV Sehr behaglich
Solo Part: MME. ALTEN
3. "EIN HELDENLEBEN" Opus 40 . . . . *Richard Strauss*

The Steinway Piano is the Official Piano of the Philharmonic Society

Programm der New Yorker Philharmonie Society
zu Mahlers 4. Sinfonie

Im April 1910 hielt sich Mahler ein weiteres Mal in Paris auf. Er dirigierte die 2. *Sinfonie*, womit erstmals eines seiner Werke in Frankreich vorgestellt wurde. Die Meinungen waren auch hier geteilt: Alfredo Casella schrieb einen begeisterten Artikel über das Konzert, das Claude Debussy hingegen demonstrativ verlassen hatte. Obwohl

Debussy vor allem an den, wie er meinte, »Schubert-Reminiszenzen« Anstoß nahm, war seine kritische Haltung darüber hinaus Ausdruck einer grundsätzlichen Distanzierung gegenüber der Musikentwicklung in Deutschland, die Debussy mit zahlreichen seiner Kollegen teilte. Insbesondere der Einfluß Richard Wagners mit dem politischen Hintergrund der nach wie vor schmachvoll gegenwärtigen Niederlage im Krieg mit Preußen 1870/71 wurde als Überfremdung empfunden, der es durch Betonung eigener Traditionen entgegenzuwirken galt. Der Anti-Wagnerismus Debussys erstreckte sich zwangsläufig auf den Wagnerianer Mahler, wobei für das politisch motivierte Urteil die erheblichen stilistischen und musiksprachlichen Unterschiede zwischen Wagner und Mahler übergangen wurden.

Nach weiteren Konzerten in Rom, Leipzig und München ging es wieder nach Toblach – in seinen letzten Sommerferien arbeitete Mahler an der *10. Sinfonie*, die Fragment blieb. Die bereits erwähnte eheliche Dauerkrise führte zu einer Konsultation Sigmund Freuds, der sich damals in Holland aufhielt – »es war, wie man einen einzigen tiefen Schacht durch ein rätselhaftes Bauwerk graben würde«, so Freud nach dem Gespräch mit Mahler (Blaukopf/Roman, S. 272). Zum 50. Geburtstag am 7. Juli erreichte Mahler eine Fülle von Glückwünschen. Paul Stefan, der getreue Biograph, gab das Buch *Gustav Mahler. Ein Bild seiner Persönlichkeit in Widmungen* heraus, an dem sich Gerhart Hauptmann, Hermann Bahr, Hugo von Hofmannsthal, Stefan Zweig, Arthur Schnitzler, Richard Strauss, Max Reger, Romain Rolland u. v. a. beteiligten. Das wichtigste Ereignis dieses letzten Jahres und vielleicht von Mahlers künstlerischer Laufbahn überhaupt wurde die Uraufführung der *8. Sinfonie* am 12. September 1910 in München.

Im Oktober reiste Mahler nach New York. Über sechzig Konzerte waren für die Saison vorgesehen, darunter auch Gastspiele in Boston, Pittsburgh und Buffalo. Schon vor der Abreise fühlte er sich unwohl, doch Angina- und Fieberanfälle wurden mittels starker Medikamente immer wieder zurückgedrängt. In New York kamen Differenzen mit der Leitung der Philharmoniker hinzu, die Mahlers Programmgestaltung beanstandete und versuchte, ihm Vorschriften zu machen. Dies und vor allem das immense Arbeitspensum führten, nachdem Mahler am 21. Februar 1911 sein letztes Konzert dirigiert hatte, zum Zusammenbruch. Die Ärzte stellten eine »subkutane bakterielle Endokarditis« fest, die damals noch nicht geheilt werden konnte. Todkrank wurde Mahler zunächst nach Paris und Anfang Mai nach Wien gebracht. Hier starb er am 18. Mai 1911.

Gustav Mahler. Fotografie vom Frühjahr 1911

Daten zu Leben und Werk

1860	7. Juli: Gustav Mahler in Kalischt als zweites von zwölf Kindern des Kaufmanns Bernhard Mahler und seiner Frau Marie geboren Dezember: Übersiedlung der Familie nach Iglau (Jihlava)
1866	Beginn des Klavierspiels
1868	Erster Musikunterricht. Harmonielehre beim städtischen Musikdirektor Heinrich Fischer
1870	13. Oktober: erster öffentlicher Auftritt als Pianist
1870–75	Besuch des Gymnasiums in Iglau
1871	Herbst: Aufenthalt in Prag. Neben dem Unterricht am Neustädter Gymnasium werden die Musikstudien fortgesetzt
1875–78	Studium am Konservatorium der Gesellschaft der Musikfreunde in Wien. Hauptfach Klavier bei Julius Epstein, Harmonielehre bei Robert Fuchs, Komposition bei Franz Krenn Freundschaft mit Guido Adler, Hugo Wolf, Rudolf Krzyzanowski, Hans Rott, Anton Krisper, Fritz Löhr, Emil Freund u. a. Opernfragment *Herzog Ernst von Schwaben* (verschollen)
1876	1. Satz eines *Klavierquartetts* in a-Moll 12. September: Konzert in Iglau, u. a. mit einer *Violinsonate* (verschollen) und einem Klavierquartett (verschollen) Mahlers
1877–79	Mitglied des »Wiener akademischen Wagner-Vereins«
1878	Abschluß-Diplom des Konservatoriums. Abitur in Iglau. Besuch von Vorlesungen (Philosophie, Geschichte, Literatur-

und Musikgeschichte) an der Wiener Universität. Freundschaftliches Verhältnis zu Anton Bruckner, von dessen *3. Sinfonie* Mahler einen vierhändigen Klavierauszug anfertigt
März: Text zur Kantate *Das klagende Lied*

1879 Aufenthalt in Iglau und als Klavierlehrer in Ungarn
Arbeit an der Oper *Rübezahl* (nur Libretto entworfen)

1880 März bis Oktober: Abschluß des *Klagenden Liedes*
Vergebliche Bewerbung um den »Beethoven-Preis« der Gesellschaft der Musikfreunde
Juni–August: Kapellmeister in Bad Hall (Oberösterreich)
Arbeit an der Oper *Die Argonauten* (nicht beendet; verschollen)

1880–87 *Fünf Lieder* (*Lieder und Gesänge aus der Jugendzeit*, Heft 1)
Nr. 1 *Frühlingsmorgen* (R. Leander)
Nr. 2 *Erinnerung* (R. Leander)
Nr. 3 *Hans und Grete* (Mahler)
Nr. 4 *Serenade* aus *Don Juan* (Tirso de Molina)
Nr. 5 *Phantasie* aus *Don Juan* (Tirso de Molina)

1881–82 September: Kapellmeister am Landschaftlichen Theater in Laibach (Ljubljana)

1882 Aufenthalt in Wien. Arbeit an einer *Nordischen Sinfonie* und an *Rübezahl*

1883 Januar bis März: Kapellmeister in Olmütz (Olomouc)
April: Chordirigent am Carltheater in Wien
Besuch der Bayreuther Festspiele (*Parsifal*)

1883–85 August: Kapellmeister am Königlichen Theater in Kassel
Lieder eines fahrenden Gesellen (Dezember 1883 bis Januar 1885)
Nr. 1 *Wenn mein Schatz Hochzeit macht*
Nr. 2 *Ging heut' morgen übers Feld*
Nr. 3 *Ich hab ein glühend Messer*
Nr. 4 *Die zwei blauen Augen*

1884 Bühnenmusik zu Josef Victor von Scheffels *Der Trompeter von Säkkingen*

1884–88 *1. Sinfonie*

1885	29. Juni bis 1. Juli: Musikfest, auf dem Mahler das Oratorium *Paulus* von Felix Mendelssohn-Bartholdy dirigiert
1885–86	August: Zweiter Kapellmeister am Königlichen Deutschen Landestheater in Prag
1886–88	Juli: Zweiter Kapellmeister am Stadttheater Leipzig
1887	Bearbeitung der komischen Oper *Die drei Pintos* von Carl Maria von Weber (beendet 1888). Bekanntschaft und freundschaftliche Verbundenheit mit Richard Strauss
1887–88	*Lieder und Gesänge*, Heft 2 (aus *Des Knaben Wunderhorn* von Arnim/Brentano) Nr. 1 *Um schlimme Kinder artig zu machen* Nr. 2 *Ich ging mit Lust durch einen grünen Wald* Nr. 3 *Aus! Aus!* Nr. 4 *Starke Einbildungskraft*
	Lieder und Gesänge, Heft 3 (aus *Des Knaben Wunderhorn*) Nr. 1 *Zu Straßburg auf der Schanz* Nr. 2 *Ablösung im Sommer* Nr. 3 *Scheiden und Meiden* Nr. 4 *Nicht wiedersehen!* Nr. 5 *Selbstgefühl*
1888	20. Januar: Uraufführung der *Drei Pintos* in Leipzig Juli–September: Gastkapellmeister in Prag
1888–91	Oktober: Direktor der Königlichen Ungarischen Oper in Budapest
1888–94	*2. Sinfonie*
1889	Februar: Tod des Vaters Freundschaft mit Natalie Bauer-Lechner, die Mahler bereits in den Studienjahren kennengelernt hatte. Bis 1902 Aufzeichnung ihrer Gespräche mit Mahler Oktober: Tod der Mutter 20. November: Uraufführung der *1. Sinfonie* in Budapest
1890	Italienreise mit der Schwester Justine Johannes Brahms besucht eine Aufführung von Mozarts *Don Giovanni* unter Mahlers Leitung
1891–97	April: Erster Kapellmeister am Stadttheater in Hamburg

1892	Juni und Juli: Gastspiel des Hamburger Theaters in London (Beethovens *Fidelio*, Wagners *Tristan und Isolde* und *Der Ring des Nibelungen*) Beginn der Zusammenarbeit mit Bruno Walter
1892–98	*Gesänge aus Des Knaben Wunderhorn*, Nr. 1–13 Nr. 1 *Der Schildwache Nachtlied* (28. Januar 1892) Nr. 2 *Verlor'ne Müh'* (1. Februar 1892) Nr. 3 *Trost im Unglück* (22. Februar 1892) Nr. 4 *Wer hat dies Liedlein erdacht* (6. Februar 1892) Nr. 5 *Das irdische Leben* (1892/93) Nr. 6 *Des Antonius zu Padua Fischpredigt* (8. Juli 1893) Nr. 7 *Rheinlegendchen* (9. August 1893) Nr. 8 *Lied des Verfolgten im Turm* (Juli 1898) Nr. 9 *Wo die schönen Trompeten blasen* (Juli 1898) Nr. 10 *Lob des hohen Verstandes* (Juni 1896) Nr. 11 *Es sungen drei Engel* (11. August 1895) Nr. 12 *Urlicht* (1892) Nr. 13 *Das himmlische Leben* (10. Februar 1892)
1893	31. März: Aufführung der *Messe in d-Moll* und des *Te Deum* von Anton Bruckner 27. Oktober: Aufführung von sechs *Wunderhorn-Gesängen* und der *1. Sinfonie*
1893–96	Sommerferien in Steinbach am Attersee *3. Sinfonie*
1894	ab Februar: Übernahme der Abonnementskonzerte (»Bülow-Konzerte«) nach dem Tod Hans von Bülows (2. Februar) Begegnung mit Johannes Brahms in Bad Ischl (auch 1896) 3. Juni: Aufführung der *1. Sinfonie* auf der XXX. Tonkünstlerversammlung des Allgemeinen Deutschen Musikvereins in Weimar
1895	4. März: Uraufführung der Sätze 1 bis 3 der *2. Sinfonie* in Berlin 13. Dezember: Uraufführung der gesamten *2. Sinfonie* in Berlin
1896	16. März: neben dem 1. Satz der *2.* sowie der *1. Sinfonie* werden die *Lieder eines fahrenden Gesellen* in Berlin aufgeführt

1897	Februar: Übertritt zum Katholizismus März: Konzertreise nach Rußland und Polen 9. März: Felix von Weingartner führt in Berlin die Sätze 2, 3 und 6 der *3. Sinfonie* auf (2. Satz zuvor bereits von Arthur Nikisch, Mahler und Weingartner aufgeführt) 15. April: Abschluß eines einjährigen Vertrages als Kapellmeister am k.k. Hof-Operntheater in Wien 11. Mai: erste Vorstellung (Wagners *Lohengrin*) 15. Oktober: Ernennung zum »Artistischen Direktor«
1898–1901	Leitung der Philharmonischen Konzerte als Nachfolger Hans Richters
1899	*Revelge* (aus *Des Knaben Wunderhorn*) 9. April: Aufführung der *2. Sinfonie* mit den Wiener Philharmonikern
1899–1900	*4. Sinfonie*
1899–1907	In den Sommerferien meist in Maiernigg am Wörthersee
1900	Juni: Konzerte mit den Wiener Philharmonikern während der Weltausstellung in Paris 20. Oktober: Aufführung der *2. Sinfonie* in München
1901	17. Februar: Uraufführung des *Klagenden Liedes* in Wien 25. November: Uraufführung der *4. Sinfonie* in München Begegnung mit Alma Schindler. Bruno Walter wird an die Hofoper engagiert *Der Tambourg'sell* (aus *Des Knaben Wunderhorn*)
1901–02	*5. Sinfonie*
1901–04	*Fünf Lieder* (Friedrich Rückert) Nr. 1 *Blicke mir nicht in die Lieder* (14. Juni 1901) Nr. 2 *Ich atmet' einen linden Duft* (Juli 1901) Nr. 3 *Ich bin der Welt abhanden gekommen* (16. August 1901) Nr. 4 *Um Mitternacht* (Sommer 1901) Nr. 5 *Liebst du um Schönheit* (August 1902) *Kindertotenlieder* (Friedrich Rückert) Nr. 1 *Nun will die Sonn' so hell aufgeh'n* Nr. 2 *Nun seh' ich wohl, warum so dunkle Flammen* Nr. 3 *Wenn dein Mütterlein* Nr. 4 *Oft denk' ich, sie sind nur ausgegangen* Nr. 5 *In diesem Wetter, in diesem Braus*

1902	9. März: Heirat mit Alma Schindler, anschließend Konzertreise nach Petersburg Verbindung zu Künstlern der Wiener »Secession« (Gustav Klimt, Koloman Moser, Emil Orlik, Josef Hoffman u. a.) April: Beteiligung an einer Ausstellungseröffnung der »Secession« mit der Bläser-Bearbeitung eines Teiles der *Freude*-Hymne aus Beethovens *9. Sinfonie* 9. Juni: Uraufführung der *3. Sinfonie* in Krefeld Geburt der Tochter Maria Anna
1903	Beginn der Zusammenarbeit mit dem Bühnenbildner Alfred Roller (erste Premiere 21. Februar: *Tristan und Isolde*) 15. Juni: Aufführung der *2. Sinfonie* während des XXXIX. Tonkünstlerfestes des Allgemeinen Deutschen Musikvereins in Basel 22. und 23. Oktober: Aufführungen der *3. Sinfonie* in Amsterdam. Beginn der Freundschaft mit Willem Mengelberg
1903–04	*6. Sinfonie*
1904	Freundschaft mit Alexander von Zemlinsky und Arnold Schönberg 18. Oktober: Uraufführung der *5. Sinfonie* in Köln 23. Oktober: Zweimalige Aufführung der *4. Sinfonie* in einem Konzert in Amsterdam 28. November: *3. Sinfonie* in Leipzig aufgeführt Geburt der Tochter Anna Justine
1904–05	*7. Sinfonie*
1905	29. Januar: Uraufführung der *Kindertotenlieder* in Wien Eröffnung eines »Mozart-Zyklus« mit *Don Giovanni* 21. Mai: Aufführung der *5. Sinfonie* während des 1. Elsaß-Lothringischen Musikfestes in Straßburg 1. Juni: Aufführung der *Kindertotenlieder* und acht weiterer Lieder (F. Rückert und *Des Knaben Wunderhorn*) während des XLI. Tonkünstlerfestes des Allgemeinen Deutschen Musikvereins in Graz. Mit Richard Strauss bei der dortigen Erstaufführung der *Salome* 7. Dezember: Aufführung der *5. Sinfonie* in Wien Bekanntschaft mit Hans Pfitzner (6. April: Wiener Erstaufführung der *Rose vom Liebesgarten*)

1906 März: Aufführung der *5. Sinfonie* in Antwerpen, Amsterdam und Rotterdam
Fortsetzung des »Mozart-Zyklus« mit *Die Hochzeit des Figaro*
27. Mai: Uraufführung der *6. Sinfonie* in Essen
18. und 20. August: Gastspiel der Wiener Oper mit Mozarts *Die Hochzeit des Figaro* während des Salzburger Musikfestes (nachmals Salzburger Festspiele)

1906–07 *8. Sinfonie*

1907 4. Januar: Aufführung der *6. Sinfonie* in Wien
5. Februar: Uraufführung des *1. Streichquartetts* von Arnold Schönberg in Anwesenheit Mahlers. Empfehlung des Werkes an Richard Strauss
März: Konzertreise nach Rom, Brünn und Petersburg
Pressekampagne gegen Mahler als Hofoperndirektor
5. Juli: Tod der Tochter Maria Anna
15. Oktober: letzte Vorstellung an der Wiener Hofoper (Beethovens *Fidelio*)
Oktober: Konzertreise nach Petersburg und Helsingfors (Helsinki)
24. November: Abschiedskonzert in Wien (*2. Sinfonie*)
9. Dezember: Abreise nach New York

1908 Kapellmeister an der Metropolitan Opera New York (1. Januar: erste Vorstellung mit Wagners *Tristan und Isolde*)
April: Gastspiel der Metropolitan Opera in Boston (Mozarts *Don Giovanni*, Wagners *Walküre* und *Tristan und Isolde*)
Mai: Rückkehr nach Europa
19. September: Uraufführung der *7. Sinfonie* in Prag
Oktober/November: Konzerte in München (*7. Sinfonie*), Berlin, Hamburg, Amsterdam und Paris
November: Abreise nach New York
8. Dezember: Aufführung der *2. Sinfonie* mit dem New York Symphony Orchestra

1908–09 *Das Lied von der Erde*

1908–10 Sommerferien in Toblach (Südtirol)

1909	Konzerte mit dem New York Philharmonic Orchestra Frühjahr: Konzerte in Paris. Auguste Rodin modelliert die Mahler-Büste Oktober: Aufführungen der *7. Sinfonie* in Den Haag und Amsterdam, anschließend Abreise nach New York 10. November: »Historisches Konzert« mit Werken von J. S. Bach, G. F. Händel, J. Ph. Rameau, A. E. M. Grétry und J. Haydn
1909–10	*9. Sinfonie* Konzerte mit dem Orchester der New York Philharmonic Society. Gastspiele in Buffalo, Philadelphia, Springfield u. a.
1910	26. und 28. Januar: Aufführungen der *Kindertotenlieder* 17. April: Aufführung der *2. Sinfonie* in Paris *10. Sinfonie* (unvollendet) August: Konsultation bei Sigmund Freud in Leiden Sommer: Vertrag mit der Universal-Edition, Wien 12. September: Uraufführung der *8. Sinfonie* in München Oktober: vierte und letzte Überfahrt nach New York. Für die Saison sind über 60 Konzerte mit dem New York Philharmonic Orchestra vereinbart
1911	20. Januar: letzte Aufführung eines eigenen Werkes (*4. Sinfonie*). Akute Krankheit 21. Februar: letztes (48.) Konzert April: Rückkehr nach Europa. Ergebnislose Behandlung in Paris 13. Mai: Rückkehr nach Wien 18. Mai: Tod Gustav Mahlers 20. November: Uraufführung des *Liedes von der Erde* unter Leitung Bruno Walters in München
1912	26. Juni: Uraufführung der *9. Sinfonie* unter Leitung Bruno Walters in Wien

Die Sinfonien und Das Lied von der Erde

1. Sinfonie

1. Satz: Langsam, schleppend. Im Anfang sehr gemächlich
2. Satz: Kräftig bewegt, doch nicht zu schnell
3. Satz: Feierlich und gemessen, ohne zu schleppen
4. Satz: Stürmisch bewegt

Besetzung: 4 Fl (3. und 4. auch Picc), 4 Ob (3. auch EH), 4 Kl in B, A, C (3. auch B-Kl in B, 4. auch Kl in Es), 3 Fg (3. auch K-Fg), 7 Hr, 5 Tp, 4 Pos, B-Tb, Pk (2 Spieler), Schlgz (Gr. Trommel, Becken, Triangel, Tamtam), Hf, Streicher

E: 1884–88
EA: 1899, Weinberger (Wien)

Im März 1888 schrieb Mahler aus Leipzig, an dessen Stadttheater er als Kapellmeister engagiert war, seinem Jugendfreund Friedrich Löhr:

> »So! Mein Werk ist fertig! Jetzt möchte ich Dich neben meinem Klavier haben und es Dir vorspielen! Wahrscheinlich bist Du der einzige, dem darin an mir nichts neu sein wird; die anderen werden sich wohl über manches wundern! Es ist so übermächtig geworden – wie es aus mir wie aus einem Bergstrom herausfuhr! [...] Wie mit einem Schlag sind alle Schleusen in mir geöffnet!« (Briefe, S. 70)

Gemeint ist hier die **1. Sinfonie**, die Mahler nach vierjähriger Arbeitszeit – unterbrochen freilich immer wieder durch seine Verpflichtungen am Theater – im Frühjahr 1888 beendet hatte. Noch im selben Jahr wurde der Achtundzwanzigjährige zum Direktor der königlichen Oper in Budapest berufen, wo auch – am 20. November 1889 – die Uraufführung des damals noch fünf Sätze umfassenden Werkes erfolgte. Nach einer Aufführung in Weimar im Jahre 1894 löste Mahler

Mahler im Jahre 1888

den 2. Satz, ein Andante mit dem poetischen Titel *Blumine*, heraus, womit das Werk seine endgültige Form erhielt, an der auch verschiedene Überarbeitungen in den folgenden Jahren nichts Wesentliches änderten. Zahlreiche Abweichungen von der ursprünglichen Gestalt ergaben sich dann allerdings hinsichtlich der Instrumentierung, auch der Dynamik. Die Revisionen begannen praktisch mit den Proben zur Uraufführung, als Mahler erstmals das klingende Resultat seiner Partitur vernahm, und setzten sich anläßlich weiterer Aufführungen (Hamburg 1893; Berlin 1896) bis zur Erstveröffentlichung im Verlag Weinberger (1899) und schließlich bis zum Druck in der Universal-Edition (1906) fort. Von dieser Ausgabe nimmt man gemeinhin und wohl auch mit einigem Recht an, daß sie die »endgültige« Fassung des Werkes wiedergibt (Ratz, o. S.).

Eine weitere Revisions-»Schicht«, die allerdings aufs engste mit der »eigentlichen« Kompositionsgeschichte zusammenhängt, betrifft die programmusikalischen Aspekte. Wie Mahler in dem eingangs zitierten

Brief lediglich von einem »Werk« spricht, das er gerade »fertig« habe, so meidet er auch für die Uraufführung und in den folgenden Jahren den Gattungsbegriff »Sinfonie«. Statt dessen verwendet er zunächst die Bezeichnung *Sinfonische Dichtung in zwei Teilen* (Programmzettel Budapest, 1889), dann die recht umständlichen Formulierungen *»Titan«, eine Tondichtung in Sinfonieform* (Hamburg 1893, vielleicht auch Weimar 1894) und *Sinfonie (»Titan«) in 5 Sätzen* (2 Abteilungen) – so ein auf etwa 1894 zu datierendes Titelblatt des Autographs. Erst ab der Berliner Aufführung und für beide Druckausgaben entscheidet er sich für *Sinfonie in D-dur* bzw. *Sinfonie No. 1.* Man geht wohl nicht fehl in der Annahme, daß Mahler dem ebenso klar umrissenen wie traditionsbeladenen Gattungsbegriff »Sinfonie« zunächst auszuweichen trachtete. Und dies gleich aus mehreren Gründen. Der geringfügigste dürfte noch jener sein, den so mancher von Mahlers älteren Zeitgenossen – etwa Johannes Brahms – geltend gemacht und der dann – gerade im Falle von Brahms – zu einer langwierigen, gewissermaßen von Skrupeln begleiteten Annäherung geführt hat: eben die Nobilitierung der Gattung durch die klassische Tradition, voran durch die normsetzenden und mithin als unübertrefflich geltenden Sinfonien Beethovens. Eine Sinfonie zu schreiben, so Brahms, wäre »seit Haydn kein bloßer Spaß mehr, sondern eine Angelegenheit auf Leben und Tod«.

Für Mahler indes scheint, zumindest anfänglich, ein taktischer Gesichtspunkt wichtiger gewesen zu sein, der dann auch noch auf die Entstehung der *2.* und *3. Sinfonie* einwirkte. Mit einer »Sinfonischen Dichtung« und den ihr (nachträglich!) beigefügten programmatischen Titeln und auch ausführlicheren literarischen Angaben zu einzelnen Sätzen suchte er ohne Zweifel Anschluß an eine aktuelle und bei aller Kritik auch maßgebliche Konzeption von Orchestermusik, die von Berlioz bis Liszt und Wagner, aber eben auch noch von Mahlers Altersgenossen Richard Strauss als einzig legitime Weiterführung der klassischen Tradition herausgestellt wurde. Sie richtete sich entschieden gegen den akademischen Klassizismus, der, so Wagner, jede Sinfonie »nach Beethoven« als Eklektizismus ereilen und gleichsam überflüssig machen müsse. In dieser Konzeption, die sich für ihre Kritiker in traditionsverachtender »Zukunftsmusik«, für die Verfechter hingegen in traditionsverpflichteter »Musik der Zukunft« mit den Leitbildern »Sinfonische Dichtung« und »Musikdrama« verkörperte, deren gemeinsame Wurzel das Finale von Beethovens *9. Sinfonie* bildete, sah Mahler gewissermaßen eine Art Schutzschild für die eigenen kompositorischen Kühnheiten.

Einen Hinweis darauf enthält eine Bemerkung über Strauss, in der Mahler, obgleich er sich bereits der Fragwürdigkeit von dessen wachsendem Erfolg bewußt war, vorbehaltlos die gewissermaßen furchtlose Neuheit der Strausschen Orchesterkompositionen anerkannte – ohne die er selbst mit seinen Werken »als Monstrum dastehen würde« (Briefe, S. 201). Das Ungewohnte, da Unkonventionelle der Formbildung als ganzer bis hinein ins klangliche Detail sollte durch Einbindung in eine zwar umstrittene, aber dennoch immer einflußreicher sich zeigende Kompositionsweise abgebaut und somit dem zu erwartenden Widerspruch seitens der Öffentlichkeit schon im voraus begegnet werden.

Aber ein weiteres gilt es zu bedenken, das vielleicht sogar noch wichtiger – da folgenreicher – gewesen sein dürfte. Offensichtlich – und dies betrifft keineswegs nur die *1. Sinfonie*, sondern nahezu sämtliche Kompositionen (vgl. etwa die Bemerkungen Mahlers zur *5. Sinfonie* vom Februar 1911, wenige Monate vor seinem Tod; Briefe, S. 403 f.) – ergaben sich von Beginn der Arbeit an einem Werk erhebliche Differenzen zwischen »Imagination« und »Realisation«, die dann auch nicht durch einmalige Überarbeitung oder auch zeitlich begrenzte Überarbeitungsphasen beseitigt werden konnten. Mahlers Umgang mit seinem Werk erinnert an ein »work in progress« insofern, als *jedem* Stadium der Niederschrift etwas Vorläufiges, Unabgeschlossenes und vielleicht auch »Unabschließbares« anhaftet. Mit Blick auf die *1. Sinfonie* jedoch scheint dieses Moment, von dem später dann nicht unwesentlich der faszinierende Gestaltenreichtum und die sprachähnliche Flexibilität und Unmittelbarkeit der Musik ausgehen, noch eher einen durchaus anfängerhaften Mangel an Beherrschung der Ausdrucksmittel anzuzeigen; scheint es eine ratlos machende Verlegenheit zu bereiten, wie denn die andrängenden und den Autor schier überwältigenden klanglichen Visionen zu strukturierter Gestalt finden könnten (»Es ist so übermächtig geworden – wie es aus mir wie aus einem Bergstrom herausfuhr«). Zugleich jedoch läßt sich kaum überhören, daß solcher Mangel keineswegs die Phantasie lähmt, sondern – im Gegenteil – geradezu draufgängerisch, in voller Risikobereitschaft und also ohne jeden »klassizistischen« Kompromiß die Suche nach Auswegen leitet. Und eben dies macht in entscheidendem Maße das Faszinierende des Frühwerkes aus.

»Das, [. . .] worin ich beim Instrumentieren den Komponisten der Gegenwart und Vergangenheit voraus zu sein glaube, könnte man in dem einen Worte ›Deutlichkeit‹ zusammenfassen. Daß alles durchaus so zum Gehör kommt, wie es meinem inneren Ohr ertönt, ist die Forderung, zu der ich alle zu Gebote stehenden Mittel bis aufs letzte auszunützen suche. Nur am richtigen Platze und in seiner völligen Eigenart darf jedes Instrument verwendet werden. [...] Wo ich anfangs in mangelndem Wissen und Können mit weniger Sorgfalt und Kunst gearbeitet habe, wie bei meiner Ersten Sinfonie, da hat sich das bitter gerächt. Es kam eben nicht heraus, was ich wollte, und was zu Gehör kam, war bei weitem nicht so durchsichtig schön und vollkommen, wie es hätte sein können, so daß ich später uminstrumentieren mußte« (Bauer-Lechner, S. 62).

Jede Betrachtung der *1. Sinfonie* (wie auch jedes anderen Werkes von Mahler) muß diese Sätze im Blick haben; muß davon ausgehen, daß so mancher »avantgardistisch« anmutende Zug der Musik – allerdings weitgehend auf deren Klangcharakter bezogen – Ergebnis späterer Überarbeitung ist. Dies verdeutlichen sogleich die Anfangstakte aus der Einleitung zum 1. Satz: »Als ich in Pest das A in allen Lagen hörte, klang es mir viel zu materiell für das Schimmern und Flimmern der Luft, das mir vorschwebte. Da fiel mir ein, allen Streichern Flageolett zu geben (den Geigern zu höchst bis zu den Bässen zu tiefst, die ja auch Flageoletts besitzen): nun hatte ich es, wie ich es wollte« (ebd., S. 176).

Andererseits wiederum gibt es genügend überzeugende Hinweise darauf, daß Mahler mit der *1. Sinfonie* gewissermaßen die orchestermusikalischen Grundmotive jenes »Lebensthemas« gestaltete, von dem auch im Kontext der Kantate *Das klagende Lied* die Rede ist (s. S. 199 f.). Und diese »Motive« haben vor allem mit der Formbildung und – von dieser ausgehend – mit den thematischen Charakteren und deren Verwandlung bzw. Verarbeitung zu tun: »Das Komponieren ist wie ein Spielen mit Bausteinen, wobei aus denselben Steinen immer ein neues Gebäude entsteht. Die Steine aber liegen von der Jugend an, die allein zum Sammeln und Aufnehmen bestimmt ist, alle schon fix und fertig da« (ebd., S. 138).

Interessant an diesem Ausspruch Mahlers von 1899 ist neben dem Hinweis auf die »jugendliche« (Voraus-)Prägung des nachmals Komponierten die grundsätzliche Feststellung, daß Komponieren »ein Spielen mit Bausteinen« darstelle – genau dies nämlich ereignet sich auf drastische Weise zumal im 1. Satz der *1. Sinfonie*. Die Einleitung

(T. 1–62) erscheint wie eine vibrierende Klangfläche, auf der sich nach und nach verschiedene signalhafte Motive abzeichnen, locker, geradezu wahllos hingeworfen und von rasch wechselndem Ausdrucksgehalt. Zugleich jedoch – innerhalb der Motive – schälen sich bestimmte Kernfiguren als motivische Substanzen heraus, die für den weiteren Verlauf des Satzes belangvoll sein werden: am auffälligsten das Quart-Intervall; eine signalartige Dreiklangsbrechung; eine »Horn-Quinten«-Folge; ein »naturhafter« Hörner-Satz; eine »schleichende« chromatische Baßbewegung:

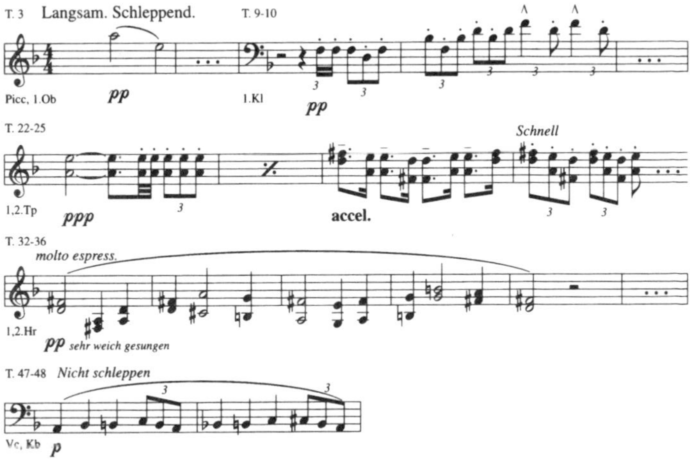

Bsp. 1 *1. Sinfonie*, 1. Satz, T. 3, 9–10, 22–25, 32–36, 47–48

Aus diesen »Substanzen« formt sich nun nicht allein das Eröffnungsthema des Hauptsatzes (T. 63 ff.), sondern geradezu dessen gesamte Melodik – wobei durch die zitathafte Anlehnung an das zweite der *Lieder eines fahrenden Gesellen* eher nur eine zusätzliche Festigung der schweifenden und nach klassischem Verständnis wohl recht labilen Thematik erreicht werden soll:

Bsp. 2a *1. Sinfonie*, 1. Satz, T. 63–66

Bsp. 2b *Lieder eines fahrenden Gesellen*, Nr. 2, T. 3–5

Denn es zeigt sich, daß der ganze Satz von einem einzigen, allerdings vielfach gegliederten und verschachtelten Thema, einer Art »Groß-Thema« getragen wird und daß dessen Teile eben als jene »Bausteine« anzusehen sind, mit denen der Komponist »spielt« – und dabei »aus denselben Steinen immer ein neues Gebäude entsteht«. Dieses »Groß-Thema« lautet, zusammengezogen auf die »Bausteine«:

Bsp. 3 *1. Sinfonie*, 1. Satz, T. 63–71, 84–88, 117–120

Dem folgen nun bis zum Ende der Exposition noch weitere, kettengliedartig aneinandergereihte bzw. sich überlagernde Kombinationen der »Bausteine« – so daß der gesamte Satzabschnitt von einem nicht abreißenden Melodie-Zug durchmessen wird. Deshalb erscheint es auch fragwürdig, von »Exposition« im Sinne der Sonatenhauptsatzform zu sprechen: es fehlt jedweder thematische Kontrast, und auch auf eine »mono-thematische« Anlage zu verweisen, will nicht recht überzeugen. Denn der Abschnitt weitet sich gewissermaßen zu einem thematischen Porträt aus, dessen »Gesichtszüge« aus einer Vielzahl von motivischen Verästelungen gebildet werden. Die Form erinnert denn auch eher an eine Liedstrophe – wofür der Bezug auf das *Gesellen-Lied* keineswegs nur ein äußerliches Zeichen ist. D. h., Mahlers instrumental-sinfonische Inspiration entzündet sich offensichtlich weniger an der mit Gegensätzen und Entwicklungen operierenden und hierin autonom-musikalischen Sonatenkonzeption Beethovens, sondern vielmehr an einer flächig-parataktischen Darstellung, für die einerseits das romantische Lied, andererseits eine romanhaft-verzweigte »Erzählweise« – in jedem Fall also im Literarischen verwurzelte Gestaltungen – vorbildlich gewesen sein dürften.

Inwieweit nun diese Orientierung zum gegebenen Zeitpunkt eine aus mangelnder Metierbeherrschung erzwungene Notlösung war oder eben genau der schöpferischen Disposition Mahlers entsprach, der *nicht* zu folgen nur zu eklektischen Ergebnissen geführt hätte (eben zu jenen von Wagner verachteten »Sinfonien nach Beethoven«), braucht eigentlich nicht unbedingt entschieden zu werden und läßt sich wohl auch gar nicht entscheiden. Denn ob »Notlösung« oder »Eigenwilligkeit«: bereits die *1. Sinfonie* gibt zu verstehen, daß da für Mahler keine Wahl bestand, sondern einzig ein unbeirrbares Ausdrucksbedürfnis, das seine ihm angemessenen Wege einschlug. So hat auch der folgende Abschnitt kaum noch etwas mit der an dieser Stelle üblicherweise einsetzenden »Durchführung« zu tun. Statt dessen erscheint er – selbst wenn die Wiederholungsanweisung für die »Exposition« und damit ein charakteristisches festigendes Element des klassischen Sonatenhauptsatzes berücksichtigt wird – wie eine »zweite Strophe«, welche das Material sowohl des einleitenden wie des Hauptteils variierend aufgreift. Allerdings verschiebt sich dabei einiges in der Reihenfolge dieses Materials, worin jedoch kaum etwas »Durchführungs-«, sondern ganz und gar »Liedhaftes« zu vernehmen ist: die neapolitanisch gefärbte Modulation im Übergang von der langsamen Einleitung zum »sehr gemächlichen« Hauptteil (T. 206/207) mündet zunächst (T. 209) in den »naturhaften« Hörnersatz aus der ursprünglichen Einleitung, womit der Eindruck entsteht, daß dieser Satz nunmehr die Rolle des Hauptthemas übernimmt. Erst ab Takt 221 mit Auftakt schließen sich Fortspinnungsmotive des eigentlichen, des »Großthemas« an.

Bsp. 4 *1. Sinfonie*, 1. Satz, T. 209–212, 221–224

Nun könnte der Abschnitt den Weg einer variierten Strophe problemlos weitergehen – was jedoch nicht geschieht. Zunächst wenig auffällig, dann immer entschiedener strafft sich die musikalische Bewegung, bindet sie die bis dahin gewissermaßen nach allen Seiten und kaum vorhersehbar aufbrechenden Fortspinnungsmotive zu einem kompakten, marschartigen Orchestersatz, der sich ab Takt 316 auf eine Oktavsprung-Figur (nebst Ausweitung zu Dezime und Duodezime) einpegelt und zu einer dynamischen Steigerung ansetzt. Diese Steigerung gelangt, die Fanfaren- und Hornquintenmotive der Einleitung bündelnd, zu einem lärmenden, alle bisherigen Kontrastwirkungen mit einem Schlage übertönenden und somit auch entkräftenden Höhepunkt, auf dem zugleich der den Abschnitt eröffnende Hörnersatz mit triumphaler Geste wiederkehrt. Obwohl dies – formal gesehen – lediglich das Zeichen ist für den Einsatz einer weiteren und letzten »Strophe«, die in nicht mehr aufzuhaltender Intensität, ja geradezu in hektischer Eile auf den Schlußpunkt zusteuert, enthüllt sich mit dem Höhepunkt und der dynamischen Kurve, deren dramaturgischer Scheitelpunkt er ist, der eigentliche und bisher weitgehend verborgen gebliebene Sinn des ganzen Satzes.

Keineswegs allein nach den Maßstäben des Sonatenhauptsatzes, sondern auch nach denen eines variierten Strophenliedes bringt ein solcher »Durchbruch« (Adorno, *Mahler*, S. 60 ff.) das klassische, aber auch selbst jedes großzügiger angelegte romantische Formverständnis aus dem Lot. Hier herrscht keine Ausgewogenheit mehr, die noch die kontrastreichste Detailgestaltung aufzufangen und einer gleichsam diskursiven Formbewegung unterzuordnen vermag. Der »Durchbruch«, die Detonation des Formbaus wird zum Ergebnis der versprengten Motivik in der Einleitung wie des gleichsam nach allen Seiten offenen »Groß-Themas«, das sich einer im klassisch-romantischen

Sinne regelhaften Behandlung widersetzt und in der Unberechenbarkeit parataktischer Fortspinnung seine ihm angemessene Entfaltungsweise findet.

Unter diesem Gesichtspunkt müssen nun aber auch jene Partien wahrgenommen werden, die in deutlichem Gegensatz zu der des »Durchbruchs« stehen: Stellen, in denen »nichts« zu geschehen, an denen die musikalische Bewegung zum Stillstand zu kommen scheint. Neben der Einleitung und ihrer Wiederaufnahme bereits vor dem Beginn der »2. Strophe« (T. 155 ff.) betrifft dies vor allem den hauptthemaartigen Einbau des Hörnersatzes (T. 209 ff.), der zusammen mit den Umspielungen durch weitere Einleitungsmotive ein In-sich-Kreisen der Musik suggeriert. Aber auch der Steigerung zum »Durchbruch« selbst haftet ein solches Kreisen an: der Orchestersatz dehnt sich zwar geradezu körperlich aus und gewinnt dramatische Dynamik. Doch die in den recht stur wiederholten Motiven gebundene kompositorische Substanz, voran die unablässig abspringenden Intervalle, wirken eher wie ein »Auf-der-Stelle-Treten«, das erst mit den Fanfarenzügen und dem »Durchbruchs-Schlag« selbst durchbrochen wird. Und zuletzt dürften wohl auch noch die in die Schlußtakte des Satzes eingebauten und sie gewissermaßen »zerreißenden« Generalpausen als ein »Echo des Stillstands« vernommen werden, wonach beide – die Hektik des »Durchbruchs« wie die Leere des »Stillstands« – nur noch im schroffen Abreißen des Orchestersatzes ein Ende finden.

Aus alldem geht hervor, daß die für den Sonatenhauptsatz geltenden formbildenden und motivisch-thematischen Regeln nur noch beiläufig, gewissermaßen »im Durchgang« zur Anwendung kommen – sie haben sich in die Ausnahme und mithin geradezu in einen zeitweiligen Umweg verwandelt, von dem Mahler immer wieder und so schnell wie möglich in seine »Gangart« zurückkehrt. Und was »Durchbruch« und »Stillstand« der Sonate an Unausgewogenheit, an Verunsicherung und letztlich an »Zusammenbruch« bescheren, schlägt sich im selben Augenblick der tiefer liegenden Form, einer Art »Lied-Parataxe«, als Stärkung, als deren Sinnfälligkeit zu. Hier wird nichts Geringeres erkennbar, als daß Mahlers Sinfoniebegriff die nicht anders als rabiat zu nennende Zerschlagung des klassischen Sonatenmodells zur Voraussetzung hat; dabei ist es wohl gleichgültig, ob die Gründe und Impulse hierfür in Mahlers mangelnder Beherrschung des klassischen Metiers oder in seinem nach anderer Metierbeherrschung verlangenden »Ausdruckswillen« zu suchen sind.

Die beiden Mittelteile, ein »Scherzo« und ein langsamer Satz (»Feierlich und gemessen, ohne zu schleppen«) haben mit dieser wohl entscheidenden kompositorischen Problematik des Werkes weniger zu tun – am wenigsten das Scherzo, dessen derb-tänzerischer, im Trio ganz »wienerischer« Charakter auf Vorbilder von Schubert (*9. Sinfonie*) bis zum Scherzo-»Typus« von Bruckner verweist. Es ist allein schon das Genre, das eben bestimmte traditionelle Ausdrucksgestaltungen, welche sich von Haydn an herausgebildet haben, nicht nur nahelegt, sondern geradezu aufzwingt. Sie zugunsten *gewandelter* Darstellungsabsichten zu verändern oder gar aufzuheben, will offensichtlich deshalb nicht gelingen, weil dem Scherzo als einem gewissermaßen eindimensionalen Gebilde jedes dialektisch-konterkarierende Element fehlt. Seine Gangart bestimmt von den barocken Anfängen bis zu Schönbergs *1. Kammersinfonie* der Dreier-Takt, stufenlos herauf- und herunterzuschalten vom »Tempo di minuetto« bis zum »ritmo di tre batutte«. Und dieser »Einheitsablauf« beherrscht sämtliche ihm beigefügten Elemente – der Melodik wie der Harmonik, der Dynamik wie des Klangbildes. Ihn außer Kraft zu setzen, hätte keinen neuartigen Ansatz zur Folge (wie eben die umdeutende Verkehrung der Elemente des Sonatenhauptsatzes, die einen neuen *Sinn* und mithin einen neuen Ausdruckscharakter schafft), sondern wohl lediglich eine mißratene Nachbildung.

Dies scheint Mahler mit dem Scherzo seiner *1. Sinfonie* bewußt geworden sein, und vielleicht sogar noch mehr durch das reine Genrestück *Blumine*, das er dann ersatzlos gestrichen hat. Mahlers eigene Begründung, er habe es »[hauptsächlich] wegen zu großer Ähnlichkeit der Tonarten in benachbarten Sätzen entfernt« (Bauer-Lechner, S. 169), weist zwar darauf vage hin, will aber für sich genommen nicht so recht überzeugen. Was hätte einer Transposition des ohnehin intermezzohaft isolierten Satzes widersprochen? Das Scherzo selbst ist freilich nicht als »mißraten« anzusehen (sonst hätte Mahler es wohl ebenfalls gestrichen bzw. durch ein anderes Stück ersetzt) – es dürfte ihm aber deutlich gemacht haben, daß hierin sein Weg nicht weiterführt. Und so rücken denn alle »Scherzo«-Sätze der folgenden Sinfonien vom »Typus« ab, um entweder die Zwittergestalt (und damit den dialektisch-konternden Kontrast) des instrumentalisierten Liedes (*2.* und *3. Sinfonie*) oder die vielschichtig-gebrochenen Züge eines schweifenden Phantasiestückes mit stets verändertem Ansatz und entsprechend abgewandelter Entfaltung (ab *4. Sinfonie*) anzunehmen.

Der 3. Satz nimmt demgegenüber eine schwankende Mittellage ein.

Einerseits ist er durchaus ein »Genre«-Satz, vor allem aufgrund des eingangs, in einer Zwischenpassage und abschließend zitierten Kanons »Bruder Martin«, womit Mahler etwa den Spuren Mendelssohns (*4. Sinfonie*, 2. Satz mit dem Zitat des Liedes *Der König von Thule*), aber auch Schumanns (*1. Sinfonie*) gefolgt sein könnte. Freilich – und dies verweist sogleich auf einen anderen Ansatz, den Mahler dann mit seinem Abrücken von jedweder Tradition des Genre-Satzes weiterführte – macht sich ebenso stark das Vorbild von Berlioz' *Symphonie fantastique* bemerkbar, voran in der collagehaften Überlagerung konträrer Ausdrucksschichten und ihrer Einhüllung durch gleichsam übergreifende Marschrhythmik. Auf das Genrehafte zumal der Mittelsätze verweisen nicht zuletzt Mahlers programmusikalische Angaben, die er – bevor er sie angesichts von Fehldeutungen besonders durch die Kritiker zurückzog – in verschiedenen Briefen und gegenüber Natalie Bauer-Lechner äußerte. Auf dieses Programm einzugehen, lohnt wohl nur, weil es rechtfertigende Andeutungen für die ungewöhnliche Anlage der einzelnen Sätze wie des Werkes insgesamt enthält.

So heißt es etwa: »Im ersten Satz reißt uns eine dionysische, noch durch nichts gebrochene und getrübte Jubelstimmung mit sich fort« (Bauer-Lechner, S. 173) – ein poetisches Bild, das die beschriebene Formbewegung in der Tat zu bestätigen scheint und ein weiteres Mal die literarische Herkunft der Formkonzeption belegt. Am interessantesten und aufschlußreichsten zeigt sich aber wohl Mahlers Programmnotiz zum 3. Satz, die einerseits dessen Genrecharakter hervorhebt, andererseits aber eben seine ungewöhnliche, von diesem Charakter sich abwendende Anlage rechtfertigt:

> »An unserem Helden zieht ein Leichenbegängnis vorbei und das ganze Elend, der ganze Jammer der Welt mit ihren schneidenden Kontrasten und der gräßlichen Ironie faßt ihn an. Den Trauermarsch des ›Bruder Martin‹ hat man sich von einer ganz schlechten Musikkapelle, wie sie solchen Leichenbegängnissen zu folgen pflegen, dumpf abgespielt zu denken. Dazwischen tönt die ganze Roheit, Lustigkeit und Banalität der Welt in den Klängen irgend einer sich dreinmischenden ›böhmischen Musikantenkapelle‹ hinein, zugleich die furchtbar schmerzliche Klage des Helden. Es wirkt erschütternd in seiner scharfen Ironie und rücksichtslosen Polyphonie, besonders wo wir – nach dem Zwischensatz – den Zug vom Begräbnis zurückkommen sehen und die Leichenmusik die übliche (hier durch Mark und Bein gehende) ›lustige Weise‹ anstimmmt« (ebd., S. 174).

Dieses Programm beschreibt nichts anderes als die wiederum parataktische Formbildung, deren einzelne Abschnitte zumeist hart aneinanderstoßen. Es sind deren vier: auf die Entfaltung des Kanons mit unterlegtem Pauken-Ostinato (eine pendelnde Quart-Figur, die, wie schon die Hauptthematik des Scherzos, auf die Einleitung des Kopfsatzes verweist) sowie einem Takt 19 hinzutretenden, aus dem Kanon abgeleiteten »Gegen-Thema«, folgt Takt 39 eine Art »1. Trio«, das »mit Parodie« den Marsch beschleunigt (ab T. 45 »nicht schleppen«) und dergestalt die elegische Stimmung des Kanons in trivial gefärbte Schmissigkeit übergehen läßt:

Bsp. 5 *1. Sinfonie*, 3. Satz, T. 39, 45–46

Nach einer episodenhaften Reminiszenz an den Kanon, in die die auslaufende »parodistische« Marschmelodie noch eine zeitlang und eben collageartig hineintönt, hebt ein weiteres »Trio« an, das sich erneut auf die *Lieder eines fahrenden Gesellen* bezieht, und zwar auf Mittel- und Schlußteil des vierten:

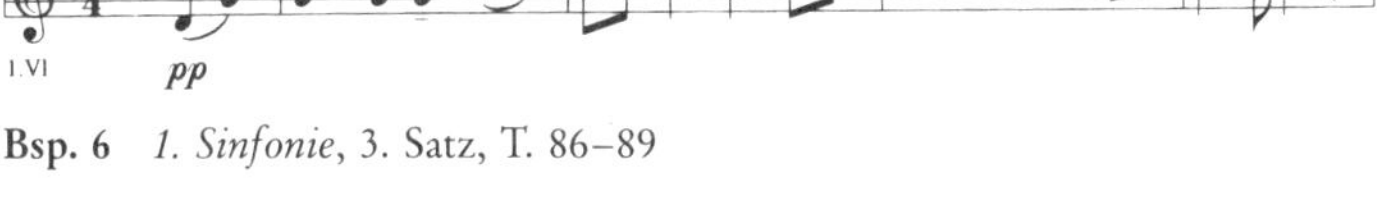

Bsp. 6 *1. Sinfonie*, 3. Satz, T. 86–89

Die Schroffheit in der Aneinanderreihung der Formabschnitte macht insbesondere der Wiedereintritt des Kanons deutlich, welcher nach »kurzem Halt« auf das G-Dur des Trios ein abgedunkelt, geradezu fahl wirkendes es-Moll folgen läßt. Diese Wiederkehr erhält einen neuen, im Hinblick auf die Gesamtproblematik des Werkes allerdings längst vertrauten Akzent: indem wie durch einen Zeitraffer das 1. Trio nach wenigen Takten einbezogen wird und ab Takt 138 erneut eine collageartige, »durch Mark und Bein gehende« Überlagerung der Themen erfolgt, erweckt der gesamte Abschnitt den Eindruck einer Reprise, der ab Takt 156 sogar noch ein zerrinnender codahafter Abschluß angehängt wird.

Doch die Erinnerung an Vorausgegangenes scheint zugleich ihre Schatten auf das Finale vorauszuwerfen, das sich nach nur kurzem Fermatenhalt anschließt. Wiederum geht dem Hauptteil eine Einleitung voraus, diesmal jedoch sofort in dessen Tempo (»stürmisch bewegt«). Der äußere Anlaß hierfür ist erneut in Mahlers Programmanmerkungen festgehalten:

> »Mit einem entsetzlichen Aufschrei beginnt [...] der letzte Satz, in dem wir nun unseren Heros völlig preisgeben, mit allem Leid dieser Welt im furchtbarsten Kampfe sehen. ›Immer wieder bekommt er – und das sieghafte Motiv mit ihm – eins auf den Kopf vom Schicksal‹, wenn er sich darüber zu erheben und seiner Herr zu werden scheint, und erst im Tode – da er sich selbst besiegt hat und der wundervolle Anklang an seine Jugend mit dem Thema des ersten Satzes wieder auftaucht – erringt er den Sieg. (Herrlicher Siegeschoral!)« (Bauer-Lechner, S. 174 f.).

Doch trotz, oder auch: gerade wegen seiner im Vergleich zu den vorausgegangenen Sätzen ungewöhnlichen Ausdehnung (731 Takte gegenüber 450 des 1. Satzes) nimmt das Finale einiges Entscheidende an der bis dahin zu beobachtenden Formbildung wieder zurück. Es ist, als ob Mahler gewissermaßen im erschreckenden Rückblick der mannigfachen Kühnheiten, der Ver- und Zerstörungen des »Normalen« gewahr geworden wäre – und nun darauf bedacht ist, die »Abweichungen« wieder ins Lot zu bringen. Dieses Finale gleicht einer Rekonstruktion des Sonatenhauptsatzes, mit regelgemäßer Exponierung eines kontrastierenden Themenpaares, weitläufigen Durchführungspartien und einer geradezu demonstrativ herbeigeführten Reprise. Über die von Mahler selbst erwähnte Wiederkehr des Themas des 1. Satzes hinaus bestehen zwischen beiden Ecksätzen zahlreiche motivisch-thematische Bindungen und Verflechtungen, auf die hier nicht im einzelnen eingegangen werden kann.

Wichtiger erscheint wohl auch die Tatsache, daß ungeachtet aller sorgsam befolgten »Regelgerechtheit«, gleichsam hinter und unter ihr, nicht minder wirkungsvolle »destruktive« Vorgänge ablaufen. Sie beginnen erneut, wie im Kopfsatz, mit einer weitläufigen Exponierung des Hauptthemas, das über 122 Takte hinweg sich rastlos entfaltet. Und da bereits die Einleitung vom ersten Orchesterschlag an auf den emphatischen Ton dieses Themas eingestimmt ist und seine Motive verwendet, erscheint der gesamte Eröffnungsabschnitt von insgesamt 166 Takten als ein geschlossener thematischer Komplex, welcher das klassische Ideal von Ausgewogenheit sofort ins Wanken bringt.

Denn obwohl das folgende »lyrische Seitenthema« einige Vorbereitung erfährt (T. 167–174), schließt es doch recht unvermittelt an und bildet einen Kontrast, dessen Wirkung allerdings von seinem Charakter als einer »lyrischen Episode« ausgeht. Es ist somit eher eine »exterritoriale« Passage – und zwar ungeachtet der Tatsache, daß auch sie motivisch in den Gesamtzusammenhang eingebunden bleibt. Die »Abweichung« und damit die »Störung« besteht darin, daß der Kontrast gewissermaßen nur ein pittoresker ist, eine dem Augenblick verhaftete Änderung von Stimmung und Klang – und deshalb einen ähnlichen »Stillstand« bewirkt, wie die entsprechenden Passagen im 1. Satz. Gestärkt wird dieser Eindruck noch durch die nachfolgende Wiederaufnahme von dessen langsamer Einleitung, an die sich dann schnittartig nichts anderes als die Fortsetzung des Hauptthema-Komplexes anschließt.

Die sonatensatz-gemäßen Elemente sind also in diesem Finale zwar stärker betont und mithin deutlicher erhalten als im Kopfsatz – es ist ihnen aber ihre im klassischen Sinne formbildende Kraft letztlich ebenso verloren gegangen wie zuvor in der faktischen Aufgabe der Sonatenform. Interessant ist in diesem Zusammenhang eine weitere Parallele. Die Fortsetzung des Hauptthemas führt zu einem ähnlichen »absoluten« Höhepunkt wie im 1. Satz – auch er bewirkt eine Art »Destabilisierung«, die sich auf die gesamten Formverhältnisse auswirkt. Doch obwohl dieser neuerliche »Durchbruch« noch dramatischer, noch wuchtiger angelegt ist (»Mein D–Akkord mußte klingen, als wäre er vom Himmel gefallen, als käme er aus einer anderen Welt« (Bauer-Lechner, S. 27), erzielt er keineswegs die niederreißende Wirkung wie zuvor. Das liegt daran, daß die Fortsetzung nicht zu einem abreißenden, zerbrechenden Ende geführt, sondern durch Rückführung zu erneuten Einleitungsreminiszenzen abgeschwächt wird. Wiederum drängt sich der Eindruck auf, daß Mahler vor den Konsequenzen seiner Darstellungsweise noch zurückgeschreckt ist und zumindest nach außen hin der Musik einen »normalen«, traditionsverpflichteten Charakter zu bewahren sucht. Und der abschließende »herrliche Siegeschoral« könnte denn auch als eine Geste der Versöhnung gehört werden, daß alles keineswegs so »abnorm« sei – wie es tatsächlich ist und in den folgenden Sinfonien sich auch immer deutlicher zu erkennen gibt.

2. Sinfonie

1. Satz: Allegro maestoso. Mit durchaus ernstem und feierlichem Ausdruck
2. Satz: Andante moderato. Sehr gemächlich. Nie eilen
3. Satz: In ruhig fließender Bewegung
4. Satz: Sehr feierlich, aber schlicht. (Choralmäßig)
5. Satz: Im Tempo des Scherzo. Wild herausfahrend

Besetzung: 4 Fl (auch Picc), 4 Ob (3. und 4. auch EH), 3 Kl in B (3. auch B-Kl), 2 Kl in Es, 4 Fg (4. auch K-Fg), 6 Hr, 4 Hr in der Ferne (auch 7.–10. Hr im Orchester), 6 Tp, 4 Tp in der Ferne (2 als 5. und 6. Tp auch im Orchester), 4 Pos, B-Tb, Orgel, 2 Hf, 6 Pk, Schlgz (gr. Trommel, Becken, Tam-tam hoch und tief, Triangel, kl. Trommel, Glockenspiel, 3 Glocken, Rute; 1 Pk, gr. Trommel, Becken, Triangel in der Ferne), Streicher, Sopran-Solo, Alt-Solo, gem. Chor

E: 1888–94
EA: 1897, Weinberger (Wien)

»Wie lähmend ist doch der fortwährende Windmühlenkampf! Auf Verständnis unter meinen ›Zunftgenossen‹ rechne ich schon lange nicht mehr. Ich fühle, daß diejenigen, welche mir einst folgen werden, nicht dort zu suchen sind, wo Musik und Ähnliches ›gemacht‹ wird. Meine Musik ist ›gelebt‹, und wie sollen sich diejenigen zu ihr verhalten, die nicht ›leben‹ und zu denen nicht der Luftzug dringt von dem Sturmflug unserer großen Zeit!« (Briefe, S. 122)

Dies schrieb Gustav Mahler im April 1895 an den Kritiker Oskar Bie in Berlin, einen Monat nach der dortigen (Teil-)Uraufführung der **2. Sinfonie** – es wurden lediglich die Sätze 1 bis 3 gespielt.

Inzwischen freilich, ein rundes Jahrhundert später, gehört das Werk, neben den *Liedern eines fahrenden Gesellen* und der *4. Sinfonie*, zu den populärsten Schöpfungen Mahlers. Gründe hierfür lassen sich unschwer benennen – etwa seine stets hörbare Nähe zur »tragisch-heroischen« Stimmungslage Beethovens, die im Laufe des 19. Jahrhunderts (und ungebrochen bis heute) gleichermaßen zum Inbegriff autonom-musikalischer Klassizität wie romantisch-transzendentalen Bekennertums wurde. Diese Stimmungslage äußert sich nicht allein im emphatischen Ton des ausgreifenden Kopfsatzes, durch die Vielgestaltigkeit in der Folge der insgesamt fünf Sätze oder durch die Verwendung von chorischen und solistischen Singstimmen im Finale. Ein Zug zum Monumentalen, ja zur »Über-Dimensionierung« leitet das ganze Werk, in dem verhaltenere Teile wie der Anfang des 2. Satzes oder das Lied *Urlicht* (4. Satz) gleichsam als retardierende, die Spannungen im Werkgefüge auffangende Intermezzi erscheinen.

Mahler zielte offensichtlich auf ein opus magnum, auf ein »Hauptwerk«, das wie in einem Handstreich die Bahn seiner künftigen künstlerischen Entwicklung aus den »Vorspielen« von *Klagendem Lied, Liedern eines fahrenden Gesellen* und *1. Sinfonie* vorzeichnen sollte. Daß er damit allerdings auch einer Tendenz der Zeit folgte, dem allgemeinen Lebensgefühl einer »Gründerzeit«, die zu großen Entwürfen ansetzte und den Ausdruck »letzter Dinge« erstrebte, um einem jungen und deshalb noch immer unsicheren bürgerlichen Selbstbewußtsein geschichtliche Tiefe und perspektivische Gewißheit zu erschließen, woran sich das Selbstwertgefühl der »Gründer« festigen konnte, wird auf unterschiedliche Weise deutlich – nicht zuletzt im verbal vermittelten Selbstverständnis Mahlers:

> »Es klingt alles wie aus einer anderen Welt herüber. [...] Man wird mit Keulen zu Boden geschlagen und dann auf Engelsfittichen zu den höchsten Höhen gehoben« (Briefe, S. 119).

Dabei erhoffte Mahler sich von der Sinfonie nichts geringeres, als daß er endlich auch als Komponist die Anerkennung in der Öffentlichkeit fände, die ihm seit längerem schon als Kapellmeister zuteil geworden war. In der Tat brachte die Uraufführung des gesamten Werkes am 13. Dezember 1895, ebenfalls in Berlin, den ersten bemerkenswerten Kompositionserfolg. Dieser dürfte sich wohl vor allem eben jenem Zug zum Monumentalen verdanken, einem ekstatischen Ausdruck in lauten wie in leisen Tönen, gebunden an eine gesteigerte Prägnanz der musikalischen Erfindung auf geradezu allen Ebenen. Im Thematischen begegnen meist signalartige oder lyrisch-volksliedhafte Wendungen, die sich jeweils in relativ umfangreichen Komplexen und in gleichsam geschlossenen Klangflächen entfalten. Die hierdurch erzielten scharfen Kontrastwirkungen zumal in den Ecksätzen werden jedoch insofern vermittelt, als ihnen eine gemeinsame rhythmisch-metrische Bewegung zugrunde liegt – die des Marsches, dessen Tempo in den Überleitungspartien zwischen den Themenkomplexen abrupt oder allmählich gebremst bzw. beschleunigt wird. D. h., selbst noch die schroffsten klanglich-dynamischen Gegensätze bleiben in ein übergreifendes Darstellungs-»Medium« – das eines flexiblen Marschcharakters – gehüllt, das ihnen einen einheitlichen musikalischen Sprachcharakter gibt und dergestalt die »Verständlichkeit« vom Detail bis zum Werk-Ganzen im Zusammenspiel von »Deutlichkeit« (im partiellen Kontrast) und »Zusammenhang« (in der Grundbewegung) ermöglichen soll. Daran nehmen auch alle weiteren kompositorischen Ebenen und Elemente teil, von Agogik und Phrasierung bis zu Instrumentation und Formbildung.

Die Deutlichkeit der musikalischen »Zeichnung«, das reliefartige Heraustreiben von Motiven, Themen, Rhythmen, Harmoniefolgen oder Klangbildern werden nun erstmals durch die Einbeziehung des Wortes noch verstärkt – von Texten aus *Des Knaben Wunderhorn* (4. Satz: *Urlicht*) und der Ode *Auferstehen* von Friedrich Gottlieb Klopstock (5. Satz), aber auch wiederum durch Instrumentalübertragungen von Vokalstücken wie im 3. Satz, dem Mahlers *Wunderhorn*-Lied vom heiligen Antonius und dessen »Fischpredigt« zugrunde liegt: »Das war das Ei des Kolumbus, daß ich in meiner Zweiten Sinfonie mit dem Wort und der menschlichen Stimme einsetzte, wo ich es, um mich verständlich zu machen, brauchte. Schade, daß mir das in der Ersten noch gefehlt hat!« (Bauer-Lechner, S. 35.)

Solchem »Sich-verständlich-Machen« galt in der Tat Mahlers besondere Aufmerksamkeit, und zwar keineswegs nur mit Blick auf das »Wort«, die »menschliche Stimme« oder auf instrumentalisierte Liedsätze. Es hat den Anschein, als ob er sich des »Regellosen«, wider den Normenkanon klassisch-romantischer Orchestermusik Verstoßenden und somit des zwangsläufig »Unverständlichen« seines sinfonischen Erstlings bewußt geworden sei – und nun einige Sorgfalt darauf richtete, in dem neuen Werk den Normen wieder treu zu folgen. Geradezu programmatisch läßt sich dies am Eröffnungssatz beobachten, in dem Mahler die Sonatenhauptsatzform mit gewissermaßen holzschnittartig zu nennender Plastizität und auch Starrheit wiederherzustellen sucht. Doch auch die folgenden Teile schließen sich solchen »Rekonstruktionen« an, ungeachtet der hieraus sich wiederum ergebenden, auf ihre Weise erneut ins »Regellose« vorstoßenden Konsequenzen.

Realisierte Mahler in der *Ersten* mit kühnem und auch recht unbekümmertem Schwung eine ihm vorschwebende sinfonische »Vision«, ohne sich dabei offensichtlich von Defiziten im akademischen Verständnis der Gattungstradition irritieren zu lassen, so strebte er nun eine Art »Musterhaftigkeit« an, die freilich gleich mehreren Vorbildern verpflichtet war: neben Beethovens *9. Sinfonie* müssen hier wohl insbesondere Hector Berlioz' *Symphonie phantastique* (für den 3. Satz, Scherzo, vor allem jedoch für das Finale), aber auch Richard Wagners *Ring*-Tetralogie genannt werden (der *Trauermarsch* aus der *Götterdämmerung* scheint geradezu die Vorlage für den ersten, *Todtenfeier* betitelten Satz der *2. Sinfonie* geliefert zu haben). Ehe dies etwas eingehender dargestellt wird, empfiehlt es sich, einen Blick auf die Entstehungsgeschichte des Werkes zu werfen, in der gewissermaßen sein Doppelcharakter – der des »Musterhaften« wie der des neuerlichen und dann auch endgültigen »Abweichens« – beständig durchscheint.

Mahler hatte die Arbeit bereits 1888 begonnen, noch ehe die *1. Sinfonie* beendet war. Er selbst hob den engen Zusammenhang zwischen beiden Werken hervor, als er im März 1896 dem Kritiker Max Marschalk schrieb: »Ich habe den ersten Satz ›Todtenfeier‹ genannt, und wenn Sie es wissen wollen, so ist es der Held meiner D-Dur Sinfonie, den ich da zu Grabe trage, und dessen Leben ich, von einer höheren Warte aus, in einem reinen Spiegel auffange« (Briefe, S. 150).

Die Entstehungsdaten dürfen nun nicht so verstanden werden, daß Mahler volle sechs Jahre auf die Ausarbeitung des Werkes verwendet hätte. Vielmehr setzte er bereits am 10. September 1888 den Schlußstrich unter den 1. Satz einer Sinfonie in c-Moll, die er offensichtlich auch weiterzuführen gedachte. Einen Anhaltspunkt dafür gibt das Thema des späteren 2. Satzes, das sogar schon Anfang 1888 entworfen wurde. Doch aus bislang nicht eindeutig geklärten Gründen verzögerte sich die Arbeit und wurde schließlich abgebrochen. Der fertige Satz erhielt, wie erwähnt, den Titel *Todtenfeier* und bildete nunmehr gewissermaßen eine »Sinfonische Dichtung«, von der sich Mahler unter den bereits beschriebenen historischen wie ästhetischen Gegebenheiten einigen Erfolg versprach. Als eine solche selbständige »Tondichtung« spielte Mahler das Stück 1891 dem berühmten, wegen seiner scharfen kritischen Urteile aber auch gefürchteten Dirigenten Hans von Bülow am Klavier vor. Bülow geriet, wie Mahler selbst berichtete, »in ein nervöses Entsetzen und erklärte, daß Tristan gegen mein Stück eine Haydnsche Sinfonie ist, und gebärdete sich wie ein Verrückter« (ebd., S. 95). Noch im März 1896 kam es dann in Berlin zur Aufführung unter dem programmatischen Titel, wobei allerdings daran erinnert werden muß, daß die Teilaufführung der Sätze 1 bis 3 ein Jahr zuvor bereits unter der Ankündigung »3 Sätze aus der Sinfonie Nr. 2« erfolgte.

Auf jeden Fall scheint Mahler von Anfang an den ersten Satz als Teil eines sinfonischen Zyklus verstanden – und nicht zunächst eine »Sinfonische Dichtung« konzipiert zu haben, die sich ihm nachträglich erst zur mehrteiligen Großform auswuchs. Wie problematisch Mahler die Gattungsfrage noch immer erschien und auch wie zwiespältig er sich zu ihr verhielt, verrät eine Bemerkung zu Natalie Bauer-Lechner, die im Widerspruch steht zu der Tatsache, daß Mahler den Satz gesondert unter dem Titel *Todtenfeier* aufführte und sich damit dem Publikum durchaus als Komponist einer »Sinfonischen Dichtung« präsentierte:

> »Ich habe schon so darüber nachgedacht, wie ich meine Sinfonie nennen soll, um durch den Titel nur etwas auf den Inhalt hinzuweisen und, mit einem Wort wenigstens, meine Absicht zu kommentieren. Aber mag sie immer ›Sinfonie‹ heißen und nichts weiter! Denn Benennungen wie ›sinfonische Dichtung‹ oder ›sinfonisches Gedicht‹ sind abgebraucht, ohne daß sie etwas Rechtes sagen, und man denkt dabei an Lisztsche Kompositionen, wo, ohne tieferen Zusammenhang, jeder Satz für sich etwas malt« (Bauer-Lechner, S. 26).

Seine Alternative zu Liszt allerdings, die Mahler unmittelbar daran anschließend formuliert, erscheint wohl gewissermaßen generöser und »künstlergemäßer« (als die unterstellte »zusammenhanglose Malerei«), unterscheidet sich jedoch im Grunde genommen – was den ästhetischen Kernpunkt der »Programmusik« betrifft – kaum von dem, wogegen sich die Kritik richtet:

> »Meine beiden Sinfonien erschöpfen den Inhalt meines ganzen Lebens; es ist Erfahrenes und Erlittenes, was ich darin niedergelegt habe, Wahrheit und Dichtung in Tönen. Und wenn einer gut zu lesen versteht, müßte ihm in der Tat mein Leben darin durchsichtig erscheinen« (ebd.).

Im Sommer 1893, fünf Jahre nach ebenso forschem Beginn wie plötzlichem Abbruch, nimmt Mahler die Komposition wieder auf – wobei freilich eine merkwürdige Unsicherheit und Unentschiedenheit, wohin das Ganze ihn noch treiben könnte, nicht verborgen bleiben. Am 16. Juli sind zwar das Scherzo (der spätere 3. Satz über die *Fischpredigt*), am 19. Juli das *Wunderhorn*-Lied *Urlicht* (der nachmalige 4. Satz) und am 30. Juli das Andante (der, wie gesagt, bereits 1888 begonnene 2. Satz) beendet. Doch weder das Scherzo noch *Urlicht* geben sich zu diesem Zeitpunkt eindeutig als Teile der neuen Sinfonie zu erkennen: am 1. August schließt Mahler die Vokalfassung der *Fischpredigt* ab, so daß beide Versionen zunächst als selbständige Kompositionen erscheinen.

Die Arbeit stockt ein weiteres Mal – bis ins Jahr 1894 hinein. Mahler findet keinen Finalsatz. Allerdings schwebt ihm ein Ausdruck von Erhabenheit vor, der »wider den Usus« die Sinfonie anstelle eines rauschenden Allegro mit einem Adagio schließen läßt – »als mit der höheren gegen eine niedrigere Form« (ebd., S. 68). Und daß der das vokale Element enthalten müsse, scheint ihm bereits klar zu sein: »Wenn ich ein großes musikalisches Gebilde konzipiere, so komme ich immer an den Punkt, wo ich mir das ›Wort‹ als Träger meiner musikalischen Ideen heranziehen muß«, schreibt er im Rückblick aus dem Jahr 1897:

> »Mir ging es mit dem letzten Satz meiner II. einfach so, daß ich wirklich die ganze Weltliteratur bis zur Bibel durchsuchte, um das erlösende Wort zu finden [...]. Ich trug mich damals lange Zeit schon mit dem Gedanken, zum letzten Satz den Chor herbeizuziehen und nur die Sorge, man möchte dies als äußerliche Nachahmung Beethovens empfinden, ließ mich immer und immer wieder zögern« (Briefe, S. 200).

Mahler fand das »erlösende Wort« schließlich während der Trauerfeier für den im Februar 1894 verstorbenen Hans von Bülow, bei der eine Vertonung der Ode *Auferstehen* von Friedrich Gottlieb Klopstock erklang: »Wie ein Blitz traf mich dies und alles stand ganz klar und deutlich vor meiner Seele« (ebd.). Der »Blitz« ermöglichte nun nicht nur die Finallösung, sondern die Sinfonie insgesamt, einschließlich einer Überarbeitung des 1. Satzes und der endgültigen Festlegung der Satzfolge. Mit der Entfaltung chorischer Massen im Finale orientierte sich Mahler bewußt – wenn auch unter erheblichem Zweifel, wie zu erfahren war – an der *9. Sinfonie* Beethovens. Mehr noch: Beethovens Vorbild wirkte so stark, daß Mahler über dies Finale hinaus die dramaturgische Grundidee des klassischen Werkes aufnahm und die Darstellung eines Werdens beabsichtigte, das Leben, Tod und

Auferstehung seines »Helden« umfaßt. Die fünf Sätze der Sinfonie bilden gleichsam die Phasen dieses Werdens, das sich in der Schlußvision der »Auferstehung« – wie der verschwiegene Titel des Werkes auch lautet – erfüllt.

Übliche Programmusik denn also und alles in allem? Die Mißverständnisse um Mahler resultieren nicht zum letzten aus den »authentischen« wie aus den angedichteten Programmen, die einigen seiner Sinfonien zugrunde liegen (sollen). Der Komponist selbst hat allerdings nicht unwesentlich zu solchen Mißverständnissen beigetragen. So gab er zu den frühen Sinfonien ausführliche poetische Erläuterungen, die er später – angesichts des unsinnigen Gebrauchs voran durch die Kritiker – wieder zurückzuziehen sich bemühte. Doch damit war wenig zu retten, denn es blieb allemal die Tatsache bestehen, daß Mahler ein äußerst zwiespältiges und eben auch mißverständliches Verhältnis zur dichterischen Ausdeutung von musikalischen Ideen hatte – welches etwa dem bereits zitierten Brief vom März 1896 zu entnehmen ist, in dem es eingangs heißt:

> »Ich weiß für mich, daß ich, solang ich mein Erlebnis in Worte zusammenfassen kann, gewiß keine Musik hierüber machen würde. Mein Bedürfnis, mich musikalisch-symphonisch auszusprechen, beginnt erst da, wo die *dunkeln* Empfindungen walten, an der Pforte, die in die ›andere Welt‹ hineinführt; die Welt, in der die Dinge nicht mehr durch Zeit und Ort auseinanderfallen. – Ebenso, wie ich es als Plattheit empfinde, zu einem Programm Musik zu erfinden, so sehe ich es als unbefriedigend und unfruchtbar an, zu einem Musikwerk ein Programm geben zu wollen. Daran ändert die Tatsache nichts, daß die *Veranlassung* zu einem musikalischen Gebilde gewiß ein Erlebnis des Autors ist, also ein Tatsächliches, welches noch immer konkret genug wäre, um in Worte gekleidet werden zu können« (Briefe, S. 149).

Daran jedoch schließt Mahler die bereits zitierte Behauptung an, daß er in der *2. Sinfonie* den »Helden« der *Ersten* »zu Grabe getragen« habe, um fortzufahren:

> »Zugleich ist es die große Frage: *Warum hast du gelebt?* Warum hast du gelitten? Ist das alles nur ein großer, furchtbarer Spaß? [...] In wessen Leben dieser Ruf einmal ertönt ist – der muß eine Antwort geben; und diese Antwort gebe ich im letzten Satz« (ebd., S. 150).

Musikalisches und Literarisch-Programmatisches entfalten in diesem Finale ein durchaus widerspruchsvolles Panorama, eine Art »Tableau«, das sich aus stark kontrastierenden und keineswegs leicht aufeinander abzustimmenden Teilen zusammensetzt. Mit seinen 764 Takten (gegenüber 445 des 1. Satzes) nimmt es – ähnlich der *1. Sinfonie* – wiederum den weitaus größten Raum ein. »Wild herausfahrend« und »ohne jede Unterbrechung« nach dem entrückten *Urlicht*-Lied hebt das Finale im vollen Orchester, mit scharf akzentuierten Rhythmen und schmetternden Blechbläser-Fanfaren an, die allerdings umgehend wieder verhallen bzw. hier nur in knappen Gesten andeuten, was später mit siegesgewisser Emphase ertönt. In ähnlicher, gleichsam introduzierend-vorläufiger Weise folgen weitere motivisch-thematische Komplexe: der Hornruf des späteren »Großen Appells« (T. 43 ff.), eine choralartige Melodie und ein Thema rezitativischen Charakters, das dann vor allem von den solistischen Singstimmen aufgenommen werden wird:

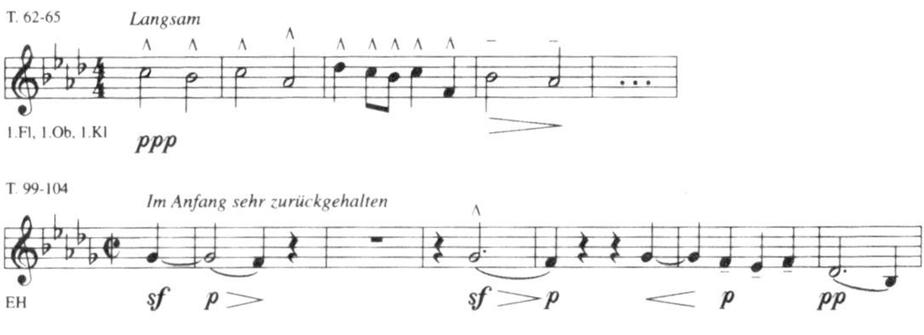

Bsp. *7* *2. Sinfonie*, 5. Satz, T. 62–65, 99–104

Doch auch ein neuerlicher Choraleinsatz sowie eine hymnisch-durchbruchartige Passage, die in der abschließenden »Auferstehungs«-Vision eine bedeutende Rolle spielen wird, gelangen über solche aneinandergereihten Ansätze nicht hinaus – die Bewegung scheint danach (ab T. 188) nicht nur ins Stocken zu geraten, sondern ganz und gar versiegen zu wollen. An diesem Punkt (T. 191 ff.) löst ein vehementes Crescendo von Schlaginstrumenten eine ebenso massive wie aggressive Marschpassage aus, die unüberhörbar die entsprechenden Partien im 1. Satz in Erinnerung bringt:

Bsp. 8 2. *Sinfonie*, 5. Satz, T. 194–196, 210–213

Aufgrund ihrer sich festigenden thematischen Charaktere, ihrer stringenten Dynamik und nicht zuletzt auch wegen ihrer relativ geschlossenen Formbildung erscheint diese Passage – nach den immer wieder abbrechenden, introduzierenden Ansätzen zuvor – als ein erster »Hauptteil«, der freilich wohl offen läßt, ob er »Exposition« oder »Durchführung« ist. Von dem aus, was anfangs zu hören war, wirkt er wie eine Exposition, die dann auch das rezitativische Thema als eine Art »Seitenthema« (T. 324 ff.) einbezieht. Doch die Fortsetzung schlägt Wege ein, die diesen »Hauptteil« eher als großangelegte Überleitung mit den »verarbeitenden« Merkmalen einer »Durchführung« kennzeichnen: in das »Seitenthema« fallen Fanfaren eines »Fernorchesters« ein (ab T. 343), welche jenen dynamischen Höhepunkt ankündigen und vorbereiten, aus dessen Zerfall wiederum sich dann der abschließende »Auferstehungs«-Hymnus erhebt:

Bsp. 9 2. *Sinfonie*, 5. Satz, T. 472–475

Daraus aber ergibt sich nun eine Formbildung, die zumindest mit dem traditionellen Verständnis des Sonatensatzes kaum mehr etwas zu tun hat, allerdings das »Finale« gewissermaßen in seinem wörtlichem Sinn erfüllt: die Formabschnitte reihen sich wie in einer barokken Kantate aneinander, oder auch: sie schichten sich übereinander und gewinnen dabei an Dynamik, Farbe und vor allem an sprachnaher Deutlichkeit ihres instrumentalen Materials, bis jene Schwelle erreicht ist, nach der sich stufenlos das »Klingen« in ein »Singen« und damit in eine vokalinstrumentale Vermittlung der »Absicht« des Satzes, ja des gesamten Werkes verwandelt. Und dies scheint Mahler auch mit dem bereits zitierten Satz (s. S. 67) gemeint zu haben, daß er bei der Konzeption eines »großen musikalischen Gebildes [. . .] immer an den Punkt [komme], wo ich mir das ›Wort‹ als Träger meiner musikalischen Ideen heranziehen muß« (Briefe, S. 200).

Solche Vorbereitung – das Durchschreiten instrumentaler »Stationen« zur vokalen Enthüllung der »musikalischen«, der »Werk«-Idee in der Schlußpartie des Finales – erstreckt sich nun aber auch auf die vorausgehenden Sätze. Sie bilden wahrlich, wie dann programmatisch in der *3. Sinfonie*, eine Pyramide, als deren »Spitze und höchster Stufe [. . .], von der aus die Welt gesehen werden kann« (ebd., S. 167) das Finale erscheint. Und diese Einbindung der Sätze in eine gleichsam »werküberwölbende« Idee stellt immer wieder und auch von vornherein die Bemühungen Mahlers infrage, sein anvisiertes »Hauptwerk« aus oben erwähnten Gründen in traditionellen Bahnen zu halten. Das betrifft vor allem den 1. Satz, dessen Formbildung sich mit geradezu quadratisch wirkender Strenge dem Sonatenhauptsatz an- und einzupassen sucht. Doch weder die ebenso ausführlich wie prägnant herausgearbeiteten und kontrastreich voneinander abgesetzten Hauptthemen:

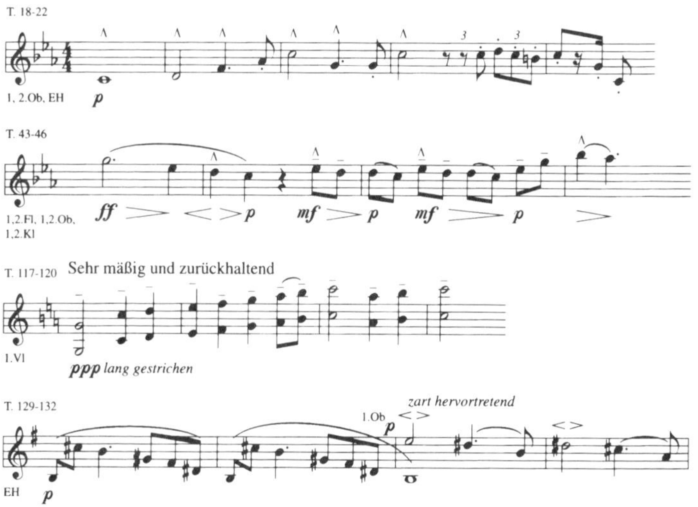

Bsp. 10 *2. Sinfonie*, 1. Satz, T. 18–22 und 43–46, 117–120 und 129–132

noch die nicht minder plastisch sich abzeichnenden Sonatensatzab- und -einschnitte können verbergen, daß die Ereignisse innerhalb des Satzes in mehreren, stufenartig gesteigerten dynamischen Wellen auf einen Punkt zusteuern, von dem bereits der Blick – über die dazwischengeschalteten Mittelsätze hinweg – auf die Final-»Lösung« fällt. So gesehen, erscheint der Kopfsatz als eine Art großdimensionierter »Exposition«, deren formale Zielstrebigkeit wie materiale Geschlossenheit weit weniger von den bewährten Regulativen des Sonatensatzes, als vielmehr vom bereits benannten Darstellungs-»Medium« eines allgegenwärtigen Marschcharakters getragen wird. Dergestalt wirkt der Satz in der Tat und ungeachtet seiner doch stets faßlichen Konturen als ein auskomponiertes »Frei weg!«-Kommando, das seine Bindungen an die Tradition eben um so nachdrücklicher außer Kraft setzt, als nurmehr äußere Schichten des Werkes von ihnen berührt werden.

> »Der 2. und 3. Satz ist als Interludium gedacht: der 2. Satz, eine *Erinnerung*! Ein Sonnenblick, rein und ungetrübt, aus dem Leben dieses Helden. Es ist Ihnen doch schon begegnet, daß Sie einen lieben Menschen zu Grabe tragen, und dann vielleicht auf dem Rückwege erstand plötzlich das Bild einer längst vergangenen Stunde des Glücks, das sich Ihnen nun wie ein Sonnenstrahl in die Seele legt – durch nichts verdüstert – beinahe können Sie vergessen, was eben geschehen« (Briefe, S. 150).

Zu den marschierenden Gewalten des Kopfsatzes stellt dieser Satz ein gemächlicher Ländler – geradezu eine Idylle dar, die ihren lyrisch-tröstenden Ton vor allem aus der Volksmusik nahestehenden Wendungen gewinnt:

Bsp. 11 (Fortsetzung S. 73)

Bsp. 11 *2. Sinfonie*, 2. Satz, T. 1–4, 44–45, 64–67

In späteren Jahren war sich Mahler keineswegs mehr sicher, ob dieser so unvermittelt auf den kantablen Ton Schuberts eingestimmte Satz an das ästhetische Niveau der übrigen heranreiche. Nicht nur ein äußerliches Zeichen hierfür ist wohl seine Anweisung, zwischen dem 1. und 2. Satz »eine Pause von mindestens 5 Minuten« eintreten zu lassen. Und zwar deshalb, weil letzterer, wie es in einem Brief vom März 1903 heißt,

> »nicht als Gegensatz, sondern als bloße Diskrepanz nach dem 1. wirkt. Es ist dies meine Schuld und nicht mangelndes Verständnis des Zuhörers. [...] Das Andante ist als eine Art Intermezzo komponiert (wie ein Nachklang längst vergangener Tage aus dem Leben desjenigen, den wir im 1. Satz zu Grabe getragen - ›da ihm noch die Sonne gelacht‹ –). Währenddem 1., 3., 4. und 5. Satz thematisch und stimmungsinhaltlich zusammenhängen, steht das 2. Stück für sich selbst da und unterbricht in gewissem Sinn den strengen, herben Gang der Ereignisse. Vielleicht ist dies eine Schwäche der Disposition, deren Absicht Ihnen aber durch obige Andeutung gewiß klar geworden ist« (Briefe, S. 279).

Doch wie zuvor die »Sonate«, so nun auch die »Idylle«: ihre romantisch-schwärmerische Stimmung, vor allem aber die Regelhaftigkeit und »Normalität« von Tonsatz und Formbildung können nicht darüber hinwegtäuschen, daß es auch hier unter der Oberfläche gärt. Am deutlichsten wird dies in jener Wendung nach Moll ab Takt 132/133, durch welche der kantable, bisher vor allem von Holzbläsern und hohen Streichern bestimmte Orchesterklang durch den dröhnenden Einsatz der Hörner, verstärkt dann (ab T. 139) von schneidenden Akzenten der Trompeten, eine Gewalt erlangt, deren verstörendes Echo bis an das Ende des Satzes nachhallt. Noch deutlicher wird diese »eigentliche« Formbildung hinter oder unterhalb der »offiziellen« Formanlage im 3. Satz, im Scherzo über *Des heiligen Antonius' Fischpredigt*, das die Grauenhaftigkeit eines »unaufhörlich bewegte[n], nie ruhende[n], nie verständliche[n] Getriebe[s] des Lebens« zeigt; ein

»Gewoge tanzender Gestalten in einem hell erleuchteten Ballsaal, in den Sie aus dunkler Nacht hineinblicken – aus so weiter Entfernung, daß Sie die Musik hierin nicht mehr hören!« (ebd., S. 150):

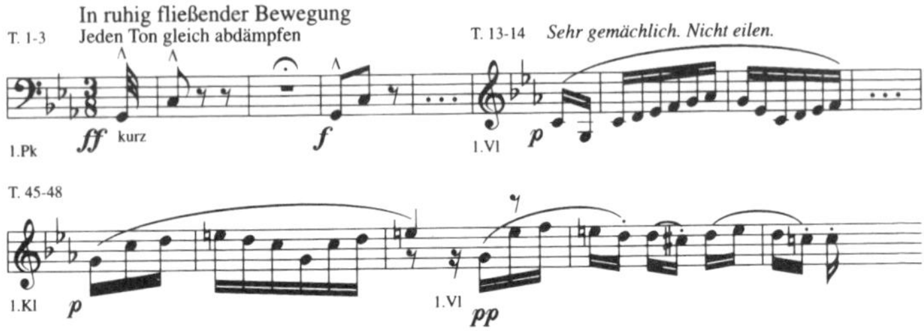

Bsp. 12 *2. Sinfonie*, 3. Satz, T. 1–3, 13–14, 45–48

Scheinbar unbeirrt und auch unaufhaltsam rollen die Strophen des instrumentalisierten Liedes ab, wobei insofern ein Licht auf die eigenständige Bedeutung der ursprünglich liedbegleitenden Instrumentalpartien fällt, als zunächst – in der »1. Strophe« des Satzes – die vokale Melodie ausbleibt. Der Instrumentalsatz trägt auch ohne sie und erst mit der 2. Strophe tritt sie hinzu, ohne daß sich dadurch ein wesentlich neues Moment von Sinnhaftigkeit ergäbe:

Bsp. 13 *2. Sinfonie*, 3. Satz, T. 68–70

Die Form »hinter« oder »unterhalb« der (Strophen-)Form, welche gewissermaßen im sturen Kreislauf daherhetzt, markiert ein Motiv, das, aus einer Figur der Liedmelodie abgeleitet, erstmals ab Takt 145 ff. in Gestalt einer heftig dreinfahrenden Geste eine »Störung« des Ablaufs bewirkt. Aus dieser »Störung« erwächst ab Takt 190 ein gleichsam »externes Terrain«, auf dem dann ebenso lautstark-grölende wie leer wirkende Blechbläsersignale ertönen. Auch wenn sie den programmatischen Zusammenhang mit dem Lied – als »Stimme der Unbelehrbaren« gegen die Vernunftpredigt des sanften

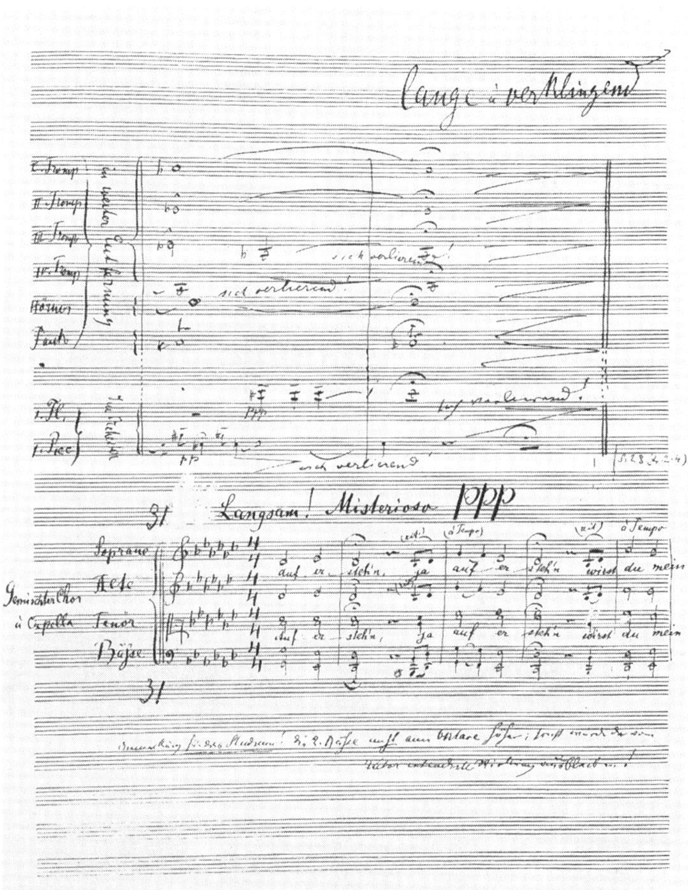

2. Sinfonie, 5. Satz (»Aufersteh'n, ja aufersteh'n«)

Propheten – geradezu überdeutlich erkennen lassen und im traditionellen Formverständnis eine Art »Trio« signalisieren, so bringen sie doch den Kreislauf der Form zunächst aus dem pulsierenden Rhythmus, um ihn dann, in einem wiederholten und noch heftigeren Ausbruch (T. 441 ff.), gänzlich aus der Bahn zu werfen. Dessen Dynamik nimmt geradezu vernichtende Stärke an, vor allem durch eine weitere, plötzliche Öffnung der Bewegung. Sie fährt wie ein Riß durch den Klangapparat, indem sie den an einen Aufschrei gemahnenden Beginn des Finales vorausnimmt. Hier haben wir es wohl mit einem jener »Ernstfälle« im Sinne Adornos zu tun, in denen sich die tieferen Schichten einer Komposition enthüllen und die alles Vorangegangene wie noch Kommende in ein verändertes Licht rücken. Danach fügt sich in diesem Scherzo nichts mehr zum Gleichmaß, das Lied zerfällt in Bruchstücke, die am Ende wie vergessene Requisiten auf einer verlassenen Bühne erscheinen. Und auf das Vorausgegangene bezogen, könnte der »Ernstfall« besagen, daß alle strophische Ordnung und Intaktheit vom ersten Ton an fragwürdig war; eine »vorläufige« oder auch »schimärische« Form, deren eigentliche Bahn sich erst allmählich abzeichnete.

Dem 4. Satz, dem Lied *Urlicht*, kommt da nurmehr eine überleitende Rolle zu: er vermittelt zwischen den massiven Blöcken des Scherzos und dem Finale, bereitet allerdings mit seiner zarten Klage über menschliche Not, mit seinem Flehen um Erlösung den Boden, auf dem dann die Auferstehungsvision Gestalt annimmt. Deshalb haftet dem überleitenden Charakter des Liedes nicht lediglich Episodisches an, auch wenn sich in der Partitur der Hinweis findet, daß die Sätze 3 bis 5 ohne Unterbrechung gespielt werden sollen. Für Mahler enthält *Urlicht* »das Fragen und Ringen der Seele um Gott und ihre eigene ewige Existenz« (Bauer-Lechner, S. 40).

3. Sinfonie

1. Satz: I. Abteilung. Nr. 1. Kräftig. Entschieden
2. Satz: II. Abteilung. Nr. 2. Tempo di Menuetto. Sehr mäßig. Ja nicht eilen!
3. Satz: Nr. 3. Comodo. Scherzando. Ohne Hast
4. Satz: Nr. 4. Sehr langsam. Misterioso. Durchaus ppp
5. Satz: Nr. 5. Lustig im Tempo und keck im Ausdruck
6. Satz: Nr. 6. Langsam. Ruhevoll. Empfunden

Besetzung: 4 Fl (auch Picc), 4 Ob (4. auch EH), 3 Kl in B (3. auch B-Kl), 2 Kl in Es, 4 Fg (4. auch K-Fg), Posthorn in B, 8 Hr, 4 Tp (womöglich 2 andere hohe Tp zur Verstärkung), 4 Pos, Kb-Tb, 2 Hf, 6 Pk, Schlgz (2 Glockenspiele, Tamburin, Tam-tam, Triangel, Becken, gr. und kl. Trommel, Rute; 4–6 Glocken in der Höhe), Streicher, Alt-Solo, Knabenchor, Frauenchor

E: 1893–96
EA: 1902, Weinberger (Wien)

Nicht nur auf den ersten Blick will es scheinen, daß Mahler mit der **3. Sinfonie** geradewegs jene kompositorischen Bahnen weiter auszuschreiten gedachte, die er in der *2. Sinfonie* eingeschlagen hatte. Erneut und mit noch hochfahrenderem Anspruch läßt er sich von der Idee leiten, »mit allen Mitteln der vorhandenen Technik eine Welt auf(zu)bauen. Der immer neue und wechselnde Inhalt bestimmt sich seine Form von selbst. In diesem Sinne muß ich stets wieder erst lernen, mir meine Ausdrucksmittel neu zu erschaffen, wenn ich auch die Technik noch so vollkommen beherrsche, wie ich, glaub' ich, jetzt von mir behaupten kann« (Bauer-Lechner, S. 35).

Diese Äußerung notierte Natalie Bauer-Lechner im Sommer 1895, also während der wohl entscheidenden Arbeitsphase für die *3. Sinfonie*, von der Mahler denn auch im selben Zusammenhang sagte: »Sie schwebt noch *über* jener Welt des Kampfes und Schmerzes in der Ersten und Zweiten und konnte nur als deren Resultat hergehen.« Indes setzte gerade diese Tatsache, dies Übertreffen-Wollen des in den zurückliegenden Sinfonien Erreichten, die kompositorische Gestaltung einem Druck aus, welcher vielfältige Irritationen auslöste und Mahler nicht selten in unlösbar anmutende Darstellungsprobleme stürzte. Davon zeugt nicht zuletzt eine Fülle verbaler Äußerungen einschließlich verschiedener programmatischer »Erklärungen« zu einzelnen Sätzen wie zur Sinfonie insgesamt. Die zum Teil für Mahler recht weitläufigen und geradezu angestrengt-bildungsbeflissenen Ausführungen gehen nun nicht allein quantitativ über die zu den früheren Sinfonien hinaus – sie enthalten gelegentlich auch erstaunliche Ungereimtheiten, die wohl in jedem Fall mit eben jenen konkreten musikalischen Darstellungsproblemen zu tun haben.

Am deutlichsten lassen sich die Widersprüche an den Satzüberschriften erkennen, die Mahler als Auflistung in mehreren »Fassungen« verbreitete und von denen hier nur zwei (von über einem Dutzend!) herausgegriffen seien. Eine der angeblich frühesten Fassungen (Alma Mahler, S. 52) lautet:

»Ein Sommernachtstraum

1. *Der Sommer marschiert ein*
   (Fanfare und lustiger Marsch) (Einleitung)
   (nur Bläser mit konzertierenden Contrabässen)
2. *Was mir der Wald erzählt.* (1. Satz)
3. *Was mir die Liebe erzählt.* (Adagio)
4. *Was mir die Dämmerung erzählt.* (Scherzo) (nur Streicher)
5. *Was mir die Blumen auf der Wiese erzählen.* (Menuetto)
6. *Was mir der Kuckuck erzählt.* (Scherzo)
7. *Was mir das Kind erzählt*«

Dieser insgesamt sieben Sätze umfassende Sinfonie-Plan weicht in einigen wesentlichen Punkten von späteren Entwürfen und vor allem von der endgültigen Satzfolge ab. Im bereits angesprochenen Sommer 1895 übermittelte Mahler seinem Freund Arnold Berliner die nachstehende Variante (Briefe, S. 126):

»›Die fröhliche Wissenschaft‹
Ein Sommermorgentraum.

I. Der Sommer marschiert ein.
II. Was mir die Blumen auf der Wiese erzählen.
III. Was mir die Tiere im Walde erzählen.
IV. Was mir die Nacht erzählt.
V. Was mir die Morgenglocken erzählen.
VI. Was mir die Liebe erzählt.
VII. Das himmlische Leben.«

Wie man sieht, sind Sätze hinzugekommen (Nr. IV *Was mir die Nacht erzählt*, also das Lied auf ein Gedicht aus Friedrich Nietzsches *Zarathustra*), weggefallen (oder als Teil in einem anderen Satz aufgegangen: Nr. 4 *Was mir die Dämmerung erzählt*), umbenannt (Nr. 7

Was mir das Kind erzählt in Nr. VII *Das himmlische Leben*), umgestellt (Nr. 3 *Was mir die Liebe erzählt* zu Nr. VI) sowie umbenannt und umgestellt worden (Nr. 6 *Was mir der Kuckuck erzählt* in Nr. III *Was mir die Tiere im Wald erzählen*). Wenn auch damit die Satzfolge feststand (das Ausscheiden der Nr. VII hat mit einem gesonderten, noch zu besprechenden Problem zu tun), so ergaben sich doch noch einige erhebliche Differenzen bei der Titelwahl für den 1. Satz sowie hinsichtlich seiner Gliederung. Ab September 1895 sah Mahler eine Zweiteilung dieses Satzes vor und benannte sie wie folgt:

»I. – ? *Zug des Dionysos*
Der Sommer marschiert ein«

(Bauer-Lechner, S. 38; textliche Abweichung lt. Krummacher, S. 180). Im Juni 1896 heißt es in einem Brief an Anna von Mildenburg (Briefe, S. 165):

»I. Was mir das Felsgebirge erzählt;
II. *Der Sommer marschiert ein!*«

Nur einen guten Monat später läßt Mahler verlauten (ebd., S. 173):

»I. *Abteilung.*
Einleitung: Pan erwacht!
Nr. I: Der Sommer marschiert ein (Bacchuszug).«

Die Sätze 2 bis 6 werden als »II. Abteilung« zusammengefaßt, womit praktisch eine an Literatur erinnernde »Kapitel«-Gliederung erreicht ist, die auch – im Gegensatz zu allem Programmatischen – Bestand haben sollte. Zieht man nun noch die diversen Metaphern hinzu, welche Mahler seit den Entstehungsjahren der Sinfonie (1894–96) bis zu deren Uraufführung (1902) mit einem für ihn nicht anders als exzessiv zu bezeichnenden Beschreibungs- und Erklärungsdrang in einer ganzen Reihe von Briefen und anderen Mitteilungen ausstreute (einschließlich einer bereits 1896 erfolgenden Veröffentlichung der Titel in der »Vossischen Zeitung«!), so versinkt das Werk geradezu in einer Flut meist hochambitionierter Bedeutungszuweisungen. Einerseits ist von einem »*großen* Werk« die Rede, in dem sich »die *ganze Welt* spiegelt« (Briefe, S. 164 f.). Es gehe um das »All selbst, in dessen unermeßlichen Abgrund du versinkst, in dessen ewigen Räume du dich schwingst« (Bauer-Lechner, S. 59); es gehe aber auch um die Darstellung einer Stufenfolge, die »bei der leblosen Natur« beginnt (1. Satz) und sich mit dem 6. Satz »bis zur Liebe Gottes (steigert)« (Briefe, S. 167). Und Mahler sieht sich »selbst nur (als) ein Instrument, auf dem das Universum spielt« (ebd., S. 165); er fühlt sich wie »Christus auf dem Ölberg, der den Leidenskelch bis zur Neige leeren mußte und – wollte« (Bauer-Lechner, S. 59), wie »Zeus, der den Kronos stürzt« oder wie »Jakob, der mit Gott ringt, bis er ihn segnet« (ebd., S. 76).

Man verfehlte wohl die verborgeneren Motive und damit auch den tieferen Sinn dieser hochfahrenden Bilder und Assoziationen, wenn sie lediglich als »zeittypisch«, als Ausdruck jener hypertrophen Stimmungslage von Intellektuellen am Ende eines Jahrhunderts gewertet würden, das ein gewaltiges, zumal in der Musik – von Beethoven bis Wagner – schier erdrückendes Erbe aufgetürmt und einer »spätgeborenen« Generation als nicht mehr einlösbare Verpflichtung hinterlassen hatte. Gewiß, Mahlers überströmender Erklärungseifer, der ihn geradezu blind die erhabenen Gestalten aus christlicher wie heidnisch-antiker Mythologie durcheinandermengen läßt (Krummacher, S. 18), bezeugt ein gehöriges Maß an Ratlosigkeit, die sich in beschwörenden Rede- und Überredungsschwall flüchtet. Die suggestiven Metaphern waren dabei wohl nicht allein und vielleicht nicht einmal zu allererst an die künftigen Hörer gerichtet, sondern an den Komponisten selbst in einer Art Autosuggestion, auf daß gelingen möge, was so groß gedacht und entworfen war.

Es sei »das *Reifste* und *Eigenartigste*«, das er bis dahin gemacht habe (Briefe, S. 125), sein »Keckstes« (Unbekannte Briefe, S. 28) und »Bestes [...]. Gott, in welche Regionen gerathe ich da« (ebd., S. 126). Gemeint ist hier freilich gar nicht so sehr die Sinfonie als ganze, sondern vor allem deren Eröffnungssatz, den Mahler – auch wenn er auf Skizzen zurückgreifen konnte – erst nach Abschluß aller folgenden Sätze fertigstellte:

> »Es ist furchtbar, wie dieser Satz mir über alles, was ich je gemacht habe, hinauswächst [...]. Das ist weit, weit über Lebensgröße, und alles Menschliche schrumpft wie ein Pygmäenreich dagegen zusammen. Wahres Entsetzen faßt mich an, wenn ich sehe, wohin das führt, welcher Weg der Musik vorbehalten ist, und daß mir das schreckliche Amt geworden, Träger dieses Riesenwerkes zu sein. [...] Denn wirklich, zu weit von allem Gewesenen entfernt sich dies, das kaum mehr Musik zu nennen, sondern nur ein mystischer, ungeheurer Naturlaut ist. [...] In

solchen Räumen bewegt sich dieses Werk. Du kannst dir denken, daß auch die äußeren Dimensionen riesenhaft sind. Zu meinem wahrhaften Schrecken habe ich heute gesehen, daß dieser Satz eine halbe Stunde, vielleicht noch länger dauern wird. [...] Wenn sie wüßten, wie wenig es Kühnheit ist von mir, wie es mich nur widerstrebend dazu zwingt, daß ich nichts weniger als froh darüber bin, diesen Weg gehen zu müssen, weil das Werk ihn unweigerlich fordert. Erholen wollte ich mich nach dem Ernst und der Schwere der Zweiten an diesem Werk, das mir nun so über den Kopf wächst. Unwiderstehlich reißt es mich fort. Es ist, als ob mir der Strom des Schaffens durch jahrelange Hemmung so mächtig angeschwollen wäre. Ein Entrinnen gibt es nicht!« (Bauer-Lechner, S. 59 f.)

Man bedenke, daß es sich hier nur um einen recht gedrängten Ausschnitt aus einer seitenfüllenden Suada handelt, die außerdem eingebettet ist in jene kleine Flut brieflicher Darlegungen, aus denen bisher lediglich einzelne Worte und Wendungen entnommen worden sind. Und der ansonsten eher wortkarge, zumindest aber in Briefen in der Regel zurückhaltende Mahler hatte mit der *3. Sinfonie* wahrhaft genügend Gründe, die übliche Zurückhaltung einmal hemmungslos aufzugeben – dies einzige Mal, wie sich zeigen sollte: kein späteres Werk hat ihn dazu mehr veranlassen oder auch verleiten können. Denn es ging hier eben nicht allein darum, sich schöpferisch »in Form« zu bringen, durch beschwörendes Selbstzureden den Mut und die Kraft zu finden, um das zunächst nur in Umrissen überschaubare, mehr fieberhaft erahnte als kühl disponierte »Riesenwerk« bewältigen zu können. Es ging auch um die immer deutlicher sich aufdrängende, unausweichlich scheinende Erkenntnis, mit dem Werk nicht nur an Grenzen des subjektiven Darstellungs*vermögens* zu stoßen, sondern in ihm konzeptionelle Vorstellungen verwirklichen zu wollen, vor denen jedwede kompositionstechnische Darstellungs*möglichkeit* versagen könnte. Und die Arbeit am Werk wie dann das vollendete Werk selbst haben Mahlers quälenden Verdacht in mancher Hinsicht bestätigt – es wollte ihm einiges, und zwar Entscheidendes, das er sich vorgenommen, nicht gelingen.

Ehe dies an Einzelheiten etwas ausführlicher behandelt werden soll, sei nochmals an die einleitend zitierte Bemerkung erinnert: »Der immer neu und wechselnde Inhalt bestimmt sich seine Form selbst«. Darauf folgt, daß Mahler stets wieder lernen müsse, seine »Ausdrucksmittel neu zu erschaffen, *wenn ich auch die Technik noch so vollkommen beherrsche, wie ich, glaub' ich, jetzt von mir behaupten kann*«. Das klingt nicht nur wenig überzeugend, sondern enthält auch einen merkwürdigen Widerspruch. Was kann solche »Vollkommenheit« wert sein, wenn die Voraussetzung für »Neues« eine stets »neue«, »erneuerte« und mithin auch zunächst unbekannte, verborgene »Form« ist, die alle »Vollkommenheit« als Attribut *zurückliegender* Erfahrung und Fähigkeit in die Vergangenheit verweist? Hier war Aufbruch in Niemandsland gefordert, in dem es noch keine Wegweiser gab und auf dem das Risiko des Scheiterns die einzige Gewißheit bildete.

Das hat Mahler zutiefst verunsichert – und ihm jene zuweilen monströsen Metaphern eingegeben, die immer auch und wohl zuallererst die Unsicherheiten mit der Arbeit verdecken, wenn nicht gar vertreiben sollten. Und diese Unsicherheiten berührten die Gesamtanlage der Sinfonie wie deren einzelne Sätze. Von Anfang an schwebte Mahler eine »Stufenfolge des Werdens« vor, die einen Bogen vom ersten zum letzten Satz schlägt: »Was dort dumpf und starr, ist hier zum höchsten Bewußtsein gediehen, die unartikulierten Laute zur höchsten Artikulation geworden (Bauer-Lechner, S. 56). Doch wie verträgt sich dies mit der Tatsache, daß – wie an den Titelauflistungen zu sehen – nicht nur Sätze umgestellt und ausgetauscht wurden, sondern auch das ursprüngliche Finale, das Lied vom *Himmlischen Leben*, gänzlich ausschied und einem Stück (*Was mir die Liebe erzählt*) Platz machte, das zunächst an dritter, dann lange Zeit an vorletzter Stelle vorgesehen war?

Die immerhin erst im Herbst 1895 erfolgte Streichung des Liedes damit begründen und rechtfertigen zu wollen, daß es – nachdem Mahler hatte erkennen müssen, daß zumal der 1. Satz jedes bisher übliche sinfonische Maß durchbricht – zum Vorausgehenden in einem hoffnungslosen Mißverhältnis steht, reicht wohl nicht aus. »Aus den großen Zusammenhängen zwischen den einzelnen Sätzen, von denen mir anfangs träumte, ist nichts geworden«, läßt Mahler im Juni 1896, also noch vor Abschluß der Sinfonie, mit schon befremdendem Gleichmut verlauten (Bauer-Lechner, S. 56). Gerade dies aber, die gewissermaßen organisch wachsende »Stufenfolge«, war doch bis zum Ende der Kompositionsarbeit hin der Leitgedanke für das Werk, an dem Mahler dann auch noch in späteren, die Werkgeschichte begleitenden Äußerungen festhielt!

Die Streichung des Liedes deutet wohl unmißverständlich darauf hin, daß Mahler mit der *3. Sinfonie* diesen seinen »Leitgedanken«

nicht zu verwirklichen vermochte – und daß er ihn, gleichsam vorsichtig geworden, auf die weitaus überschaubarere, gedrängtere Konzeption der *4. Sinfonie* übertrug. *Das himmlische Leben*, das nunmehr deren Finale bildet, erscheint nicht nur als zusammenfassender Schlußpunkt, sondern ist wahrlich vom ersten erklingenden Ton an der »rote Faden« für das gesamte Werk. Die in jeder Hinsicht, also auch hinsichtlich der Realisierung der programmatischen Idee, vollendete, in sich ausgewogene *4. Sinfonie* wird dergestalt in gewisser Weise zur Kritik an der *3. Sinfonie*: das – übrigens nicht mehr sofort, sondern erst zwischen 1899 und 1901 – nachfolgende Werk läßt deren Schwachstellen hinsichtlich der kompositorischen Umsetzung des »Leitgedankens« um so deutlicher hervortreten.

Dies will nun keineswegs besagen, daß Mahler mit der *3. Sinfonie* ein eklatanter Fehlschlag unterlief. Es ist ein Werk voller dramatischer wie lyrischer Intensität, mit gleichermaßen kraftvollen Tönen in leidenschaftlichem Bekennen, in ironisch-skurrilen Zuspitzungen oder in schlicht anmutender Liedhaftigkeit. Indes: »Jeder (Satz) steht als ein abgeschlossenes und eigentümliches Ganzes für sich da« (Bauer-Lechner, S. 56) – da ja aus dem »Traum« vom »großen Zusammenhang« nichts geworden sei. Aber auch im »kleinen Zusammenhang«, innerhalb einzelner Sätze etwa, zeigen sich Risse, die allerdings nur im Hinblick auf die beabsichtigte »Stufenfolge« und das »Werden« problematisch erscheinen. Abgelöst von »Programmatik«, bereiten sie einen, wenn auch schwankenden Boden, auf dem sich neuartige Formgebilde entfalten. Und diese Gebilde gerieten vielleicht um so überzeugender, als sie keiner streng vorgegebenen, kalkulierenden »Werk-Vernunft« entsprungen sind und zuweilen sogar entgegen solch intendierter »Vernunft« Gestalt angenommen haben.

Obwohl die Skizzen zum 1. Satz der *3. Sinfonie* wahrscheinlich bis in die Jahre 1891/92 zurückreichen (Krummacher, S. 26 ff.), mithin Mahler die Arbeit an dem Werk noch vor der Komposition des Liedes *Das himmlische Leben* (Februar 1892) begonnen, dann aber zugunsten der *2. Sinfonie* abgebrochen hatte, wurde der Kopfsatz als letzter abgeschlossen. Den Grund für diese Reihenfolge (Skizzierung des 1. Satzes; Komposition des Liedes und späterer Plan, es als Finale zu verwenden; Komposition der Mittelsätze, dann des – von den Skizzen offensichtlich stark abweichenden – 1. Satzes) darin zu sehen, daß mit der Skizzierung und dem vorliegenden Lied ein sicherer, haltgebender Rahmen für das ganze Werk vorhanden war, in den die noch fehlenden Sätze problemlos eingefügt werden könnten (ebd., S. 50), will nicht recht überzeugen. Dies widerspräche nicht nur der kompositorischen Sachlage – hier ein überdimensionaler, vielschichtiger Kopfsatz, dort ein intim-verhaltenes Lied von nur wenigen Minuten Dauer –, sondern auch jenen Aussagen Mahlers, die noch vor dem Entschluß, das Lied zu streichen, auf den exzeptionellen Charakter des Satzes verweisen:

»›Der Sommer zieht ein‹ soll das Vorspiel werden. Da brauche ich sogleich ein Regimentsorchester zur Erzielung der derben Wirkung von der Ankunft meines martialischen Gesellen. [...] Natürlich geht es nicht ohne Kampf mit dem Gegner, dem Winter, ab; doch er wird keck und leicht über den Haufen geworfen, und der Sommer in seiner Kraft und Übermacht reißt bald die unbestrittene Herrschaft an sich« (Bauer-Lechner, S. 35).

Praktisch parallel zu dieser Mitteilung (»Sommer 1895«) heißt es in einem Brief vom August desselben Jahres: »Meine neue Sinfonie wird ca. 1½ Stunden dauern – es ist alles in *großer* Sinfonieform« (Briefe, S. 127). Mahler muß sich also bereits zum gegebenen Zeitpunkt über das tatsächliche Ausmaß seines Werkes und somit auch über das des erst ein Jahr später komponierten Eröffnungssatzes im klaren gewesen sein – zumal dieser Satz recht eigentlich als einziger »*große* Sinfonieform« erlangt und die übrigen daran wohl eher nur durch die nachmalige Zusammenfassung zu einer »II. Abteilung« anschließen! Die Verzögerung dürfte deshalb eher mit den wachsenden Verunsicherungen zu tun gehabt haben, von denen Mahler bereits durch die Entwürfe in nachhaltiger Weise erfaßt wurde. Am Ende, d. h. im Sommer 1896, scheint es geradezu umgekehrt gewesen zu sein: erst als die Mittelsätze einschließlich des ja nur umgestellten neuen Finalsatzes vorlagen, konnte Mahler sich dazu entschließen, die Arbeit am Eröffnungssatz wieder aufzunehmen – an jener »Riesenaufgabe«, für die er »nicht den Mut gehabt hätte, wären die anderen nicht fertig gewesen« (Bauer-Lechner, S. 61).

Das »Riesenhafte«, die »*große* Sinfonieform« sind in der Tat Stichworte, die das Besondere der *3. Sinfonie* benennen – und zwar in unterschiedlichem und auch widersprüchlichem Sinne. Einerseits verweisen sie auf das Ungewöhnliche bis Exzeptionelle des Werkes, in den formalen Ausmaßen, in klanglich-dynamischen Intensitäten vom kaum mehr wahrnehmbaren Geräusch bis zum brüllenden Tutti oder in unergründlich wirkenden Verästelungen des Tonsatzes und seines motivisch-thematischen Materials, deren Beziehungsvielfalt gleichermaßen ordnende und chaotische Züge trägt. Andererseits verdecken sie auch – wie Mahlers nahezu gesamte verbale Erklärungsflut – jene Eigenheiten, die zumal mit dem Stichwort »*große* Sinfonieform« wenig zu tun haben bzw. geradezu als dessen Gegenteil auftreten.

Es beginnt dies damit, daß bis zum Sommer 1896, bis der 1. Satz ernsthaft in Angriff genommen wurde, eine bunte Folge von Sätzen vorlag, für die wohl eher die Bezeichnung: instrumentale und vokale »Charakter«-Stücke zutrifft. Mit ihnen schien Mahler eher eine Art »Lieder-Sinfonie« anzusteuern, mit lockerer, suitenartiger Satzfolge. Allein der 1. Satz, die Bewältigung seiner kompositorischen Dimensionen, zwang Mahler immer wieder, das Ganze unter die Idee eben der »*großen* Sinfonieform« zu stellen – wozu es nicht taugte, und zwar weder die »Charakter«-Stücke, noch der Kopfsatz selbst. Dafür spricht nicht zuletzt auch die Tatsache, daß gerade die sinfonisch besonders ambitionierten Teile des Werkes – neben dem 1. Satz vor allem das Scherzo – mit Elementen durchsetzt sind, die auf ironische und triviale Wirkungen abzielen. Den Ton zu erwartender Kritiken parodierend, schrieb Mahler im Juli 1896:

> »Manchmal spielen die Musikanten auch, ohne einer auf den andern die geringste Rücksicht zu nehmen und es zeigt sich da meine ganze wüste und brutale Natur in ihrer nackten Gestalt. Daß es bei mir nicht ohne Trivialitäten abgehen kann, ist zur Genüge bekannt. Diesmal übersteigt es allerdings alle erlaubten Grenzen. Man glaubt manchmal, sich in einer Schänke oder in einem Stall zu befinden« (Briefe, S. 168).

Die »Trivialitäten«, Mahlers »Neigung zu wüstem Lärm« beschränken sich nun keineswegs auf hörbar einschlägige Passagen, etwa auf den »Regimentsorchester«-Marsch im 1. Satz oder auf die vieldiskutierten »Posthorn«-Episoden im 3. Satz. Wohl erstmals färbt dieser »Ton« nahezu ein ganzes Werk, dringt er wie ein tiefverwurzelter Dialekt in dessen Ausdrucksweise ein und untergräbt dadurch nicht allein die traditionellen, an Sonate und Sinfonie gebundenen Formen, sondern auch und noch entschiedener den bis dahin geltenden und mit diesen Formen geradezu »naturhaft« verwachsenen Sprachcharakter von Musik. Daraus aber sind Mahler letztendlich die schwersten, weitreichendsten Gestaltungsprobleme entstanden. Um es mit einem

Begriff von Ferruccio Busoni zu sagen: Mahler muß so etwas wie ein »Musikstil der Freiheit«, eine ungebundene, von Werk zu Werk eigenen, stets verwandelten Gesetzen folgende Musik vorgeschwebt haben, ohne bereits über jene Alternative zu Sinfonie und Sonatenform zu verfügen, welche sich ihm ab der *4. Sinfonie* Schritt für Schritt erschließen sollte.

Die *3. Sinfonie* – und dies macht aus einem anderen Blickwinkel heraus wiederum ihr Faszinierendes aus! – führt Mahlers erbitterten, aufreibenden Kampf mit dem tradierten Formen- und Ausdruckskanon vor Ohren, als dessen Ergebnis die jeweils in spezifischer Weise »beschädigten« Sätze des Werkes anzusehen sind – aber auch jenes feierliche, hymnisch-beschwörende Schluß-Adagio, das wie der Versuch erscheint, alle vorausliegenden »Beschädigungen« wieder auszugleichen, letztlich zurückzunehmen. Und dieses Adagio, gleichermaßen am späten Beethoven wie an Wagner und Bruckner orientiert, wird dann seinerseits in dem Maße problematisch, wie es den »restaurativen« Versuch mit nicht geringerer Energie unternimmt, als zuvor die auf Alternative gerichteten Anstrengungen.

Dem Bild eines »anorganischen« Urzustandes, einer »untersten« Entwicklungsstufe kommt der 1. Satz insofern nahe, als er von zwei thematischen Komplexen (A, T. 1–131; B, T. 132–163) eröffnet wird, die in ihrer kontrastierenden Abgeschlossenheit einerseits außerordentlich weitläufig geraten, andererseits in jedem Falle »ergebnislos« verrinnen:

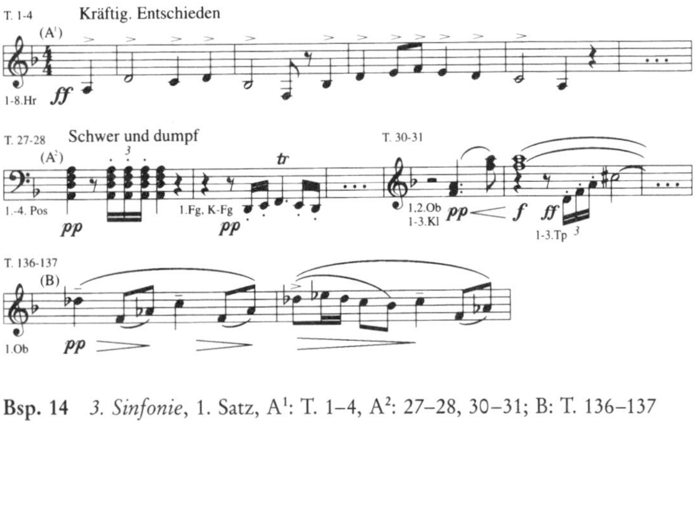

Bsp. 14 *3. Sinfonie*, 1. Satz, A^1: T. 1–4, A^2: 27–28, 30–31; B: T. 136–137

Der »elementare« Charakter des musikalischen Materials zeigt sich etwa darin, daß die eröffnende Fanfarenmelodie (A^1) zwischen verschiedenen Tonartebenen schwankt (d-Moll, B-Dur, d-dorisch) und auf eine harmonisch-melodische Wendung stößt, die wie ein »Leitmotiv« im späteren Verlauf des Werkes – vor allem im Lied-Satz (Nr. 4) – eine wichtige Rolle spielt (F-Dur, a-Moll; fis-Moll, A-Dur usw., T. 11–22). In A^2 figuriert dies »Elementare« harmonisch als genaues Gegenteil: die »schwer und dumpf« zu spielenden Blechbläser-Akkorde, verstärkt durch Pauken und große Trommel, sowie die Trompeten-Fanfare mit dem ausgehaltenen Leitton »cis« und dessen Auflösung in den Grundton, zuvor (T. 32 ff.) unterlegt mit einem Tremolo der Violen auf dem Tonika-Dreiklang, wirken wie eine Art »Über-Moll«, das die anfänglichen Schwankungen auffängt und in eine regungslose, geradezu versteinert anmutende harmonische Landschaft einbindet.

Noch »sprechender« im Sinne solch elementaren Ausdrucks sind die ab Takt 6 in die grundlegende Marschbewegung eingebauten Schlagzeug-Rhythmen, welche die harmonisch-melodischen Gebilde und deren Fortspinnung begleiten und dergestalt ein »Kontinuum« erzeugen, das durch seinen weitgehend geräuschhaften Charakter die Ansätze zur Entfaltung eines reicheren, differenzierteren Tonsatzes überlagert und damit jeden aufkeimenden Ausdruck immer wieder gewissermaßen auf den »Nullpunkt« zurückdrängt. Selbst die verschiedenen dynamischen Aufwallungen (T. 39 ff. u. ö.), aus denen stets ausgreifendere, geschmeidigere thematische Konturen hervorgehen, verrinnen stets wieder in rein rhythmischen, diese Konturen einebnenden, gleichsam abschleifenden Impulsfolgen. Dies Auf und Ab von Konturierung und Auflösung mündet schnittartig in den B-Teil, dessen eröffnende harmonische und thematische Charaktere unüberhörbar einen »Neben«- oder »Seiten-Gedanken« präsentieren (s. Bsp. 14). Doch auch der bleibt episodisch, mehr Andeutung als Ausführung eines Themas, das in nicht minder merkwürdiger Weise auf einen geräuschhaften »Nullpunkt« zurückgeführt wird wie vordem das melodische und harmonische Gebaren im A-Teil.

Der Eindruck des Vorläufigen, gleichsam »Vorbehaltlichen« des Themas verstärkt sich noch durch wie angehängt wirkende Motive:

Bsp. 15 *3. Sinfonie*, 1. Satz, T. 148–150

Das erstere ist eine Art »Leitmotiv«, das sowohl in dieser melodisch, harmonisch, rhythmisch und auch klanglich fixierten Form (die Klarinetten sind stets führend beteiligt) als später auch in einer Moll-Variante erscheint, die zum Begleitarsenal des Marsches gehört und ihm mit schwebendem Rhythmus und meist zart-irisierender Klangfarbe (nun führen die Oboen über schalmeienhaft tönendem Trompetensatz) eine gewichtslos-federnde Geschmeidigkeit verleiht:

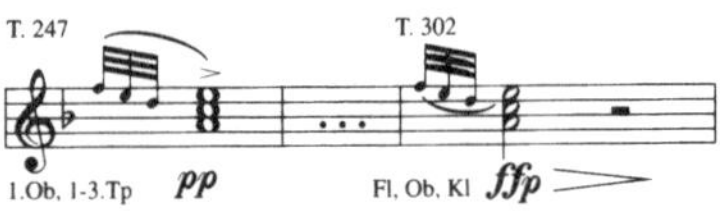

Bsp. 16 *3. Sinfonie*, 1. Satz, T. 247; 302

Das zweite Motiv (T. 150 ff.) deutet mit pendelnden Quarten über rollender, dann dreiklangsbrechender Baßbewegung erstmals und wie aus weiter Ferne herübertönend auf den künftigen Marsch hin – doch dies alles versinkt wiederum in gestaltauflosenden Gerauschketten, um nach einer lang auszuhaltenden Fermate und erneut mit scharfem Schnitt der Wiederkehr der schweren Bläserakkorde des A-Teils Platz zu machen. Obwohl diese Wiederaufnahme einige Veränderung einschließt, erscheint sie doch wie eine rückgreifende, den B-Teil übergreifende Fortsetzung dessen, was in Takt 38 abgebrochen worden ist. Oder anders: die musikalische Bewegung erweckt den Eindruck, als ob sie auf die vormalige Situation zurückgeschraubt und mithin der Zeitverlauf umgekehrt würde.

Dies hat schwerwiegende Folgen für den ganzen Satz, da das Moment der Zeitumkehrung immer stärkere Gewalt über ihn gewinnt und mithin nichts anderes und nichts geringeres als die Aufhebung sonatenhafter, d. h.: zielgerichteter Entwicklung betreibt. Nachdem sich der schnittartige Wechsel von A- und B-Teil nochmals variiert wiederholt hat (T. 224/225), nimmt nun jedoch (T. 239 ff.) der Marsch seinen Lauf – die Struktur lockert sich durch federnd-punktierte

Rhythmen und Trillerketten, die über einen längeren Zeitraum hinweg an zarte, zwischen p und ppp changierende Tongebung gebunden bleiben. Aus ihnen erwachsen allmählich festere thematische Gebilde, die allerdings eher an eine bunte, potpourrihafte Melodienfolge erinnern und eine zusammenfassende Thematisierung der bisher streng getrennten Teile A und B bewirken. Doch dies alles erweist sich bald als Vorbereitung auf eine Art »Ziel-Thema«, das mit Takt 315 erreicht ist und durch seinen resümierenden Charakter, durch Überlagerung bzw. Ineinanderschieben von A und B wie das eigentliche Hauptthema des Satzes erscheint:

Bsp. 17 *3. Sinfonie*, 1. Satz, T. 315–316

Indes hat dieser Eindruck, selbst durch eine forsch in Gang gesetzte dynamisch-klangliche Steigerung, keinen längeren Bestand: die stets hektischer auftretenden Stimmenzüge stürzen geradezu in ein aufreißendes Orchestertutti (T. 362 ff.), das an einen »Durchbruch« mehr als nur erinnert (Adorno, *Mahler*, S. 60 ff.). Und in der Tat »bricht« die musikalische Bewegung hier zu einem Abschnitt »durch«, der unüberhörbar Merkmale einer »Durchführung« trägt – zugleich aber, aufgrund eines erneuten »Zeitsprungs« zurück zum vor-thematischen Material des eröffnenden A-Teils, alle traditionell gebotene sonatenhafte Entwicklung im Ansatz schon untergräbt. Dabei kommt es zu neuerlicher, nun verkürzter Themenentfaltung unter Einschluß eines rudimentären Anklangs an den B-Teil (T. 482 ff.), die in ein recht umfängliches Auflösungsfeld übergeht (T. 492–529). Man könnte diese traumverlorene, in reinen Dur-Harmonien zerfließende Passage als eine Art »negativen Durchbruch« bezeichnen: in ihre auslaufenden Takte (T. 522 ff.) tönen bereits aufstörende Akzente des anschließenden »Regimentsmarsches« hinein, so daß diese Passage eine Scheidemarke zwischen extrem gegensätzlichen Ausdrucksbereichen bildet.

Doch ist das, was nun folgt, keineswegs neu, sondern befremdet nur durch unerwartetes Auftreten. Denn wiederum variiert Mahler lediglich das Material aus bisher verwendeten Marschcharakteren, schärft es aber klanglich durch schrille Holzbläserfiguren und rohe Stöße der Blechbläser über nicht minder derber Streichergrundierung und steigert es zu einem Tumult, der wahrlich die zitierten Bilder von »Schänke« und »Stall« rechtfertigt. Aber auch dies Getöse führt im Grunde nirgendwo hin, es zerrinnt wie alles bisher zu Form und Gestalt Ansetzende, um nun wieder in jenen längst vertrauten Geräuschflächen zu versickern, an die ohne jede kunstvolle Vermittlung ein überdeutlicher, ja geradezu aufdringlich herausgeschmetterter Reprisenbeginn anschließt.

Diese Reprise nun, die mit schon verblüffend zu nennender Direktheit lediglich einen verkürzten, wahrlich nichts anderes als Vorausgegangenes »wiederholenden« Schlußabschnitt darstellt, bringt das Moment von Zeitverkehrung auf den zentralen Punkt. Wie bis dahin einzelne Formelemente immer wieder zu einer Situation geführt haben, die bereits *hinter* ihnen lag und dergestalt permanent rückwärts gerichtete Phasenverschiebungen betrieben, so bewirkt solche Verschiebung nun ein gesamter, umfassender Satzteil. Dies hat nichts geringeres zur Folge als die grundlegende Umwertung eines Satztypus – eben des Sonatensatzes. Dessen Struktur wies zwar längst und vielleicht schon aus seinen Anfängen heraus problematische Züge auf, die im kompositorisch niemals restlos zu klärenden Verhältnis von (rückwärtsgewandter) »Wiederholung« zu (weiterführender) »Wiederherstellung« des Themenmaterials verankert sind. Mahlers Reprise sucht dieses problematische Verhältnis nicht, wie üblich, zu überspielen und mithin zu vertuschen, sondern kehrt es heraus – in unbekümmert-lärmender Potpourriweise mit tuschartig aufrauschendem, triumphalem Schluß, dem die Erinnerung an den sprichwörtlichen Ausgang des »Hornberger Schießens« mehr als nahekommt.

Unter dem Gesichtspunkt der klassischen Sonate müßte Mahlers Satzgebilde demnach als ein eklatanter Fehlgriff, als ein Rückfall in »vorklassische«, suitenartige Reihungsform gewertet werden – und dies hätte ihm auch zu Bewußtsein gekommen sein und den Grund für jene Unruhe gebildet haben können, die sich in die zahllosen rechtfertigenden Beschwörungen des programmatischen »Inhalts« zumal dieses Satzes flüchtete. Doch man darf es wohl anders sehen: indem Mahler die »Crux der Sonatenform«, also das Problem der unüberbrückbar scheinenden Kluft zwischen *intendiertem* und *tatsächlichem* Formsinn der Reprise, gewissermaßen beim Schopfe packt, auf die gestalterischen Elemente und Verhältnisse eines ganzen, wahrlich »riesenhaften« Satzes überträgt, macht er sie auf diese Weise zum Ausgangspunkt für eine neue, eigen-artige Formkonzeption. Sie folgt nicht länger mehr dem Entwicklungs-»Gebot«, das seit Beethoven als verbindlich galt und das nicht erst seine Nachfolger, sondern bereits ihn selbst vor schwerwiegende Darstellungsprobleme stellte und wohl nicht zuletzt die faszinierende Vielfalt der späteren Formlösungen keineswegs nur ermöglicht, sondern eher noch erzwungen hat. Mahler steuert – geleitet von programmatischen Vorstellungen, deren verwirrende und durchaus auch verworrene Facetten sich denn doch in Bildern des »Ur-Anfänglichen«, »Leblosen«, »Dumpfen«, »Starren« u. ä. berühren – eine statisch wirkende Formbildung an, wobei der musikalische Ablauf als meßbare Zeitquantität durch rückwärts bezogene und mithin »versetzte« Zeitebenen gewissermaßen eine Aufhebung dieses Ablaufs suggeriert.

Dies war eine Erfahrung, zu der mit bemerkenswerter Deutlichkeit auch die folgenden, vorauskomponierten Sätze beitrugen. Daß Mahler jedoch offensichtlich nicht bereits durch sie, sondern erst mit dem Eröffnungssatz auf die erwähnten und partiell hier auch aufgezeigten Darstellungsprobleme stieß, hatte wohl damit zu tun, daß die übrigen Sätze als eine gesondert zusammengefaßte Gruppe von genrehaften »Charakterstücken« das Moment »statischer« Zeitgestaltung jeweils nur innerhalb eines relativ geschlossenen musikalischen »Charakters« aufnehmen und nicht zu einem vielgliedrig-vielschichtigen sinfonischen Panorama auszuführen haben. Unter diesem Gesichtspunkt nun erscheinen zumal die Nr. 2 (Tempo di Menuetto) und Nr. 3 (Scherzando, unter Verwendung des *Wunderhorn*-Liedes *Lob des hohen Verstandes*) wie recht unstilisierte bzw. in einem »stile antico« gehaltene Tanzsätze einer Suite, deren romantisierender Ton im Lyrischen wie im Lebhaften, aber auch deren rein koloristisch wirkende Figuration in einigem Gegensatz stehen zu jenem Tonsatz, der sich mit dem Kern »entwickelnder Variation« von den Wiener Klassikern bis zu Mahlers Zeitgenossen Brahms und Schönberg herausgebildet hatte.

Könnte das Menuetto ein schon neoklassizistisch gefärbter Blick in ferne Vergangenheit sein, so führt das kontrastierende Scherzo diese Rückwendung als eine Art »Traumspiel« fort. Es scheint in eine rokokohafte Landschaft versetzt, in welche einerseits derbe Bauerntänze hineintönen, andererseits »Posthorn-Rufe« die Abwendung von solcher »Traum-Realität« suggerieren:

Bsp. 18 *3. Sinfonie*, 3. Satz, T. 5–9, 69–71, 255–259

Die reigenhafte Fortsetzung:

Bsp. 19 *3. Sinfonie*, 3. Satz, T. 285–287

steigert diese Abwendung zu einer utopischen Idylle, die Zeit und Raum entruckt ist und dergestalt das Spiel mit ihnen auf die Spitze treibt. Vielleicht hat Mahler erst aus solcher Assoziation heraus den Mut oder auch die Unbedenklichkeit gefunden für eine Süße des Tons, welche bis heute nicht allein kritische Ohren als Kitsch und mithin als höchst fragwürdige Entgleisung wahrnehmen. Allen Spuk und Traum fegt am Ende (T. 529 ff.) ein neuerlicher und zugleich letztmaliger »Durchbruch« hinweg, mit dem der Satz scharf abreißt; es ist, als ob das idyllische »Es war einmal« plötzlich in rauhe Gegenwart oder eben auch in jene nicht minder bedrohlich-chaotische »Vor-Vergangenheit« gerissen würde, in die zumal der Eröffnungssatz immer wieder verfiel. In jedem Fall vollzieht sich hier ein weiterer, schroffer »Zeitbruch«, dessen lärmende Hastigkeit einigermaßen im Unklaren darüber läßt, wohin diesmal der »Zeitsprung« erfolgt.

Die anschließenden drei Sätze scheinen darauf keine Antwort geben zu können oder zu wollen. Mehr noch als das Kontrastpaar Menuetto und Scherzo sind das Nietzsche-Lied *O Mensch! Gib Acht!* (Nr. 4), das *Wunderhorn*-Lied *Es sungen drei Engel* (Nr. 5) und das Adagio (Nr. 6) zu einer Art »Groß-Satz« verschmolzen – äußerlich schon daran zu erkennen, daß sie »ohne Unterbrechung« gespielt werden sollen. Metaphorisch gesprochen, hebt dieser Groß-Satz mit einem Bild der »Nacht« an: die musikalische Bewegung kreist in sich, pendelnd zwischen Elementen der Regungslosigkeit und solchen eines gleichsam ziellosen Fließens. Für die Regungslosigkeit stehen außer der leitmotivisch wirkenden Harmoniefolge aus dem A-Teil des 1. Satzes (s. Bsp. 15) gedehnte Wechselnotenfiguren, Ostinati und »Naturlaute«:

Bsp. 20 *3. Sinfonie*, 4. Satz, T. 1–2, 33–35

Das Fließen suggerieren vor allem die melodischen und dynamischen Aufschwünge, welche das Bindeglied zwischen 1. und 2. Strophe bilden und dann auch weitgehend den Charakter der letzteren bestimmen:

Bsp. 21 *3. Sinfonie*, 4. Satz, T. 57–59

Sobald die »Nacht« im nahezu Tonlosen wieder versunken ist, erschallen die pentatonisch gefärbten »Morgenglocken« des nachfolgenden »Tages«, gebunden an die Marschmelodik des 1. Satzes (T. 254 ff.):

Bsp. 22 *3. Sinfonie*, 5. Satz, T. 1–5

Dies alles bleibt episodisch, nicht zuletzt durch jeweils genrehafte Charaktere der Stücke, die in keine gegensätzlichen Ausdrucksbereiche vordringen – was im Grunde, ungeachtet aller zumal dynamisch-klanglicher Abstufung, auch nicht im abschließenden Adagio geschieht. Hier scheint sich nun zu erfüllen, was von allen zurückliegenden Verschiebungen der Zeitebenen, von allen Zeit-»Sprüngen« angesteuert worden ist: die »unartikulierten Laute« des 1. Satzes finden »zu höchster Artikulation« (Bauer-Lechner, S. 56). Das Finale entfaltet ein Bild des »Höchsten«, »Reinsten«, dessen, was Mahler »die Liebe«, was ihm »Gott erzählt hat«; es wird zu einem Hymnus, der alles »Niedrige«, »Unreine«, letztlich alles »Fragen« in harmonisch volltönender Klanglichkeit aufzulösen vorgibt:

Bsp. 23 *3. Sinfonie*, 6. Satz, T. 1–5

Doch diese »Lösung«, für die hier einige der wesentlichen thematischen Gebilde aneinandergereiht worden sind, treibt Mahler zu einer Gestaltung, die nur aufgrund ihrer »reinen Positivität«, nur gewissermaßen programmatisch jene »höchste Stufe« zu erreichen vermag, welche ihm in der Hierarchie des Werkes vorgeschwebt hatte. Kompositorisch hingegen geschieht das genaue Gegenteil, zeichnet sich eine geradezu umgekehrte »Stufenfolge« ab: das Bild des »Unentwikkelten« zu Anfang leitet Mahler – wie oben beschrieben – zu einer sinfonischen Konzeption, die mit dem Spiel der Zeitebenen neuartige Gestaltungsweisen verwirklicht. Die nachfolgenden Sätze greifen diese Konzeption zwar auf, schwächen sie aber allmählich durch genrehafte Begrenzung der Satzcharaktere ab. Und mit dem Finale wird nichts anderes erreicht als der Tiefpunkt dieser Abschwächung –

trotz oder auch gerade wegen seines äußeren Glanzes: es mündet in einen hedonistisch anmutenden Hymnus, welcher das zuvor so kühne Konzept der Zeitverschiebung als Neubestimmung sinfonischer Formbildung auf den Anachronismus einer ungetrübten Apotheose zurückschraubt. Dem »Über-Moll« in zentralen Partien des 1. Satzes entspricht nun ein »Über-Dur«, an dem sich die 28 Schlußtakte geradezu festsaugen. Jedoch: indem Mahler dies überhaupt als kompositionsgeschichtliches und ästhetisches Problem ausbreitet, »auskomponiert«, gewinnt die *3. Sinfonie* eine Bedeutung, die – in diesem besonderen Punkt – vielleicht sogar noch über die nachfolgenden »vollendeteren« Werke hinausweist. Das »Schmerzenskind«, dem das größte Risiko und damit auch die größte Gefahr des Scheiterns beschieden sind, zieht auch hier stärkste Aufmerksamkeit und liebevollstes Verständnis auf sich.

4. Sinfonie

1. Satz: Bedächtig. Nicht eilen
2. Satz: In gemächlicher Bewegung. Ohne Hast
3. Satz: Ruhevoll
4. Satz: Sehr behaglich

Besetzung: 4 Fl (3. und 4. auch Picc), 3 Ob (3. auch EH), 3 Kl in B, A, C (2. auch Kl in Es, 3. auch B-Kl), 3 Fg (3. auch K-Fg), 4 Hr, 3 Tp, Pk, Schlgz (gr. Trommel, Triangel, Schelle, Glockenspiel, Becken, Tam-tam), Hf, Streicher, Sopran-Solo

E: 1899–1901
EA: 1902, Doblinger (Wien)

Die Jahre 1896 (Abschluß der *3. Sinfonie*) bis 1899 (*Revelge*; Beginn der *4. Sinfonie*) markieren Mahlers erste und einzige kompositorische Schaffenslücke. Mindestens seit 1883, seit den *Liedern eines fahrenden Gesellen*, dann wieder von 1899 bis zum Todesjahr 1911, reihen sich die Werke nahtlos aneinander, überschneidet sich gelegentlich sogar, wie oben bereits vermerkt, das eine oder andere. Nimmt man außerdem die praktisch durch fast jede Aufführung ausgelösten Revisionen hinzu, so wäre geradezu von einer permanent mehrschichtigen Arbeitsweise zu sprechen. Die Lücke 1896 bis 1899 läßt sich nun hinlänglich mit folgenreichen Ereignissen im Lebensgang erklären: am 11. Mai 1897 dirigierte Mahler erstmals eine Vorstellung an der Wiener Hofoper, im Oktober übernahm er deren Direktion und ab 1898 (bis 1901) zusätzlich die Leitung der Philharmonischen Konzerte. Das neue, ehrenvolle und auch ehrgeizig angestrebte Amt beanspruchte alle schöpferische Kraft und Phantasie. Sie rückhaltlos zu geben war Mahler sogar dann noch willens, als ihm selbst dieses Theater von europäischem Rang bald wieder als nur schwer zu ertragende, vom »eigentlichen« Schaffen abhaltende »Tretmühle« erschien: »Meine Stellung absorbiert mich ganz und nimmt mich mit Haut und Haaren in Beschlag. An ›Arbeiten‹ nicht zu denken!« (Brief vom 26. November 1897; Blaukopf/Roman, S. 217).

Ist diese hinlängliche Erklärung zugleich auch eine erschöpfende? Man könnte Bedenken anmelden angesichts der freilich nur zu vermutenden mentalen Lage, in die Mahler durch dic Arbeit an der *3. Sinfonie* geraten sein mochte. Es hatte Irritationen und Unstimmigkeiten geradezu im Übermaß gegeben, und dann vor allem ein Lied-Finale, das weniger dem abgeschlossenen Werk, als vielmehr: dem das ursprünglich konzipierte Werk verloren gegangen war. Auch wenn von Mahler – soweit zu sehen – keinerlei Hinweise vorliegen, spräche wohl einiges dafür, daß ihn das Problem einer Sinfonie, zu der das Lied vom *Himmlischen Leben* als »verjüngende Spitze« (Bauer-Lechner, S. 162) gehörten sollte, nicht in Ruhe ließ, er jedoch einen die Gedanken konzentrierenden Abstand brauchte, um der Neuartigkeit solcher Konzeption – an der er in der *3. Sinfonie* gescheitert war! – künftig gewachsen zu sein. Insofern gab es zwar zwischen 1896 und 1899 keine zählbaren Kompositionen, doch es gab – verschwiegenes Komponieren.

Darauf weist einiges hin, voran Bemerkungen Mahlers in Briefen wie in den Gesprächsaufzeichnungen Natalie Bauer-Lechners. Diese Bemerkungen kreisen um zwei Gesichtspunkte: zum einen berühren sie immer wieder das Geheimnisvolle, das Unergründliche des künstlerischen Schaffensprozesses im allgemeinen, zum anderen – doch eng damit verbunden und gewissermaßen als Konkretisierung – heben sie die mit keinem vorausgegangenen Werk vergleichbare »artistische Vollendung« der **4. Sinfonie** hervor. Sie sei »grundverschieden« (Briefe, S. 248), nur das Scherzo erinnere noch an Früheres, und zwar an das Scherzo der *2. Sinfonie*, da es »Neues in alter Form bringe« (Bauer-Lechner, S. 163). Parallel zur Skizzierung der Sätze 1 bis 3 im Sommer 1899 studierte Mahler Kammermusik von Franz Schubert und bemängelte an ihr vor allem die Durchführungen:

»Sechs Sequenzen folgen aufeinander und dann noch eine in anderer Tonart. Keine Verarbeitung, keine künstlerisch vollendete Ausgestaltung seines Vorwurfs! Statt dessen wiederholt er sich, daß man ohne Schaden die Hälfte des Stückes wegstreichen könnte. Denn jede Wiederholung ist schon eine Lüge. Es muß sich das Kunstwerk wie das Leben immer weiter entwickeln. [...] Jetzt begreife ich, daß Schubert, wie man erzählt, noch kurz vor seinem Ende Kontrapunkt studieren wollte. Er empfand, *wie* der ihm fehlte. Und ich kann ihm das nachfühlen, weil mir selbst dieses Können [...] abgeht. Da setzt nun an dessen Stelle bei mir allerdings der Intellekt ein, aber der Kräfteaufwand, der dazu erfordert wird, ist unverhältnismäßig groß« (ebd., S. 158 f.).

Solcher »Kraftaufwand« war offensichtlich im Falle der neuen Sinfonie vonnöten, führte jedoch auch zu einem beglückenden Ergebnis: in ihr »herrsche die größte Beweglichkeit der Rhythmen und Harmonien – und erst welche Polyphonie! – [...]. Ja, oft wechseln kaleidoskopartig die tausenderlei Steinchen des Gemäldes, daß wir es nicht wieder zu erkennen vermögen« (ebd., S. 163). Dafür – und dies trägt ebenfalls zur »artistischen Vollendung« des Werkes bei – gebe es kein Programm mehr, d. h. Mahler verschweigt nunmehr jede Andeutung, um »den Trotteln von Richtenden und Hörenden« keine Gelegenheit zu bieten, sie »wieder aufs albernste [zu] verstehen und [zu] verdrehen« (ebd.). Statt dessen beschäftigt ihn das »Geimnisvolle, Inkommensurable«, das »im Kunstwerk wirkt« und seinen »Zauber, seine Anziehungskraft« (ebd., S. 160) ausmache.

Doch Mahler beläßt es keineswegs bei solch allgemeinen Erwägungen. Darüber nachdenkend, daß »die Musik die Poesie weit hinter sich [lasse]«, da sie »*alles* sagen« könne und »in einer Modulation, einer Ausweichung allen verständlich das aus[drücke], was die anderen Künste beschreiben und umschreiben müssen«, stößt er auf »etwas Merkwürdiges«:

»Durch die zwingende Logik einer Stelle, die ich umwandeln mußte, verkehrte sich mir das Darauffolgende derart, daß ich plötzlich zu meinem Erstaunen gewahrte, ich befinde mich in einem völlig anderen Reiche: wie wenn du meinst, in blumigen elysischen Gefilden zu wandeln, und siehst dich mitten in die nächtlichen Schrecken des Tartaros versetzt [...]. Ich sehe immer mehr: man komponiert nicht, man *wird* komponiert!« (Ebd., S. 161.)

Spätestens der letzte Satz verrät, daß noch die schillerndste Metapher in konkrete kompositorische Problemlösung eingespannt und daß die Wegsuche nicht auf die gegebene Arbeitsphase beschränkt ist, sondern lange zuvor begonnen hat. Mahler verfüge über »unzählige Beweise« dafür, daß sein »zweites Ich [. . .] über *zehn Monate* Winterschlafs (mit all den furchtbaren Träumen des Theaterbetriebes) an meiner Vierten Sinfonie gearbeitet hat« (ebd.). Obwohl hier lediglich die durch den »Theaterbetrieb« blockierte Zeit zwischen den der Komposition vorbehaltenen Sommermonaten 1899 und 1900 gemeint ist, dürfte es wohl keinesfalls ganz abwegig sein, diesen Zeitraum bis 1896 – also über die »Schaffenslücke« hinweg – zurückzuspannen. Und zwar deshalb, weil sich Mahler bewußt wurde, mit der *4. Sinfonie* nicht allein und im allgemeinen ein künstlerisches Niveau erreicht zu haben, das weit über dasjenige der vorausgegangenen Werke hinausreicht, sondern nunmehr eben jene konkreten kompositorischen Probleme zu lösen verstand, die in der *Dritten* noch offen geblieben waren.

Sie betreffen zum einen die Komplexität der Form, die etwas »Kosmisches« an sich habe und »unerschöpflich wie die Welt und das Leben sein [muß], wenn [die Sinfonie] ihres Namens nicht spotten soll. Und ihr Organismus muß *einer* sein, darf durch nichts Unorganisches, Flicken und Bänder, getrennt sein« (Bauer-Lechner, S. 198). Dieses Organische beruht nicht nur auf einer »Fülle der Keime«, die sich im 1. Satz z. B. mit insgesamt sieben Themen bemerkbar mache, sondern geht vor allem von der zusammenfassenden Wirkung des Lied-Finales aus: es sei »die sich ganz verjüngende Spitze von dem Bau dieser Vierten Sinfonie« (ebd., S. 162); oder andersherum: »Jeder der drei ersten Sätze hängt thematisch auf's innigste und bedeutungsvollste mit dem letzten zusammen« (Briefe, S. 403). Schließlich findet Mahler hierfür noch ein bemerkenswertes, in seiner Tragweite kaum zu überschätzendes Gleichnis aus der Geometrie: »Dem kleinsten, innersten Kreise siehst du es freilich nicht an, wie weit er durch die Radien, die über jeden Kreis wieder hinausgreifen, in konzentrischen Kreisen anwachsen kann, für deren weitesten wie engsten das πr^2 noch gleicherweise gilt« (ebd., S. 172).

Zum anderen – das wurde bereits angesprochen – findet Mahler etwas, das auf nichts geringeres als auf eine grundlegende Veränderung des Tonsatzes hindeutet; und zwar mittels einer ebenso komplex wie »konzentrisch« angewandten polyphonen Schreibweise sowie einer aus ihr hervorgehenden Instrumentation, die nicht länger »dazu da ist, Klangeffekte zu erzielen, sondern deutlich zum Ausdruck zu bringen, was man zu sagen hat« (Bauer-Lechner, S. 198). Es kann wohl kaum Zufall gewesen sein, daß sich Mahler zum gegebenen Zeitpunkt nicht nur mehrfach zur Polyphonie äußerte, sondern auch gerade jene zu Recht viel zitierte Erfahrung mit ihrer Herkunft und Übernahme ins eigene Werk bekundete, die auf den eigenartigen, unkonventionellen Umgang mit ihr ein bis in tiefe Schichten der Musik hinabreichendes Licht wirft. Der »Hexensabbath« eines Jahrmarktfestes »mit unzähligen Werkeln von Ringelspielen und Schaukeln, Schießbuden und Kasperltheatern«, denen sich noch »Militärmusik und ein Männergesangverein« anschlossen, die »ohne Rücksicht aufeinander ein unglaubliches Musizieren vollführten«, veranlaßte Mahler zu dem Bekenntnis: »Das ist Polyphonie und da hab' ich sie her! – Schon in der ersten Kindheit im Iglauer Wald hat mich das so eigen bewegt und sich mir eingeprägt. Denn es ist gleich viel, ob es in solchem Lärme oder im tausendfältigen Vogelgesang, im Heulen des Sturmes, im Plätschern der Wellen oder im Knistern des Feuers ertönt. Gerade *so, von ganz verschiedenen Seiten her*, müssen die Themen kommen und so völlig unterschieden sein in Rhythmik und Melodik (alles andere ist bloß Vielstimmigkeit und verkappte Homophonie): nur daß sie der Künstler zu einem zusammenstimmenden und -klingenden Ganzen ordnet und vereint« (ebd., S. 165).

Nun hat es ja allerdings nicht erst seit der *1. Sinfonie*, sondern bereits mit dem *Klagenden Lied* keineswegs an Versuchen gemangelt, solche komplexe Polyphonie zu entfalten. Doch in der *4. Sinfonie* erreicht Mahler darin ein anderes, ein höheres Niveau – er verlagert sie und ihre Herkunft »von ganz verschiedenen Seiten« gewissermaßen von der Außenseite ins Innere der Musik. Am deutlichsten wird dies durch den Verzicht auf jede, gleichsam außengeleitete »Fernorchester«-Wirkung. Polyphonie erscheint nun (und künftig) einzig und allein als ein Element, das in entscheidendem Maße die Geschmeidigkeit und Vielgestaltigkeit der einzelnen Stimme wie des die Stimmen zusammenfassenden Tonsatzes ermöglicht. Damit erst gewinnt die kompositorische Struktur jene aus sich, aus den einzelnen Tonbeziehungen erwachsene Biegsamkeit und Intensität, welche nun im Zusammenwirken mit den Lied-Charakteren den sprachähnlichen Duktus von Mahlers Musik entschieden weitertreiben und recht eigentlich bereits vollenden. Und deshalb eben drängen sich ihm für die *4. Sinfonie* Kennzeichnungen wie »kunstvoll«, »artistisch vollendet« sowie allgemeinere Überlegungen zur »Unergründlichkeit« der Kunst auf, die ihm sonst als unverbindliche ästhetische Wertungen eher fremd blieben und zu denen ihn auch kaum eines seiner anderen Werke bewegen konnte. Eine Bestätigung dessen darf wohl in der Tatsache gesehen werden, daß Mahler einige Jahre später bei dem Versuch, sein gerade beendetes opus ultimum, die *9. Sinfonie*, zu beschreiben, einzig ein Vergleich mit der *Vierten* in den Sinn kommt – ihr sei sie »am ehesten [...] an die Seite zu stellen. (Doch ganz anders.)« (Briefe, S. 368).

Der Vorsatz, ein Lied zum Finale eines sinfonischen Werkes zu machen, erfüllt sich gewissermaßen aufgrund einer doppelten Strategie – wobei deren einzelne Gestaltungs- und Wirkungsmomente keineswegs unvorbereitet oder gar gänzlich neu erscheinen. Mit Blick auf die drei instrumentalen Sätze meinte Mahler: »Es ist die Heiterkeit einer höheren, uns fremden Welt darin, die für uns etwas Schauerlich-Grauenvolles hat. Im letzten Satz (im ›Himmlischen Leben‹) erklärt das Kind, welches im Puppenstand doch dieser höheren Welt schon angehört, wie alles gemeint sei« (Bauer-Lechner, S. 198). Solch abgründige »Heiterkeit«, die wohl treffender »Ironie« zu nennen wäre, sowie finalistisch, auf Enthüllung einer Werk-»Absicht« gerichtete Satzfolge sind Mahlers Sinfonie-Begriff von Beginn an eigen. In der *4. Sinfonie* jedoch verwandelt sich Ironie von einem wie immer auch beherrschenden kompositorischen *Element* zu einer musikalischen *Sphäre*, in der und aus der heraus die Komposition Gestalt annimmt. Und diese Ironie bewirkt zusammen mit den finalistischen Strebungen innerhalb der Werkanlage eine einschneidende Reduzierung der Formbildung – die merkwürdig streng sich wieder an den klassischen Zyklus haltende Sinfonie dauert nurmehr wenig länger als allein der 1. Satz ihrer Vorgängerin – sowie der Orchesterbesetzung: es fehlen Posaunen und Tuba, die übrigen Blechblasinstrumente (4 Hörner, 3 Trompeten) wahren das für sinfonische Musik um die Jahrhundertmitte übliche Maß. Wichtiger als die zahlenmäßige Verringerung des Apparates wird für den Klang jedoch eine kammermusikalische Anlage des Tonsatzes: es gibt auffällig viele solistische bzw. geringstimmig besetzte Partien und nur noch in wohlkalkulierten Ausnahmefällen kommt es zu geballten dynamischen Steigerungen und Ausbrüchen. Angesichts dessen war denn auch zurecht von »Verkleinerung«, von einer »Welt der Kindheit« (Adorno, *Mahler*, S. 76) die Rede, hinter denen freilich nichts anderes steht als jene »gepreßte« Dimension, welche das Konzept des Lied-Finales Mahler nahegelegt, wenn nicht gar aufgezwungen haben dürfte.

Das himmlische Leben enthält eine kindliche Vision des Paradieses, in der alle Wünsche erfüllt, alle Nöte gewichen und nur noch Freuden zu genießen seien. Seine harmonische Bewegung geht von G-Dur (1. bis 3. Strophe), der Tonart des »weltlich' Getümmels«, nach E-Dur (4. Strophe), dem die eigentliche »Paradies-Vision« angehört, wobei das Tempo allmählich ins Stocken gerät und die Dynamik zerrinnt. Am Ende verhallt die Musik auf dem in extrem tiefer Lage (Harfe, Kontrabässe) zu spielenden Grund- und Zielton e. Der Text dieser letzten Strophe lautet:

»Kein Musik ist ja nicht auf Erden,
die unsrer verglichen kann werden.
Cäcilia mit ihren Verwandten
sind treffliche Hofmusikanten!
Die englischen Stimmen
ermuntern die Sinnen!
daß alles für Freuden erwacht.«

Im Widerspruch zur Vision paradiesischen Erwachens verstummt die Musik, nimmt sie das Versprechen der Erfüllung zurück – damit aber auch alle jene Ansätze zum »Durchbruch«, welche in den vorausgegangenen Sätzen angesteuert und entfaltet worden sind:

Bsp. 24 *4. Sinfonie*, 4. Satz, T. 169–174, 178–184

Das Prinzip der rückläufigen »Zeitverschiebung«, das in der *3. Sinfonie* noch lediglich als ein, wenn auch wichtiges, Gestaltungs*element* auftaucht, wird hier zu einer Art »Bewegungsgesetz« eines Satzes und mit ihm, durch ihn des gesamten Werkgefüges. Es erweist sich als gewissermaßen nach rückwärts gerichtete Projektion des Lied-Finales, dessen Thematik dadurch aber zugleich von langer Hand vorbereitet wird. Indes erscheinen die vorausgehenden Teile jedoch auch als eine Stufenfolge, die zum Lied hin- oder hinaufführt: ein mit der Sonatenform ironisch »spielender« Kopfsatz, der eine recht bunte Reihe von

Themen aufbietet, um sie dann kräftig durcheinander zu schütteln; ein spukhaftes Scherzo, das nicht nur von der um einen Ganzton höher gestimmten Solo-Violine in ein fahl-gespenstisches Licht getaucht wird, sowie das an dritter Stelle stehende »Adagio« (mit dem Zusatz »ruhevoll«). Die Grundbewegungen innerhalb des Werkes vollziehen sich also permanent gegenläufig, sie überschneiden, ergänzen, steigern und neutralisieren sich – wie es die jeweilige dramaturgische Situation erfordert. Das aber, die strahlenförmige, den Tonraum gleichsam ausspiegelnde Stimmen- und Formstruktur, verleiht der Musik eben jene »artistische« Geschmeidigkeit, von der ihr sprachnaher, im Grunde »sprechender« Charakter ausgeht. Dafür einige Beispiele, und zwar vornehmlich aus dem Bereich der Harmonik, die zum »innigen Zusammenhängen« der Sätze nicht weniger, allerdings in verborgenerer Weise beiträgt als die von Mahler hervorgehobene Motivik/Thematik.

Die Grundtonart des 1. Satzes ist G-Dur, die des 2. das zunächst »fremd« wirkende, da hörbar »abseits« liegende c-Moll; und das Adagio kehrt wieder nach G-Dur zurück. Doch nur dieses Adagio beginnt auch in seiner Grundtonart. Der 1. Satz hingegen hebt mit einer Quintfolge h–fis der 1. und 2. Flöte an, wobei dem Spitzenton fis jeweils ein g als »sehr kurzer Vorschlag« vorausgeht. Takt 2, ab 1. Viertel, fügen 3. und 4. Flöte eine Sekunddrehung fis–g mit nachfolgendem Quintsprung (fis–h) hinzu, ab 3. Viertel schließt sich in der 1. und 2. Klarinette noch eine abwärts gerichtete, um h-Moll/D-Dur kreisende und auf dem Ton g endende Sechzehntelbewegung an:

Bsp. 25 *4. Sinfonie*, 1. Satz, T. 1–3

In den ersten Takten überlagern sich also die tonalen Ebenen »h« und »G«, beginnend mit der Quint h–fis, hinter der sich durch das g des Vorschlages die kleine (»Dur«-)Sext h–g verbirgt. Die Quint (»h-Moll«) aber ist nichts anderes als ein »Vorschein« der Dominante von E-Dur, der »Zieltonart« des Lied-Finales und mithin der gesamten Sinfonie. Im Ablauf der Themen kommt es nun immer wieder zu harmonischen Wendungen, die ein Ausbrechen von G- nach E-Dur andeuten – so bereits mit den dynamischen Höhepunkten des Hauptthemas (T. 13) und des zweiten Themas (T. 54), denen sich ein weiteres Thema anschließt, das in e-Moll beginnt. Die Durchführung (T. 102 ff.) geht wiederum von den Ebenen h/G aus, mündet nun aber nicht in die »Grundtonart«, sondern erneut in die Mollvariante der »Zieltonart«.

Dies quid pro quo setzt sich nun immer weiter fort, bis dem eine lärmende Schlußphase der Durchführung ein Ende zu machen – scheint. Die vorausgegangene Unentschiedenheit der Harmonik weicht einem ungetrübten C-Dur, herausgeschmettert vom vollen Orchester. Doch das Fundament (auf der Quint g) ist alles andere als sicher, und die führenden Bläserstimmen stürzen denn auch schroff ab – auf die Töne des (cis) und as (gis), mit denen sich die neue harmonische Ebene cis-Moll, also die Parallele von E-Dur, einstellt. D. h. die lärmende C-Dur-Passage erscheint wie ein Ablenkungsmanöver von der »Zieltonart«, welche sich dann jedoch um so nachdrücklicher in Erinnerung bringt. Das Moment des »Ablenkenden« aber gibt der Passage erst jenes Hohltönende, das gewöhnlich nur mit den fanfarenhaft auftrumpfenden, kindisch plärrenden Dreiklangsmotiven in Zusammenhang gebracht wird.

Mit dem schattenhaften, ruhelosen Scherzo geht es nicht anders. Wieder bleibt die spätere Grundtonart (c-Moll) zunächst ausgespart. Statt dessen stimmt das 1. Horn eine Melodie in B-Dur an, auf die sich ein übermäßiger Akkord senkt. Dessen erhöhter Ton fis gibt den Anstoß zu einer Figuration, die erneut zum Wechselspiel um die Ebenen h/G ansetzt – nun aber zu einer Begleitfigur für das Hauptthema in c-Moll der Solo-Violine umgebogen wird:

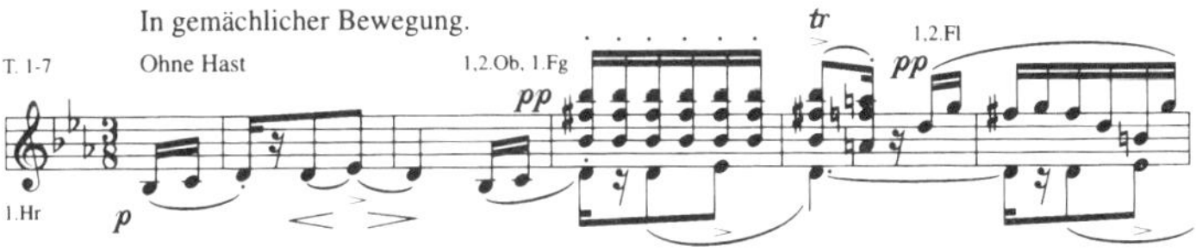

Bsp. 26 (Fortsetzung S. 104)

Bsp. 26 *4. Sinfonie*, 2. Satz, T. 1–7

Der entscheidende Satz jedoch, in dem sich der »Ernstfall« für die ganze Sinfonie ereignet, ist das Adagio, eine Folge von Doppel-Variationen, wie sie Beethoven im langsamen Satz seiner *9. Sinfonie* richtungweisend gestaltet hatte. Zwei thematische Komplexe wechseln einander ab und entfalten dabei eine wachsende Dynamik:

Bsp. 27 *4. Sinfonie*, 3. Satz, T. 1–9, 62–66

Das erste Thema beruht auf der Grundtonart G-Dur, das zweite auf e-Moll ... Eine erste dynamische Aufladung, bei der das Tempo über »anmutig bewegt«, »fließend«, »sehr fließend« beständig zunimmt, mündet – nach kurzzeitiger Zurücknahme der Beschleunigung – in eine Art Vorstufe von »Durchbruch«, verbunden mit einer Wendung nach cis-Moll. Doch Anspannung und Verdichtung bleiben an den Augenblick gebunden, zerfließen wieder, um weiteren Beschleunigungszügen (Andante, Allegretto subito, Allegro subito) Platz zu machen. Die hierbei ansetzende zweite »Durchbruchs-Welle« wird zwar wiederum aufgefangen und zurückgenommen – doch nun von einer Passage, die geradezu überdeutlich mit den Formcharakteren einer

Coda spielt: der Variationenwechsel scheint ausgeschöpft, der Satz sich zu runden.

Da kommt es, maßlos und zerstörerisch wie ein einstürzender Damm, zum eigentlichen »Durchbruch« – die Musik explodiert und wird zum Bild des »Ernstfalls«, da sich nach ihm nichts mehr in die gewohnten Bahnen fügen kann. In strahlendem E-Dur enthüllt sich dem Ohr eine Klangvision, in der die Hörner die Melodie vom »himmlischen Leben« vorausnehmend anstimmen. Es ist, als ob sich ein lang angekündeter Wunschtraum von Glück endlich erfüllt, ein Traum, der im anschließenden Lied denn auch zur Sprache kommt. Doch bereits im Ausklang des Variationensatzes scheint einige Unsicherheit aufzukommen: die musikalischen Konturen verschwimmen in der geheimnisvollen Entrücktheit extrem hoher und tiefer Tongebung, der Klang bewegt sich nur noch in fast unmerklichen Harmoniewechseln und verlischt auf einem D-Dur-Akkord, dessen funktionaler Sinn als »öffnende« Dominante zur Grundtonart des Lied-Finales durch zeitliche Überdehnung recht eigentlich verloren geht. Und wenn das G-Dur dann schließlich anhebt, so nimmt es den beschriebenen Verlauf zum endgültigen, auskomponierten Verstummen auf dem Ton e in tiefster Baßregion.

Der Prozeß der Bedeutungsaufladung von Musik, der sich in den früheren Sinfonien Mahlers vorrangig in der Verschmelzung des Instrumentalen mit Lied-Charakteren vollzog, wird hier nachhaltig durch satztechnische, gewissermaßen »autonom-musikalische« Elemente und Verfahren weitergetrieben. Für den Bereich der Harmonik, von dem hier die Rede war, hieße dies: die Grundtonart G-Dur, für das »weltlich' Getümmel« stehend, gerät in einen »existenziellen« Gegensatz zu E-Dur, der Tonart der »Paradies-Vision«, also der »Zieltonart«. Die musikalische Bewegung der gesamten Sinfonie ist nun davon geleitet, zu diesem »Ziel« durchzubrechen. Doch als dies zu gelingen scheint – in der Schlußpartie des Adagio, vollends dann im Gesang vom *Himmlischen Leben* – verwandelt sich der »Durchbruch« in eine Zurücknahme. Wort und Ton treten in wahrstem Sinne auseinander: dem benennenden Wort schwindet der musikalische Boden, der ihm Halt und mithin nichts weniger als Glaubwürdigkeit gäbe. Das »Ziel« zergeht wie ein Irrlicht – und hat doch ein Werk lang die Richtung gewiesen.

Gerade aber dieses Chimärische des Verlaufs, das sich in den wahrlich »unausschöpflichen« harmonischen Wendungen und Anspielungen entfaltet (und das sich nicht minder stringent im Motivisch-Thematischen, Rhythmischen oder in der Formbildung aufzeigen läßt), gibt der Musik eben jenes luzide, »artistisch vollendete« Gepräge, das sich Mahler eben auch erst mit dieser Sinfonie erschlossen hat. Mehr noch: es drängt sich der Eindruck auf, daß die *4. Sinfonie* – gerade indem sie nach außen hin so ungebrochen auf »Humor« und »Naivität« eingestimmt erscheint – tiefer noch in Bezirke des Abgründigen und Tragischen eindringt, als dies Mahler etwa mit seiner »Tragischen«, der *6. Sinfonie*, gelingt. Das Scheitern des »Durchbruchs« gehört hier zum Programm und ist somit absehbar: kalkulierendes Hören nimmt ihm das Bestürzende, Verstörende, das wohl nur von der Gewalt des Unabsehbaren ausgeht. Letzteres aber geschieht in der *4. Sinfonie*. Die Katastrophe, bis zum Lied hin in die Illusion gehüllt, daß sie nicht geschehe, bricht gewissermaßen aus ungetrübtem Himmel herein – doch nicht mit dem infernalischen Tumult eines »Zusammenbruchs« wie in der *Sechsten*, sondern als entsagungsvolles Verstummen.

5. Sinfonie

1. Satz: I. 1.Trauermarsch. In gemessenem Schritt. Streng.Wie ein Kondukt
2. Satz: 2. Stürmisch bewegt. Mit größter Vehemenz
3. Satz: II. 3. Scherzo. Kräftig, nicht zu schnell
4. Satz: III. 4. Adagietto. Sehr langsam
5. Satz: 5. Rondo-Finale. Allegro/Allegro giocoso. Frisch

Besetzung: 4 Fl (3. u. 4. auch Picc), 3 Ob (3. auch EH), 3 Kl (3. auch B-Kl), 3 Fg (3. auch K-Fg), 6 Hr, 4 Tp, 3 Pos, B-Tb, 4 Pk, Schlagz (Bekken, kl. u. gr. Trommel, Triangel, Glockenspiel, Tam-tam, Holzklapper), Hf, Streicher

E: 1901–02
EA: 1904, Peters (Leipzig)

Mahler bezeichnete die *4. Sinfonie* als letzten, abschließenden Teil einer »Tetralogie«, die von der *Ersten* eröffnet worden sei (Bauer-Lechner, S. 164). Nicht zuletzt deshalb faßt man gewöhnlich die 5. bis *7. Sinfonie* zu einer Gruppe der »mittleren Instrumentalsinfonien« zusammen, auf die dann mit der *Achten* und dem *Lied von der Erde* wiederum Vokalkompositionen folgten. Doch solch eine schematische

Einteilung der Werke hat etwas Bedenkliches, auch wenn sie sich wenigstens teilweise auf des Autors Wort berufen kann. Denn sie suggeriert mit der Einteilung eine Abgrenzung, die keineswegs nur auf äußere Merkmale gerichtet bleibt – voran auf die Einbeziehung von Liedern und instrumentalisierten Liedsätzen, welche den »frühen« Sinfonien denn auch den zusammenfassenden Titel *Wunderhorn-Sinfonien* einbrachte (die *Erste* mit ihren instrumentalen Übernahmen aus den »wunderhorn-nahen« *Liedern eines fahrenden Gesellen* darf hier getrost eingeschlossen werden).

Das Bedenkliche an solcher Einteilung, die letztlich zur Etikettierung dient, besteht in der Vernachlässigung eines Gesichtspunktes, der für Mahlers Musik viel wichtiger, wenn nicht gar entscheidend ist: die wahrhaft kontinuierliche, stufen- und mithin eben »grenzenlose« Entfaltung ihres Sprachcharakters. Mahlers Hinweis auf die »Tetralogie« mag da eher so verstanden werden, daß sich mit der auf dem Lied-Finale aufbauenden *4. Sinfonie* eine Art Semantisierungsprozeß vollendet hatte, *nach* dem auf weitere Übernahmen aus vokalen Bereichen verzichtet werden konnte – das Instrumentale hatte das Vokale restlos in sich aufgenommen und zu einem »eigen-artigen« Ausdrucksfundus verschmolzen; hatte es zu einem »Vokabular« geformt, das nunmehr ohne Bindung an verbales Benennen verständlich erschien. So gesehen aber impliziert der Begriff »Tetralogie« nicht Abgrenzung vom Nachfolgenden, sondern recht eigentlich das genaue Gegenteil: er verbindet das Moment des Abgeschlossenen (des Semantisierungsprozesses) mit dem eines Entwurfs, der aus eben diesem Prozeß erwächst und durch welchen stärkste, dauerhafte Anbindung und Verflechtung von früheren und späteren Werken erfolgt.

Dafür spricht nicht zuletzt, daß Mahler von nun an mit programmmusikalischen Anmerkungen äußerst vorsichtig umgeht, seine Zweifel an ihnen immer deutlicher und schärfer formuliert und es zunehmend auch meidet, über Technisches hinaus Kompositorisch-Ästhetisches zu kommentieren. Die Gründe, die er hierfür des öfteren anführt und die man in dem Satz zusammengefaßt finden könnte, »den Trotteln von Richtenden und Hörenden« nichts zu verraten, damit sie seine Hinweise nicht »aufs albernste verstehen und verdrehen« (Bauer-Lechner, S. 163), muten allerdings etwas zu harmlos an – Mahler hatte sich inzwischen mit erheblich gröberen Widersachern abfinden müssen. Vielmehr will es scheinen, daß das Gelingen der *4. Sinfonie* (s. S. 82 f., 96) dem Komponisten ein kaum mehr zu erschütterndes künstlerisches Selbstbewußtsein verlieh. Und dieses Selbstbewußtsein gab Mahler den Mut, auf gewohnte taktische Maßnahmen hinsichtlich der eigenen Disponierung für ein anvisiertes Werkkonzept wie dann der Durchsetzung des abgeschlossenen Werkes zu verzichten.

Hierunter fällt nun nicht allein die konzeptionelle Stütze von Programmen, sondern wohl auch nichts Geringeres als die Einbeziehung von Texten. Instrumentalmusik war diesen gegenüber »mündig« geworden, mächtig ihrer Durchbildung und damit eben auch ihrer Wirkung, deren *zusätzliche* Verdeutlichung durch Programm oder Text nunmehr *tautologisch* wäre und mithin die erreichte »Mündigkeit« nur wieder abschwächte. Mahler selbst spricht dies mit Blick auf das Scherzo (3. Satz) an:

> »Es ist durchgeknetet, daß auch nicht ein Körnchen ungemischt und unverwandelt bleibt. Jede Note ist von der vollsten Lebendigkeit und alles dreht sich im Wirbeltanz. [...] Romantisches und Mystisches kommt nicht vor, nur der Ausdruck unerhörter Kraft liegt darin. Es ist der Mensch im vollen Tagesglanz, auf dem höchsten Punkte des Lebens. So ist es auch instrumentiert: keine Harfe, kein Englisch Horn. Die menschliche Stimme würde hier absolut nicht Raum finden. Es bedarf nicht des Wortes, alles ist rein musikalisch gesagt« (Bauer-Lechner, S. 193).

Daß Mahler später, in der *8. Sinfonie* und dem *Lied von der Erde*, doch wieder »des Wortes bedurfte«, gründet im jeweiligen, gänzlich verschiedenen Charakter der Stücke. Die Textbindung in der Sinfonie ist von gewissen utopisch-humanistischen Ideen geleitet, die sich in erheblichem Maße – vor allem durch ihre Ungebrochenheit – mit klassizistischen Gestaltungselementen verbinden: die *Achte* kommuniziert gewissermaßen rückwärts, zumal mit der *2. Sinfonie*, und erreicht dergestalt nur gelegentlich das innovative Niveau der unmittelbar vorausgegangenen Sinfonien. Für das *Lied von der Erde* scheint geradewegs das Gegenteil zuzutreffen: hier stößt Mahler über den für die Jahre um 1910 symptomatischen Expressionismus hinaus in musikalische Bereiche vor, in denen sich bereits »surrealistische« Darstellungsmomente ankündigen. Der Text wird nun erneut Richtungsweiser und Stütze für eine kühne, unbedenklich ausschreitende Phantasie, welche die Tore zur Neuen Musik bereits weit öffnet.

Zurück zur **5. Sinfonie**. Vielleicht zeigt sich ihre »Mündigkeit« auch darin, daß Mahler zumindest während der ersten Arbeitsphase (Sommer 1901) zugleich außerordentlich intensiv mit Liedkompositionen befaßt war. Es trafen zum gegebenen Zeitpunkt die beiden beherrschenden Textquellen seines Werkes, *Des Knaben Wunderhorn* und die Lyrik Friedrich Rückerts, unmittelbar aufeinander. Mit dem *Tamboursg'sell* (August 1901) nahm Mahler Abschied vom *Wunderhorn*, um sich offensichtlich problemlos, gewissermaßen in ein und demselben Kompositionsgang, Rückert zuzuwenden: Es entstanden vier der *Fünf Lieder* sowie Nr. 1, 3 und 4 der *Kindertotenlieder*, für die jedoch keine genauere zeitliche Reihenfolge auszumachen ist. Wichtiger erscheint freilich, daß Instrumental- und Vokalkompositionen in bedeutenden, geradezu bekenntnishaften Werken parallellaufen. Zwischen ihnen ergeben sich verschiedene Berührungspunkte, die zu Recht immer wieder hervorgehoben werden. So stimmt etwa das Motiv für die Strophenschlüsse des *Kindertotenliedes* Nr. 1 mit den Oberstimmen der Takte 312–315 von Satz 1 der I. Abteilung der *5. Sinfonie* zitathaft überein. Ob dies allerdings, wie gewöhnlich angenommen, heißt, daß Mahler in der Sinfonie das Lied zitiert – und nicht umgekehrt –, oder daß ihm eine verwandte Stimmung in beiden Stücken eine doppelte, somit gleichlautend-gleichberechtigte Verwendung des Motivs nahegelegt hat, diese Frage sollte wohl besser offenbleiben:

Bsp. 28a *Kindertotenlieder*, Nr. 1, T. 13–15

Bsp. 28b *5. Sinfonie*, I,1, T. 312–315

Ebenso häufig wird auf *Ich bin der Welt abhanden gekommen* aus den *Rückert-Liedern* hingewiesen, zu dem sich das Adagietto (4. Satz) wie eine Art instrumentaler Paraphrase verhielte. Doch auch hier scheint es angeraten, von Parallel- oder Seitenstücken zu sprechen, und nicht von vornherein davon auszugehen, daß das *benennende* Lied unbedingt dem (»nur«) *klingenden* Instrumentalsatz vorausgegangen sein müsse. Denn es könnte eben die bereits beschriebene Situation eingetreten sein, daß die Unterscheidung von vokalem und instrumentalem Ausdruck zugunsten einer gewissermaßen »aufhebenden« kompositorischen »Klang-Rede« gegenstandslos geworden war. Dafür spricht einerseits das auf isolierte, punktuelle Gestalten reduzierte Zitatverhältnis zwischen Lied und Sinfonie, in dem – wenn überhaupt – nur noch schwer auszumachen ist, auf welcher Seite denn das »Ursprüngliche« sich befindet. Andererseits schlagen ganze Lieder und Instrumentalsätze einen »gleichlautenden Ton« an, der eben einen Begriff wie »Paraphrase« nahelegt – wiederum allerdings mit der Ungewißheit, worin denn das »Paraphrasierte« besteht.

Es fällt auf, daß die ohnehin nur wenigen substantiellen Äußerungen zu kompositorischen Problemen der *5. Sinfonie* fast ausschließlich dem Scherzo gelten – im vorliegenden Falle noch dadurch betont, daß Mahler anfänglich (August 1901) »eine regelrechte Sinfonie in vier Sätzen« vorschwebte, »deren jeder für sich besteht und abgeschlossen ist und die nur in der verwandten Stimmung verbunden sind« (Bauer-Lechner, S. 193). Die spätere und endgültige Gliederung in drei (wenn auch so nicht bezeichnete) »Abteilungen«, mit den beiden ersten Sätzen – Trauermarsch und 2. – als I., dem Scherzo als II. sowie Adagietto und Rondo-Finale als III. Abteilung, war also noch kein Thema. Wodurch sie, offensichtlich in der nächsten und abschließen-

Die Villa Mahler in Maiernigg am Wörthersee, wo Mahler die Sommermonate 1900–1907 verbrachte und u. a. auch die 5. Sinfonie komponierte

den Arbeitsphase (Sommer 1902), zustande kam, läßt sich zwar nicht belegen, gibt aber einigen Anlaß zum Erwägen von möglichen Gründen. Daß Mahler lediglich einer Gepflogenheit folgte, die sich in der Satzgruppierung der *2. Sinfonie* (»Pause von mindestens 5 Minuten« nach dem 1. Satz; Attacca-Folge der Sätze 3 bis 5) angekündigt und in der *3. Sinfonie* verwirklicht hatte, darf wohl ausgeschlossen werden. Vielmehr legte solche übergreifende Gliederung wiederum der Kopfsatz nahe – allerdings durch eine Motivation, die mit derjenigen für die *3. Sinfonie* kaum etwas zu tun hat.

Waren hier die wahrlich ausufernden Dimensionen von Formteilen und Themenkomplexen gewissermaßen zu bändigen und der – »extensive« – Elan breit angelegter musikalischer Bewegungszüge zu regulieren, so galt es in der *Fünften*, die – »intensiven« – Impulse einer instrumentalen Sprache zu bewältigen, in der sich ein vielschichtiges, facettenreiches Potential aus dem Lied anverwandelter Bedeutungen abgelagert hatte. Eine »Kettengliederung« wie in der *Fünften* konnte dem nicht entsprechen – die kompositorischen Bausteine strebten nicht auseinander, sondern eben aufgrund ihres »vokabularen« Charakters (Eggebrecht, S. 67 ff.) immer enger zueinander. »Bändigung« konnte da eher gelingen, indem die Strukturen der Form und des mit ihnen verbundenen motivisch-thematischen Materials auseinandergelegt, entflochten wurden. Die unter I. (»Abteilung«) zusammengefaßten Sätze 1 und 2 verhalten sich zueinander wie ein in sich abgezirkelt scheinender »Urzustand« zu einer öffnenden »Verwandlung«, in der »zur Sprache« kommt, was zuvor eher nur in stummen Gesten angedeutet wurde. Dem antwortet dann das Scherzo (II.) mit einem Bild des »Chaos, das ewig auf's Neue eine Welt gebärt, die im nächsten Moment wieder zu Grunde geht« (Alma Mahler, S. 309 f.).

Das Scherzo scheint auch der zuerst abgeschlossene Satz der Sinfonie gewesen zu sein: »In diesen Tagen sprach mir Mahler zum ersten Male von seiner heurigen Arbeit, seiner Fünften Sinfonie, und zwar vom dritten Satz, an dem er *nun* [Hervorhebung des Verf.] schrieb« (Bauer-Lechner, S. 192). Am Schluß dieser Passage erfolgt der bereits zitierte Hinweis auf die »regelrechte Sinfonie in vier Sätzen«, der, hätte Mahler die Teilung des Kopfsatzes bereits vorgenommen, gewiß unterblieben wäre. Das Scherzo sei »enorm schwer zu arbeiten durch den Aufbau und die größte künstlerische Meisterschaft, die er in allen Verhältnissen und Details verlangt. Die scheinbare Wirrnis muß, wie bei einem gotischen Dome, sich in höchste Ordnung und Harmonie auflösen«. Die Schwierigkeiten lägen in der »Einfachheit seiner Themen, welche sich lediglich auf der Tonika und der Dominante aufbauen. Das würde sich heute keiner zu machen getrauen. Dadurch ist die Akkordführung so schwer, besonders bei meinem Prinzip, daß sich nicht einmal etwas wiederholen darf, sondern alles aus sich heraus sich weiter entwickeln muß« (ebd., S. 192 f.).

In der Tat könnte erst diese »Wirrnis« und deren Auflösung »in höchste Ordnung und Harmonie« den Anstoß für die Teilung des 1. Satzes und damit zugleich für die Gliederung des ganzen Werkes in »Abteilungen« gegeben haben. Was im »Wirbeltanz« des Scherzos als eines relativ geschlossenen, genrehaft geprägten Satztypus sich konzentrisch um die eigene Achse dreht, verlangte in der weitaus heterogeneren Anlage des Kopfsatzes nach einer »multispektralen« Lösung. Doch nicht sie erwies sich als Problem, wie noch zu zeigen sein wird, sondern die Weiterführung von I. und II. Abteilung durch eine III., für die Mahler lediglich eine formale Verschränkung von langsamem Intermezzo (Adagietto) und Finale (Rondo-Finale) fand.

Wird das Adagietto von suggestiver, geradezu übersteigert-romantisierender Klanglichkeit der Streicher und Harfe getragen, so steuern das Rondo-Finale vorrangig kontrapunktische Stimmenverläufe. Deren spielerischer, zur brünstigen Klanglichkeit des vorausgehenden Satzes in betonten Gegensatz geratender Charakter schließt erst wieder in der Coda – also eher »post festum« und noch dazu durch einen recht gewaltsam wirkenden Rückbezug auf den Choral-Hymnus im 2. Teilsatz – an strukturelle und damit auch an ausdrucksmäßige Besonderheiten der I. und II. Abteilung an. D. h., es gibt noch einmal ein kompositorisches Defizit, welches – grob gesprochen – darin besteht, daß die beiden Sätze der III. Abteilung nicht in jedem Fall das gestalterische Niveau von I. und II. erreichen bzw. zu halten vermögen. Dies hätte sich sodann auf die Konzeption der nachfolgenden *6. Sinfonie* auswirken können, deren zentraler, die Fäden wesentlicher Ereignisse des gesamten Werkes aufnehmender und bündelnder Satz nunmehr das Finale bildet ...

Gelten, wie gesagt, Mahlers ohnehin nur wenige kompositionstechnische Äußerungen fast ausschließlich dem Scherzo, so findet sich doch eine zur I. Abteilung, die merkwürdig erscheint: »Es ist nach Disposition der Sätze (von denen der gewöhnliche I. Satz erst an 2. Stelle kommt) schwer möglich von einer *Tonart* der ganzen Sinfonie zu sprechen, und bleibt, um Mißverständnissen vorzubeugen, lieber eine solche besser unbezeichnet. (Der Hauptsatz (Nro 2) ist in A-moll – das Andante (Nro 1) ist in Cis-moll.) Man nennt die Sinfonie nach dem

Hauptsatz – aber nur wenn er an erster Stelle steht, was bisher immer der Fall war – mit einziger Ausnahme *dieses* Werkes« (Jahrbuch, S. 35).

Entspricht die Feststellung im großen und ganzen den Gegebenheiten des Doppelsatzes, so trifft sie doch in einigen Details nicht zu bzw. klammert diese aus. Das mag am Anlaß des Briefes liegen: Mahler beantwortet hier lediglich die Frage seines Verlegers, wie die Sinfonie auf dem Titelblatt der Druckausgabe bezeichnet werden soll. Bezogen auf die kompositorische Gestaltung ergeben sich nämlich weitaus differenziertere Anhaltspunkte für die jeweilige (Grund-)Tonart der Sätze. Die Verschränkung von expositionsartigem »Trauermarsch« (die im Brief genannte Tempoangabe Andante wird später dann durch »In gemessenem Schritt. Streng. Wie ein Kondukt« ersetzt) und durchführungsartigem »Hauptsatz« erfolgt nicht nur auf motivisch-thematischer Ebene, sondern zugleich auch über die Beziehungen zwischen den Tonarten. So bricht in das cis-Moll des 1. Satzes immer wieder a-Moll bzw. dessen Variante A-Dur ein – die zugleich die Parallele zur Subdominante (fis-Moll) von cis-Moll bildet. Und dies gleich zu Beginn mit einer Deutlichkeit, die wohl unüberhörbar von strukturellen Absichten geleitet ist:

Bsp. 29 *5. Sinfonie*, I,1, T. 1–13

Das anfängliche cis-Moll der Fanfare öffnet sich nach einem Dreiklang in fis-Moll, der bereits dessen Parallele anklingen läßt, einem orchestral aufgefächerten A-Dur. Der Ansatz zu kadenzieller Festigung wird dann zugunsten einer Rückung nach gis-Moll abgebrochen, aus der sich wiederum – allerdings unter Einschluß von schrittartigen Folgen eines Gemischs aus A-Dur und cis-Moll (!) nach gis-Moll (T. 28/29; 30/31) – cis-Moll als resultierende Tonart herausschält. Zu solchen Öffnungen kommt es noch mehrmals, und zwar unverkennbar an Stellen, die erhöhte Aufmerksamkeit beanspruchen wollen. So in der Schlußpassage der ersten Themenexposition (T. 75 ff.), dann in der Rückkadenzierung vom 1. Trio zur Wiederaufnahme des Hauptthemas (T. 247 ff.) sowie – besonders eindringlich – auf dem dynamischen Höhepunkt des Satzes (T. 369 ff.), wo ein Klanggemisch aus a- und d-Moll mit den Ecktönen a und e in ein von cis-Moll geprägtes Klanggemisch chromatisch übergeht. Schließlich in der Vorbereitung des letzten Fanfaren-Einsatzes (T. 377 ff.), deren harmonische Bewegung von der Akkordfolge *a-Moll* → fis-Moll → *A-Dur* → fis-Moll → D-Dur → *cis-Moll* markiert wird.

Den vorausnehmenden harmonischen Öffnungen des ersten gegenüber dem zweiten Satz entsprechen nun Verflechtungen auf motivisch-thematischer Ebene – und zwar durchaus in einem auf den ersten Blick hin paradoxen Sinn: diese Verflechtungen sind, wie auch die harmonischen, Ausdruck jener oben erwähnten »multispektralen (Form-)Lösung« des eröffnenden Satzpaares in Bezug auf den nachfolgenden »Wirbeltanz« des dritten. Das Hauptthema besteht wiederum aus einem Komplex von motivisch-thematischen Gebilden, der, unter Einschluß verschiedener Binnenbezüge, nicht weniger als den ersten Hauptteil des Satzes ausfüllt: Fanfare (Thema A, T. 1–19), akkordische Überleitung (T. 20–34, Kombination aus Triolen-Folge, Hornruf und »Kondukt«-Akkorden), Thema B (T. 35–59; 53–59 mit Ankoppelung der »Kondukt«-Akkorde), Fanfare (T. 60–79 mit Fortsetzung der Ankoppelung), akkordische Überleitung (T. 80–88), Thema B (T. 89–120 mit wachsender Einbeziehung der »Kondukt«-Akkorde), Thema C (T. 121–132), Thema B (T. 133–152), Fanfare (T. 153–154 als Überleitung zum 1. Trio).

Somit gibt sich das multispektrale Moment auf mannigfache Weise zu erkennen, erscheinen bereits in diesem Satzteil die formbildenden Elemente aufgrund ihrer variativen Beziehungsvielfalt als »durchgeknetet« und in einer Anordnung, welche aus gewohnter diskursiv-aneinanderschließender Reihenfolge ausbricht. Dies gilt nicht minder für das 1. Trio (T. 155–232), das mit der Tempobezeichnung »Plötzlich schneller. Leidenschaftlich. Wild« trotz der dynamischen Aufschwünge im 1. Hauptteil einen heftigen Kontrast setzt:

Bsp. 30 *5. Sinfonie*, 1. Satz, T. 153–159

Führend ist wiederum die Trompete, nun aber in einem schneidenden, zugleich deren Melodie umspielenden Duett mit den 1. Violinen, die entsprechend einer Partituranweisung »stets so vehement als möglich« zu agieren haben. In dieses »Geschwindmarsch«-Trio fallen alsbald wieder (T. 181 mit Auftakt ff.) die Fanfarensignale ein, die den Klangsturm noch stärker entfachen und den musikalischen Ausdruck in die Nähe hysterischen Schreiens bringen. Die Takt 233 erneut einsetzende Fanfare und die ihr folgende Wiederaufnahme des Hauptteils wirken nunmehr auffangend, beruhigend und deshalb insgesamt eher als weit angelegte Überleitung, aus der sich denn auch eine neuerliche Variante des 1. Trios entfaltet:

Bsp. 31 *5. Sinfonie*, 1. Satz, T. 323–327

Diese Variante vereint mit atemberaubend zu nennender Stringenz motivische Kernpunkte des Satzes – und zwar als gänzlich verwandelte Charaktere in der »Gegen«-Tonart a-Moll. Die führende Melodie (1. Violinen) enthält sich völlig des kreischenden Tons, den sie als Duettstimme der Trompete gegen die Violinen im 1. Trio angeschlagen hatte, um ein idyllisches, geradezu trivial-schmachtendes Cantabile anzunehmen. In den Unterstimmen erscheinen rhythmische Impulse aus der Fanfare (2. Violinen) und ein vom Kopfmotiv des 1. Trios abgeleitetes und verselbständigtes, gewissermaßen gestisch verkürztes Motiv (Violen), das wie ein zarter, flehender Ruf anmutet. Solch zusammenfassende »Durchknetung« von grundlegendem musikalischem Material zeigt vorausnehmend an, daß sich das Verhältnis von 1. zum 2. Teilsatz keineswegs in einer Folge von »Exposition« und »Durchführung« oder auch von »Einleitung« und »Hauptsatz« erschöpft. Vielmehr wird deutlich, daß das »multispektrale« Moment ein permanent gebrochenes ist, sich innerhalb der Teile wie zwischen ihnen entfaltet und somit beständig die kompositorische Gestaltung in einem Schwebezustand zwischen Synthese und Entflechtung ihres tragenden Materials hält.

Auf den dramaturgisch herausragenden Stellenwert der Passage weist denn auch das unmittelbar Folgende: jener bereits erwähnte dynamische Aufschwung zum »klagenden« Höhepunkt (T. 369 ff.)

mit seinen Klanggemischen aus a/d- und cis-Moll, in denen sich die Musik geradezu körperlich auszudehnen scheint und in eine auffällig geraffte, von der Fanfare geleitete Coda mündet. Diese Coda aber endet gleichsam mit Fragezeichen – mit harmonisch versetzten Dreiklangssignalen, die noch einmal den Grundkontrast der Tonarten ausschreiten: fis-Moll (T. 406) – A-Dur (T. 408, jeweils 1. Trompete) – cis-Moll (T. 410, 1. Flöte; nebst dem »öffnenden Schlußpunkt«-Pizzicato auf cis, T. 415).

Der Beginn des 2. Satzes (»Stürmisch bewegt. Mit größter Vehemenz«) erweckt denn auch den Eindruck, daß nunmehr zu explosionsartiger Entladung gelangt, was im Vorausgegangenen eher nur an- und umspielt worden ist – und in diesem Sinne kommt der gesamte Satz einer »Durchführung« als einer Art »Hauptaktion« im dramaturgischen Zusammenhang der I. Abteilung nahe. Doch recht eigentlich findet hier zu ausufernder dramatischer Bewegung, was zuvor in den Wechselspielen filigranhafter Verästelung erklungen ist. Durchsetzt mit Motiven zumal aus den beiden Trio-Abschnitten, entrollt sich eine stürmische Einleitung, eine Art »Vorspann« (T. 1–30), dessen schroffes Abreißen auf der Dominante dem eigentlichen Hauptthema zum Durchbruch verhilft:

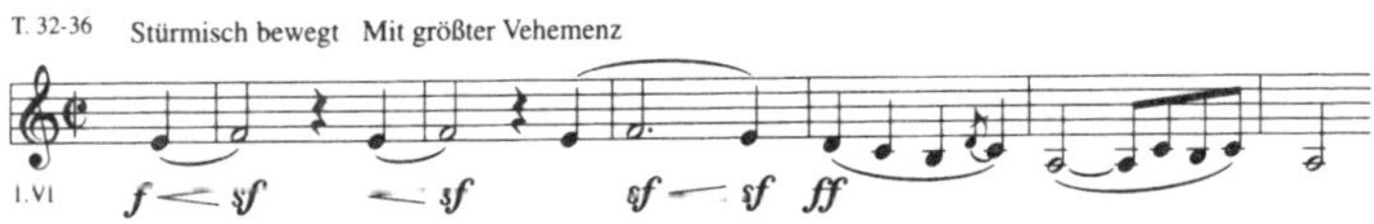

Bsp. 32 5. *Sinfonie*, 2. Satz, T. 32–36

Unüberhörbar greift es ebenfalls auf die Trios des 1. Satzes zurück, verwandelt deren Motivik gewissermaßen in abgerundete, phrasiert gegliederte Melodik, die allerdings – und in merklichem Widerspruch zur ausführlichen Vorbereitung – rasch wieder auseinanderfällt. Und zwar, um einem weiteren Thema Raum zu geben, dessen lyrischer Charakter unmißverständlich auf ein »Neben«- oder »Seiten-Thema« hindeutet:

Bsp. 33 5. *Sinfonie*, 2. Satz, T. 79–85

Offenbar ist dieses Thema eine Variante des 2. Trios und mithin zugleich aufs engste mit dem »Hauptthema« verbunden. Und das hat Folgen: Indem Mahler den Themenkontrast im Sinne traditioneller Sonatenform vernachlässigt und statt dessen einen zweigliedrigen Themenkomplex entfaltet, nimmt die Form im Wechselspiel dieser Teilthemen Gestalt an. Die sonatengemäße Hierarchie von »Haupt«- und »Neben«-Ereignissen rückt in den Hintergrund, um an deren Stelle ein mehrfach abgewandeltes »Haupt-Ereignis« in stets anderer Beleuchtung zu zeigen. Daraus ergibt sich eine schichtenartige Formbildung, die erneut und auf ihre Weise Ausdruck jener »Durchknetung« des Materials ist, die bereits im 1. Satz und in dessen vorausnehmenden Öffnungen zum 2. eine tragende Rolle gespielt hat. Die Schichten erweitern sich dabei nicht nur ständig, sondern erfassen in ihrer flutartigen Ausbreitung auch weitere Formteile des 1. Satzes. So etwa ab Takt 267 den B-Teil des ersten Themas, der sich übergangslos aus der Figuration des »Haupt-Ereignisses« herauslöst.

Eine weitere Aufnahme, und zwar des nun schon mehrfach erwähnten Duetts von Trompete und Violinen aus dem 1. Trio (T. 392 ff.), führt dann über eine dramatische Überleitung (T. 428 ff.) zum »Durchbruch« einer choralartigen Passage, deren »Höhepunkt« (T. 500, von Mahler – mit zusätzlichen Markierungspfeilen versehen – in die Partitur eingezeichnet) allerdings wiederum recht schroff aufgelöst wird – es ist, als wenn die dröhnenden Bläserklänge wie durch den rasch abnehmenden Luftdruck eines während des Spiels abgeschalteten Orgelwerkes zerflössen und der bis dahin kompakt ausgefüllte Tonraum in sich zusammenfiele. Der so entstehenden Leere hat auch die Coda kaum mehr etwas Ausgleichendes entgegenzusetzen: zwar unternimmt sie einige Anstrengung, um die aggressiven Gesten noch einmal aufleben zu lassen – doch den Abschluß markiert die Trio-Motivik, deren nunmehr isolierte, von der Höhe zur Tiefe hin absinkende Aktionen an eine verlassene Bühne erinnern, auf der nur noch einzelne, verstreute Requisiten übriggeblieben sind.

Die vielfältigen, unausschöpflich wirkenden Verflechtungen zwischen den Teilsätzen 1 und 2 lassen es sinnvoll erscheinen, nicht schlechthin von traditioneller »Variation« zu sprechen, sondern von »Variante« (Adorno, *Mahler*, S. 116 ff.). Kompositionstechnisch meint dieser Begriff weniger eine bestimmte Form mit feststehend-wiederkehrenden Merkmalen, als vielmehr ein Prinzip, das sich von Werk zu Werk auf unterschiedliche Weise realisiert. Im Falle des 1. und 2. Satzes der *5. Sinfonie* kommt die Varianten-Beziehung gewissermaßen als permanenter Schwebezustand zwischen »Exposition« und »Durchführung« zur Geltung – die Musik in dieser »Abteilung« weist eine Verstrebung auf, die praktisch in jedem Moment zugleich auf Künftiges anspielt und Zurückliegendes in Erinnerung ruft. Zur Variante gehört nicht zuletzt, daß erneut keineswegs klar auszumachen ist, worin das Ursprüngliche besteht und was als Abgeleitetes zu gelten hat. Dem »multispektralen« Moment entspricht hier eben das unausschöpfliche Konstellationsspektrum eines Kaleidoskops, an das Mahlers Musik immer wieder erinnert: ihr ist die Klarheit und Eindeutigkeit eines konkreten Augenblicks eigen, der sofort, mit der nächsten Bewegung, dem einer grundlegend veränderten Klarheit und Eindeutigkeit weicht.

Hatte Mahler in der I. Abteilung das Varianten-Prinzip im Gegen- und Miteinander eines Doppelsatzes verwirklicht, so bringt er es im Scherzo der II. in einer Art Groß-Satz zur Geltung, der mit seinen 819 Takten auch nur wenig unter der Gesamttaktzahl (991) der beiden Eröffnungssätze bleibt. Formal handelt es sich um einen Walzer mit Trio-Einschüben, dessen Dimensionen freilich alles traditionelle Genre-Maß (von Johann Strauß bis Richard Strauss) übersteigen. Diese Dimensionen entstammen einem sinfonischen Geist, aus dem die Erinnerung an eine streng abgezirkelte Gattung des Tanzes oder an »Unterhaltungsmusik« nur noch wie ein fernes Echo herübertönt. Das Sinfonische äußert sich in der zuweilen verwirrenden Vielstrebigkeit motivisch-thematischer Beziehungen, mit der Mahler jedoch geradewegs an die vorausgegangenen Sätze anknüpft. Hinzu kommt nun allerdings ein deutlich höheres Maß an Polyphonie, deren zuweilen ins Hektisch-Hysterische umschlagende Intensität vor allem aus variativen Entfaltungen von tragendem melodischem Material erwächst. Dieser (scheinbare) Widerspruch aber: einerseits das drastisch-unbekümmerte Lärmen einer ins Großformat getriebenen Tanzszene, andererseits der Aufbau von Form und Struktur dieser Szene aus wuchernd-feinsten Verästelungen eines polyphonen Tonsatzes, gibt der Musik erst jene artistische Geschmeidigkeit und extreme Ansatzfülle, die Mahler Begriffe wie »Chaos« und »Wirrnis« geradezu aufgedrängt haben mochten.

Eröffnet wird der Satz wiederum von einem Themenkomplex, der verschiedene, nachmals kontrapunktisch herausgelöste Motive umschließt. Daß dem Mit- und Gegeneinander dieser Motive nichts Mechanisches anhaftet, gründet in ihrer bemerkenswerten, sanft abgestuften Ähnlichkeit, die mit dem durchaus paradox anmutenden Umstand zu tun hat, daß sich aus den Motiven beständig weitschweifende thematische Figuration entspinnt. Darin, zusammen mit dem grundlegenden Dreier-Takt, haftet das Scherzo am deutlichsten noch an traditionellen Tanzsatzcharakteren. Diese Bindung, so sehr sie auch von der Komplexität und Dynamik des Tonsatzes beständig unterlaufen wird, scheint letztlich die Klammer zu sein, die es Mahler in der Tat ermöglicht, alle »Wirrnis« immer wieder »in höchste Ordnung und Harmonie auf[zu]lösen«. Die eröffnende Themen-Variante lautet:

Bsp. 34 5. *Sinfonie*, 3. Satz, T. 1–6

In der unmittelbaren Fortspinnung durch ein Duett von Horn und 1. Violinen beginnen sogleich die »Verwürfelungen« der Motive, aber auch der in ihnen erscheinenden Tonfolgen. Sie führen zu immer schwungvolleren Verwandlungen und fallen nach geradezu sich überstürzender Beschleunigung in ein erstes Trio, das mit seiner »singenden« Polyphonie an den innigen Tonfall Schuberts gemahnt. Hingegen erscheint das nach einer variierten Reprise des Hauptteils anschließende 2. Trio mit seiner drehleierhaft kreisenden Thematik, verbunden mit einer schroffen Öffnung des Tonsatzes zur Homophonie, entschieden »mahlerischer«. Es könnte sich hier um eine jener »Suspensionen« handeln, von denen Adorno gesprochen hat (Adorno, *Mahler*, S. 60 ff.); um eine Art Freigabe oder Auflösung der bis dahin bindenden Elemente von Form und Satztechnik, woraus schweifende, ungehemmt in alle (und damit auch: in keine vorgegebene) Richtung stoßende Gesten erwachsen, die zudem echoartig aufeinander reagieren. Es ist, als ob die voraufgegangene hektische Bewegung plötzlich wie erstarrt innehielte und dem rasch sich verflüchtigenden Lärm des Walzers nachlauschte. Nur allmählich und zögernd kehrt die ursprüngliche Ausgelassenheit wieder – dann jedoch zu noch heftigerer Gangart angetrieben, um den Satz in brüllendem Tumult enden zu lassen. Zumal von diesem exzessiven Schluß her mutet die »Suspension«, die begrenzte Aufhebung kompositorischer »Normalität«, wie eine Warnung oder gar wie ein Einspruch an – gegen jene schrille, gekünstelte Geschäftigkeit, die das Scherzo angetrieben hat und die eher eine Maske des Todes ist denn ein Ausdruck unbeschwert-unbeschädigten Lebens.

Selbst in Mahlers permanent angespannter Ausdruckswelt gehört der schroffe, kaum mehr zu steigernde Kontrast zwischen dem tumultuosen Scherzo und dem folgenden, im wahrsten Sinne des Wortes »entrückten« Adagietto zu den Ausnahmesituationen innerhalb des Gesamtwerkes. Es hat den Anschein, als ob die zurückliegenden Aufbrüche, die »Wirrnisse« durch eine gänzlich beruhigte, in sich gekehrte Musik nicht nur aufgefangen, sondern vergessen gemacht werden sollten. Das Stück, das einzig Streicher und harmoniefüllende Harfe heranzieht, entfaltet einen Wohlklang, dessen suggestive Wirkung jedoch keineswegs allein von der homogenen Besetzung ausgeht. Vielmehr noch trägt dazu eine äußerst verlangsamte Temponahme bei, die den Eindruck erweckt, als ob die musikalische Bewegung auf den einzelnen Akkorden zum Stillstand kommt, der jeweils nächste Klang unter geradezu körperlicher Anspannung Gestalt annimmt, um seinerseits wiederum sich den Kräften der Beharrung zu überlassen. Und solches gewissermaßen zähflüssige Gleiten wird verstärkt durch feinste Modifikationen des Grundtempos (»Sehr langsam«), die beständig zwischen »molto ritardando, nicht schleppen, fließend[er], zurückhaltend« und »noch langsamer« schwanken. Außerdem will es scheinen, daß den Satz eine einzige, »unendliche« Melodie durchzieht, welche aus permanenter Abwandlung eines einzigen Motivs erwächst:

Bsp. 35 5. *Sinfonie*, 4. Satz, T. 3–5

Auch wenn es ratsam ist, dieses bei Mahler in unzähligen Varianten begegnende Motiv nicht zu einem »Ur-Motiv« zu stilisieren (und damit musiksprachliche Flexibilität durch deren fremdkörperartigen Gegensatz – die Starre normierter Tonsatz-Vokabeln – zu verfehlen), vereint es doch – gleichsam in nuce – grundlegende Merkmale seiner Darstellungsweise und mithin seines »Tons«. Das Motiv besteht aus nicht mehr und nicht weniger als aus eben jenem »ansteigend-einatmenden Öffnen« und »absteigend-ausatmenden Schließen«, aus einer stufenlosen Verschränkung von Dehnung und Zusammenziehung des Tonsatzes, die im Falle des Adagietto die gesamte Formbildung leitet.

Die durchaus vorhandenen Konturen liedhafter A–B–A'-Form verschwimmen angesichts der Allgewalt des Kern-Motivs. Sie passen sich einer strophischen Gliederung an, deren »rotierende« Elemente zu dynamischem Aufschwung ansetzen, um mit dem reprisenartigen A'-Teil – von neuerlichen Aufwallungen begleitet – zu einem »morendo«-Schluß zu gelangen.

Nun gehört dieses Adagietto als Eröffnung der III. Abteilung unmißverständlich zum Rondo-Finale, das auch dessen melodischen Schlußton (»a«) direkt aufgreift und seine Hauptthematik aus ihm entwickelt:

Bsp. 36 5. *Sinfonie*, 5. Satz, T. 1–9, 24–29

Was damit beginnt, erinnert an ein Satyrspiel nach der Elegie, derb zupackend – doch fern aller gebrochenen »Wirrnis« des Scherzos. Es scheint, als ob nun in geebnete Bahnen mündete, was einst in bedrohliche Vielfalt auszuufern drohte. Dem widerspricht keineswegs, daß erneut eine kleine Handvoll von Themen sich in bunter Zusammenstellung über den Satz ergießt; daß es zahlreiche Anspielungen auf motivisch-thematisches Material aus den vorausgegangenen Sätzen gibt. Doch die variativen Rückgriffe bleiben merkwürdig farblos, bringen die Vorlagen gewissermaßen zu einer Normalität oder auch »Positivität«, die ihnen zuvor gründlich ausgetrieben worden waren. Das betrifft auch und gerade die Stimmengestaltung, den polyphonen Satz, dessen sich ein »Fugengeist« bemächtigt, welcher auf schon befremdliche Weise »klassizistisch«, wenn nicht gar »neoklassizistisch« erscheint und mithin nicht selten in akademisch-antiquierte Vielstimmigkeit abgleitet.

Den fragwürdig »positiven« Charakter dieses Finales kennzeichnet wohl nichts eindringlicher, als seine quirlige Rondo-Turbulenz letztlich in eine Choral-Apotheose Brucknerschen Zuschnitts mündet – und somit in einen »Ton«, der in den Schlußpartien des 2. Satzes – und zwar bezogen auf denselben Choral! – auf bedeutungsvolle Weise demontiert worden war. Nun feiert er seine Wiederkunft. Doch schwerlich läßt sich überhören, daß die Erneuerung eine gewaltsame ist, daß innere Schwäche, wenn nicht gar Leere Zuflucht zu lärmenden Gesten suchen.

Was Mahler bewogen haben könnte, eine solche »Lösung« anzusteuern, dürfte kaum eindeutig auszumachen sein – eine Anführung von möglichen Gründen ist allemal von historisch bedingten und somit wandelbaren Hörinteressen geleitet. Das unsere tendiert dazu, in der »positiven Zurücknahme« etwas wie Zurückschrecken davor zu vernehmen, was zuvor die Entfaltung von »Chaos« und »Wirrnis« bewirkt hatte. Oder auch: die kompositionstechnisch-ästhetische Komplexität der Abteilungen I und II war derart ausgeprägt, hatte Mahler so weit ins Offen-Unbekannte hinausgetrieben, daß Weiterführung und Abschluß des Werkes auf nur annähernd gleichem Niveau illusorisch erschien. Er hielt sich somit an einen Kompromiß: an die nachträgliche Versöhnung aller aufgebrochenen Disparatheit von Form und Struktur durch erprobte Überhöhung und Abrundung des Ausdrucks, in denen freilich für den, der zu hören gewillt ist, die Risse und Brüche vernehmbar bleiben. Dafür, daß dies zumindest ein Körnchen Wahrheit beanspruchen darf, könnte das nachfolgende Werk, die *6. Sinfonie*, einige Hinweise bereithalten.

6. Sinfonie

1. Satz: Allegro energico, ma non troppo. Heftig, aber markig
2. Satz: Scherzo. Wuchtig
3. Satz: Andante moderato
4. Satz: Finale. Allegro moderato

Besetzung: 4 Fl (3. und 4. auch Picc), 4 Ob, EH, 2 Kl in Es und D, 3 Kl in B, B-Kl, 3 Fg, K-Fg, 8 Hr, 6 Tp, 4 Pos, B-Tb, 4 Pk, Schlgz (kl. und gr. Trommel, Becken, Triangel, Tam-tam, Rute, Hammer, Glockenspiel, Xylophon, Herdenglocken, tiefes Glockengeläute, 2 Hf, Streicher

E: 1903–04
EA: 1906, Kahnt (Leipzig)

Die **6. Sinfonie** entstand in den Jahren 1903–04. Da sich Mahler nahezu ausschließlich in den Sommermonaten der kompositorischen Arbeit widmen konnte, darf man feststellen, daß die *Sechste* unmittelbar auf die *5. Sinfonie* (1901–02) folgte und jener sich dann auch in gleicher zeitlicher Dichte – zwischen 1904 und 1910 – die *Siebente* bis *Neunte*, das *Lied von der Erde* sowie die Fragmente der *10. Sinfonie* anreihten. Bedenkt man die Gewichtigkeit der einzelnen Werke von den formalen Ausmaßen bis zur Komplexität des Gehalts, so wirkt diese Schaffenseuphorie geradezu bestürzend, wenn nicht gar unheimlich. Mahler muß beständig unter schöpferischem Überdruck gestanden haben, der ihn während der langen Monate, in denen er durch seine Verpflichtungen als Operndirektor und später als »freier« Kapellmeister zu keiner Niederschrift kam, kaum weniger beständig zum Komponieren »a la mente« anhielt.

Daß da auch kaum mehr Zeit blieb, über das in den Theaterferien meist (so die Schlußformel einiger Briefe Mahlers) »in furchtbarster Eile« zu Papier Gebrachte in verbaler Form Auskunft zu geben, versteht sich von selbst. Von der *6. Sinfonie* an sind kaum noch Äußerungen zum eigenen Werk überliefert – ausgenommen zur *8. Sinfonie*, mit der es freilich eine besondere Bewandtnis hat. Das allmähliche Versiegen von persönlichen Auskünften wird um so spürbarer, als durch die Heirat mit Alma Schindler im März 1902 der freundschaftliche Kontakt zu Natalie Bauer-Lechner endet und somit deren verständnisvolle und wohl auch verläßliche Gesprächsaufzeichnungen abbrechen.

Dennoch sind einige wenige Aussagen erhalten, die trotz unverkennbarer Beiläufigkeit aufmerken lassen. Im Falle der *6. Sinfonie* beziehen sie sich auf ein bestimmtes Merkmal, kreisen sie sogar um ein bestimmtes Wort, das Mahler offensichtlich in den Sinn kommt,

Natalie Bauer-Lechner

sobald er seines jüngsten Werkes gedenkt. Die *Sechste* »wird Rätsel aufgeben, an die sich nur eine Generation heranwagen darf, die meine ersten fünf in sich aufgenommen und verdaut hat«, heißt es 1904 (Briefe, S. 295); und auch noch zwei Jahre später spricht Mahler von »dunkle[n] Rätseln«, die die Sinfonie »dem Hörer« aufgäbe (Unbekannte Briefe, S. 147); sie »scheint wieder eine harte Nuß zu sein, welche von den schwachen Zähnchen unserer Kritik nicht geknackt werden kann« (Briefe, S. 317). Auch dürfte es kein Zufall gewesen sein, daß Mahler anläßlich einer der wortreicheren, dabei ungemein schroffen Absagen an jede Art von Programmusik auf die *Sechste* zu sprechen kommt:

> »Wenn man musizieren will, darf man nicht malen, dichten, beschreiben wollen. Aber *was* man musiziert, ist doch nur der *ganze* (also fühlende, denkende, atmende, leidende etc.) Mensch. Es wäre ja auch weiter nichts gegen ein ›Programm‹ einzuwenden (wenn es auch nicht gerade die höchste Staffel der Leiter ist) – aber ein *Musiker* muß sich da aussprechen und nicht ein Literat, Philosoph, Maler (alle die sind im Musiker enthalten). Mit einem Wort: Wer kein Genie besitzt, soll davon bleiben, und wer es besitzt, braucht vor nichts zurückzuschrecken. – Das ganze Spintisieren über all das kommt mir vor, wie wenn einer, der ein Kind gemacht hat, sich nachträglich erst den Kopf zerbricht, ob es auch wirklich ein Kind ist, und ob es mit richtigen Intentionen gezeugt etc. – Er hat eben geliebt und – *gekonnt*. Basta! Und wenn einer nicht liebt und nicht *kann*, dann kommt eben kein Kind! Auch basta! Und *wie* einer ist und kann – so wird das Kind! Noch einmal basta! Meine VI. ist fertig. Ich glaube, ich *habe gekonnt*! Tausend Basta!« (Ebd., S. 293 f.)

Nun gerät allerdings Mahlers Betonung des Rätselhaften seines jüngsten Werkes in merkwürdigen Kontrast zu dessen äußerer Gestalt. Obwohl in den Ausmaßen der Form und der Orchesterbesetzung keineswegs hinter der vorausgegangenen Sinfonie zurückstehend, entschied sich Mahler – erstmals wieder seit der *Ersten*! – für den klassischen viersätzigen Zyklus mit sonatenhaften Ecksätzen, einem Scherzo und einem langsamen Satz (die äußerlich übereinstimmende Gliederung der *4. Sinfonie* – Sonatensatz, Scherzo, Adagio, Lied-Finale – weist aufgrund der besonderen, werkübergreifenden Rolle eben des Lied-Finales eine vom klassischen Vorbild entschieden abweichende Formbildung auf; s. S. 101 f.). Allerdings – und dies bringt uns sogleich dem nahe, was Mahler an der *Sechsten* als »rätselhaft« empfunden haben mochte – liegt ein geradezu überdeutlicher Akzent auf dem Schlußsatz, der allein schon durch knapp halbstündige Dauer zu den auffälligsten Einzelsätzen seines Œuvres gehört.

In diesem ebenso ausladend-umwegigen wie konzentriert-ausdrucksstarken Finale enthüllt sich wahrlich die »Absicht« des Werkes – alle von den vorausgehenden Sätzen eingeschlagenen Bahnen führen auf sie zu und erfüllen sich in ihr. Indes hat es mit der »Erfüllung« eine ganz und gar ungewöhnliche Bewandtnis. Wie anhand einiger analytischer Befunde noch zu zeigen sein wird, steht Mahlers Finale zu dessen klassischem Verständnis in schroffem Gegensatz. Statt »aufklärender« Lösung nach dem Vorbild von Beethovens »per aspera ad astram«, statt Hymnus und Triumph ertönt in diesem Finale ein Menetekel, unheildrohend wie das alttestamentarische Bild von der Flammenschrift mit ihrer Prophezeihung eines vernichtenden Endes. Wäre das Wort nicht modisch besetzt, so könnte man die Essenz des Satzes eine »musica negativa« nennen – in ihm ereignet sich etwas Katastrophisches, sein schließliches Zusammenbrechen erinnert an eine tabula rasa durch Zurücknahme und Auslöschung all dessen, was sich zuvor an »positivem« Sinngehalt zu entfalten gesucht hatte.

Damit aber steht die *6. Sinfonie* nicht allein in unüberhörbarem Gegensatz zur *Fünften*, deren Finale in brucknerisch schmetterndem Choralglanz endet, sondern auch zu fast allen früheren und noch folgenden Sinfonien – gleich, ob sie, ähnlich der *Fünften*, in den Triumph oder, wie das *Lied von der Erde* und die *Neunte*, in die Verklärung münden. Einzig die *4. Sinfonie* weist mit ihrem Lied-Finale, das im Widerspruch zum gesungenen Text als ein auskomponiertes Verstummen von Musik angelegt ist, auf den Schlußsatz der *Sechsten* voraus. Und wenn auch, wie gesagt, der vierteilige Sinfoniezyklus in der *Vierten* durch das Lied, das einem »roten Faden« durch das gesamte Werk hindurch ähnelt, einen gänzlich anderen Charakter annimmt, so ergibt sich doch wiederum allein durch die liedhafte Bindung eine Art semantischer Affinität zur *Sechsten*.

Sie hat vorrangig damit zu tun, daß nun die Satzcharaktere indirekt, aber deshalb nicht minder stringent, auf Lieder bezogen sind. Die Sätze 1, 2 und 4 beziehen sich auf den Typus des Marschliedes, der mit *Revelge* seine letzte und zugleich prägnanteste Gestalt gefunden hatte. Wie diesem Lied der Kopfsatz der *3. Sinfonie* als »rhythmische Studie« (s. S. 237) vorausgegangen ist, so folgt die *6. Sinfonie* seinen Bahnen mit gewissermaßen ausschreitender, überhöhender Intensivierung, um die gesungene Todesvision in ein niederreißendes Klang-

Bild zu verwandeln. Der trotz voluminöserer Gestalt – etwa im Vergleich zum Adagietto der *5. Sinfonie* – doch intermezzohafte langsame Satz hingegen erscheint wie eine instrumentale Transformation des 4. der *Kindertotenlieder.*

Das »Rätselhafte«, das sich Mahler als grundlegendes Merkmal des Werkes aufdrängte, rührt vielleicht auch daher, daß seine traditionellen Züge beständig von solcher (Lied-)Verwandlung überdeckt werden. Die Verflechtung von sonatenhafter Formbildung einschließlich breit angelegter, geradezu demonstrativ ausgespielter Durchführungspassagen nicht nur in den Ecksätzen, sondern auch in Scherzo und langsamem Satz, mit reihender Gliederung eines gewissermaßen epischen Liedaufbaus bewirkt, daß die »verarbeitenden« motivisch-thematischen Bewegungen nurmehr gestisch-habituellen Charakter haben, unter oder auch hinter dem eine gleichsam instrumentalisierte Strophenfolge ein weitaus geschmeidigeres Variantenspektrum entfaltet. So zeigt die 123 Takte umfassende »Exposition« des 1. Satzes durchaus thematische Kontraste, die auf eine traditionelle Sonatensatzeröffnung hindeuten könnten. Doch alle diese, zum Teil mit Nachdruck ausgeführten Kontrastelemente erscheinen merkwürdig unselbständig, so, als ob in ihnen eine übergeordnete, die Elemente an straffem Seil führende Kraft wirke. In der Tat gibt sich diese Kraft mit wachsender Deutlichkeit im rhythmischen Grundimpuls eines »heftig, aber markig« auszuführenden Marsches zu erkennen, der gleichermaßen die lebhaft pulsierenden wie die gebundenen und verhalteneren Partien umhüllt:

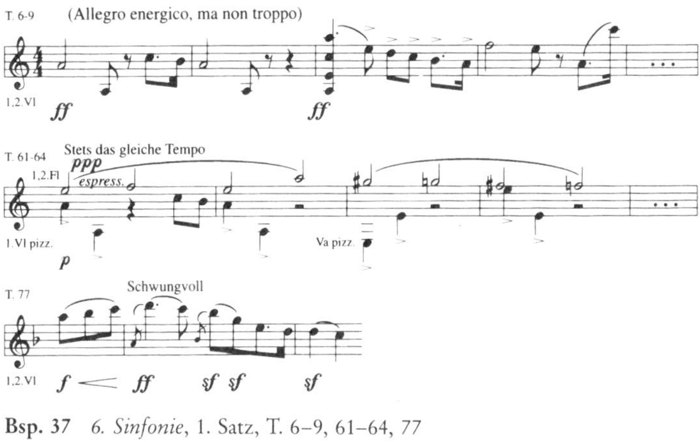

Bsp. 37 *6. Sinfonie*, 1. Satz, T. 6–9, 61–64, 77

Der Rhythmus erscheint als eine Art Medium, das die motivisch-thematischen, harmonischen und auch die klanglichen Elemente einfaßt und ihnen ein entsprechendes, ihre individuellen Züge überspielendes Gepräge gibt. Hinzu kommt, daß der Rhythmus sich keineswegs auf solch mediale Funktion beschränkt, sondern außerdem noch als eigenständiges motivisches, signalhaftes Gebilde eine Rolle spielt:

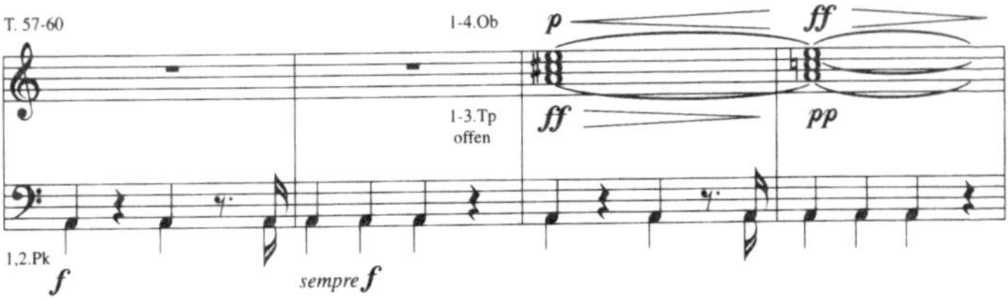

Bsp. 38 *6. Sinfonie*, 1. Satz, T. 57–60

Das Beispiel bezieht eine harmonische Wendung, den nicht minder signalhaften Wechsel von Dur zu Moll ein, womit ein weiteres übergreifendes und ebenso medial verwendetes Element erscheint. Solcherart rhythmische und harmonische Substanz, die sowohl als pulsierende Bewegung wie motivisch-kompakte Figur auftritt, breitet sich über den Satz hinaus im gesamten Werk aus, dringt gewissermaßen in die Fugen von Formbildung und Tonsatz und nimmt die Fäden kompositorischer Entfaltung in die Hand. Und dies, die ins Innere der Musik verlagerte Steuerung der Ereignisse und ihre permanente, konfliktzeugende Überschneidung mit den an der Oberfläche dieser Ereignisse weiterhin wirkenden traditionellen Formungsprinzipien entwickeln jene unerbittlich anmutende Dramatik des Geschehens, die der Sinfonie auch den – freilich recht unbeholfen-zudringlichen und keinesfalls von Mahler stammenden – Beinamen »Die Tragische« einbrachte.

»Rätselhaft« wäre somit bereits diese Exposition zu nennen. Sie rollt als eine dynamisch schwingende Welle ab, in der die motivisch-thematischen Kontrastgestalten der Sonatenform zwar vernehmlich bleiben, doch ihren eigentlichen und durchdringenderen Ausdrucksgehalt aus der Einbindung in das unaufhaltsam und bald niederreißend wirkende Medium von Rhythmik und Harmonik erlangen. Dies setzt sich nun in den folgenden Satzpartien ungemindert fort. Wie allein das Wiederholungsgebot der Exposition ein nicht anders als archaisch zu nennendes Relikt aus der Klassik darstellt, so zeigt auch die unmittelbare Weiterführung solch »klassizistische« Anlage: der bis dahin weitgehend kompakte Orchestersatz wird in einzelne, isoliert wirkende Durchführungsgesten zerlegt, zu wechselnden, mit Umkehrungen und Gegenbewegungen »spielenden« Instrumentenkombinationen wieder zusammengefügt, durch thematische Fortspinnungen in einzelnen Stimmzügen erweitert usw.

Doch diese Betriebsamkeit, so zielgerichtet sie sich gibt, versiegt plötzlich (T. 199 ff.), als wäre nichts geschehen – die Leere und Ferne eines Herdenglockenläutens, in das versprengte Motive und die Dur-Moll-Senkung hineintönen, muten um so unwirklicher an, als sie, traumverloren, die Erinnerung an Vergangenes auszulöschen scheinen. Dieser Eindruck von »Entfernung« wird noch gesteigert durch eine Reihe neuer, dabei aber auch zitathaft und zugleich wiederum »verfremdet« wirkender thematischer Gebilde, deren allmähliche Verflechtung mit Motiven aus der Exposition außerdem den merkwürdigen Effekt erzielt, daß nun selbst auf die vertrauten Motive ein Schatten solcher Fremdheit fällt:

Bsp. 39 6. *Sinfonie*, 1. Satz, T. 225–227

Es handelt sich hier offensichtlich um eine jener Partien, für die Adorno den Begriff »Suspension« gefunden hat (Adorno, *Mahler*, S. 60 ff.; s. S. 119). Der musikalische Verlauf verläßt unerwartet und gleichsam kommentarlos seine bisher eingeschlagene, vertraute Bahn des Marsches, um sich in eine Art Niemandsland zu begeben – fremd nicht nur dem Hörer, sondern, so suggeriert es das ziellose Schweifen der Musik, auch dem Autor. Und so unerwartet sich dieses »Entlaufen« einstellt, so umstandslos fällt es in die gewohnte, regulierte Gangart zurück: der Marsch bricht unvermittelt wieder hervor (T. 251). Im nachhinein erweckt dies den Eindruck, als ob der Marsch durch die »Suspension« nicht unterbrochen, sondern nur in den Hintergrund gerückt worden wäre und hier ein stummes Schattenspiel getrieben hätte. Die Wiederaufnahme gerät nun allerdings merklich knapp, sie fällt einigermaßen atemlos in die – deutlich markierte –

Reprise, deren Variationsspektrum im Vergleich zur Exposition jedoch erstaunlich begrenzt ist. Um einiges verkürzt, schließt sich ihr bald die Coda an, die über einen nicht minder hektisch sich überstürzenden »Durchbruch« mit Dur-Wendung ein schroff abreißendes Ende findet.

Wie diese Reprise nebst Coda einen merkwürdig formalen Eindruck hinterläßt – als handelte es sich um ein Pensum, das ohne rechten Glauben »abgearbeitet« werden müßte –, so scheint das Satzende nicht einen abschließenden Punkt, sondern eher einen öffnenden, nach Fortsetzung verlangenden Doppelpunkt anzusteuern. Und dies hat vielleicht mit der Satzform als ganzer zu tun. So deutlich auch die Ebenen des Sonatensatzes herausgearbeitet sind: sie wollen kaum jemals recht überzeugen, und zwar nicht allein durch die querstehende »Suspension« inmitten der Durchführung, wodurch diese ihre Zielstrebigkeit verliert und eben unglaubwürdig wird.

Vielmehr macht sich hier die tiefer, d. h. unterhalb der Sonatenform liegende strophische Gliederung des Marschliedes geltend, die der äußeren der Sonate übergestülpt wird und innerhalb deren dann – aus dem Blickwinkel des Liedes – eine Passage wie die »Suspension« keineswegs als Niemandsland fungiert. Sie bedeutet eine Zäsur, die einem Stropheneinschnitt entspricht und nach dem die folgende Strophe problemlos einsetzen kann. Allerdings gerät die Überlagerung solch unterschiedlicher Formprinzipien ins Wanken, sobald auf der Ebene der Sonate die Wendung zur Reprise, also zur – wenn auch variierten – Wiederholung der Exposition erfolgt. Dann kollidiert dies mit der reihenden Anlage der Strophenfolge des Marschliedes, die eben kein »Zurück«, sondern nur ein entschiedenes »Vorwärts« kennt. Und da hier keine Möglichkeit der Vermittlung besteht, bemächtigt sich des Satzes zum Ende hin jene seltsame Atemlosigkeit, aus der heraus dessen impulsive Bewegtheit denn auch nicht zu abrundendem Schließen finden kann.

»Rätselhaft« wäre also an diesem Satz wohl vor allem die Ambivalenz seiner Form, dies In- und Gegeneinander von sonatenhafter »Entwicklung« und strophischem »Gleichlauf«. Was sie bedeuten könnte, erscheint im gegebenen Moment des Werkes noch eher verborgen. Denn da der folgende Satz, das Scherzo, zunächst suggeriert, daß die abgerissene Bewegung umstandslos wieder aufgenommen würde, setzt sich offenbar auch diese »unklare Ambivalenz« fort. Das beginnt mit dem Metrum, mit dem Wechsel des $\frac{4}{4}$-Taktes des ersten zum $\frac{3}{8}$-Takt des zweiten Satzes:

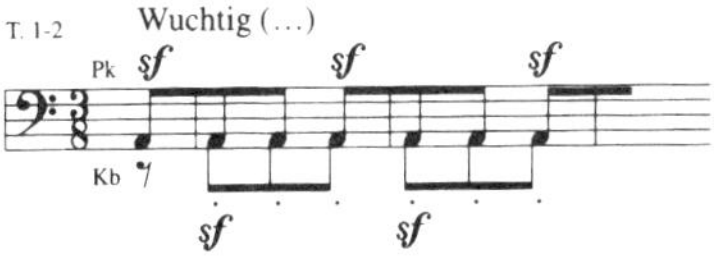

Bsp. 40 *6. Sinfonie*, 2. Satz, T. 1–2

Die Verschiebung der 3/8-Gruppen in Pauke und tiefen Streichern um ein Achtel, forciert durch sforzato auf dem jeweiligen ersten Achtel der Dreiergruppe, läßt zunächst kein deutliches Metrum erkennen. Es wirkt eher wie eine unregelmäßig stampfende Reihe von Schlagimpulsen. Über ihr erhebt sich dann eine nicht minder rhythmisch akzentuierte, gleichsam »vorthematische« Motivkette, die allerdings im Zusammenwirken von Intervallfolge (Sekundschritte und Terzfall), Tonart/Harmonik (a-Moll) und Klangfarbe (Streicher und Hörner) geradezu zitathaft auf den Beginn des 1. Satzes verweist. Es hat den Anschein, als ob dessen Marsch-Kontinuum zum Dreier-Takt, zu einem rustikalen Ländler »umgebogen« würde. Doch der Blick fällt nicht allein zurück, sondern sogleich auch voraus: durch eine sich aufreckende Vorschlagfigur in den Holzbläsern (T. 11 ff. und passim), die im Finale eine wichtige Rolle spielen wird. Außerdem macht sich sofort auch wieder die Strophengliederung bemerkbar, und zwar um so nachhaltiger, als ihr die tänzerisch geprägte Scherzo-Form ohnehin nahesteht.

Der erste Abschnitt des Satzes (T. 1–97) besteht aus einer »Doppel-Strophe«, deren Abschnitte jeweils von einer deutlich ausgeprägten Schlußwendung (T. 31–33; 86–90) ausgeleitet werden. Was dem folgt, ähnelt durch Reduzierung der Stimmen, des Tempos (»Altväterlich«) und auch der Dynamik an ein Trio, das freilich die Besonderheit aufweist, daß seine Thematik einschließlich einer auffällig unregelmäßigen Folge des Metrums bereits im zweiten Abschnitt der Doppel-Strophe erklungen war und nun nur leicht abgewandelt wird.

Außerdem greift dieses »Trio« im weiteren Verlauf immer direkter auf Wendungen dieses Abschnitts zurück, nähert es sich ihm also an und verliert dadurch schrittweise den Charakter eines abgehobenen Formteils. Damit nicht genug, mündet ein unerwarteter Einsatz der Sforzato-Paukenschläge (T. 173 ff.) keineswegs in einen neuerlichen »Strophen«-Ansatz, sondern in eine Art »2. Trio«, das ebenso unverhüllt motivisches Material aus der »Doppel-Strophe« an sich zieht:

Bsp. 41 6. *Sinfonie*, 2. Satz, T. 183–185

Erst diesem »2. Trio« schließt sich, und zwar wiederum mit einer schroffen Wendung (»Tempo I subito«), die Wiederkehr der »Strophe« an (T. 199 ff.) – und zwar im Grunde mit denselben Folgen, welche von der eröffnenden ausgelöst worden sind: nochmals reihen sich, selbstverständlich in gestaltenreicher Variation, die Trios an. Ihr Zielpunkt aber ist nun eine lautstarke »Strophen-Reprise« (T. 372 ff.), deren refrainartiger Abschluß denn auch zum dynamischen Höhepunkt des Satzes führt. Darauf antwortet gewissermaßen nur noch eine sich auflösende Coda (T. 412 ff.), in der allerdings motivische Bruchstücke aus beiden Satz-»Regionen« verflochten werden. Sie findet durch eine signifikante Terzsprung-Wendung, in der ein Kernmotiv aus dem 1. Satz mit dem von »Strophe« und »Trio« des Scherzos überblendet wird, zu einem verlöschenden Ende.

Diese so unambitioniert wirkende Überblendung im Nachklang des Satzes – zu einem Zeitpunkt also, wo längst »alles gesagt« ist – erweckt den Anschein, als ob doch hier erst »ausgesprochen« würde, worauf das Scherzo von Beginn an ausgerichtet war: daß seine so hörbar und auch wiederum traditionalistisch voneinander abgesetzten Teile mit den Charakteren von »Strophe« und »Trio« immer nur spielen, sie wahrlich in Anführungszeichen setzen, indem sie praktisch jeden Augenblick auf ein und dasselbe Material bezogen bleiben, dieses Material zwischen ihnen hin- und herwandert. Das für die Formbildung entscheidende Moment aber hat eben mit solcher Verwürfelung von Grundgestalten zu tun, die, sämtlich aus dem Kopfsatz stammend, sich zu einem Scherzo formieren – und dergestalt jenen umformen. Das Spiel mit »Strophe« und »Trio« dient also eher dazu, die Verwandlung zu verhüllen – um die Deutlichkeit oder auch Drastik zu mildern, mit der hier ein eigenständiger und auch durchaus fulminanter Teil eines sinfonischen Zyklus in die Rolle einer Groß-Variante schlüpft.

»Rätselhaft« mag daran vor allem sein, daß der Sinn solcher »Umpolung« eines vollständigen Satzes – nicht anders als die Irritierungen im Aufbau desjenigen, der den Gegenstand dieser »Umpolung« bildet – noch verhüllt bleibt. Auch das folgende Andante moderato trägt hierfür wenig zur Erhellung bei. Es erinnert, wie gesagt, an ein Intermezzo, zumal sein darin verankerter episodischer Charakter durch semantische Bindung an einen gänzlich anderen Liedtypus betont wird. Lag den beiden vorausgehenden Sätzen das aggressive, in *Revelge* kulminierende Marschlied als Medium oder Gestaltungsfundus zugrunde, so ist es nun ein lyrischer Klagegesang, der in den *Kindertotenliedern* nicht minder exemplarische Ausformung gefunden hatte. Deren viertes Stück, *Oft denk' ich, sie sind nur ausgegangen*, wird wiederum zum Ausgangspunkt genommen für eine instrumentale Transformation, wobei motivische Anspielung und Anverwandlung stimmungshafter Elemente ineinanderfließen:

Bsp. 42a *Kindertotenlieder*, Nr. 4, T. 1–3

Bsp. 42b *6. Sinfonie*, 3. Satz, T. 1–4

Wie Mahler hier eine Affinität, mehr noch: eine Symbiose zwischen Lied- und Instrumentalsatz schafft, zeugt von höchster künstlerischer Sensibilität. Die zitathaft-gegenständlichen Momente – Intervallentsprechungen, beständiger Dur-Moll- bzw. Moll-Dur-Wechsel – nehmen darauf keineswegs den entscheidenden Einfluß. Vielmehr ist es die Anlage des Tonsatzes selbst: dieses weiche Fließen der melodischen Linien im Einklang mit den zwischen ihnen sich bildenden, ebenso weich einander ablösenden Harmonien; die gleichsam atmend an- und abschwellende Dynamik; die Feinheit der Klangabstufung zwischen den Instrumentenkombinationen, die zu einer Art »idealtypischem« Satz finden, welcher beiden Darstellungsweisen, der vokalen und instrumentalen, übergeordnet zu sein scheint. Die geheimnisvolle Verwischung dessen, worin die ursprüngliche und worin die abgeleitete Gestaltung besteht, läßt sich kaum deutlicher vernehmen als in diesem Satz des »singenden Tönens« und des »tönenden Gesangs«.

Doch die Symbiose bleibt keineswegs auf das Verwobensein von Vokalität und Instrumentalität beschränkt. Nicht minder »sprechend« erweist sich ein ebenso »natürlich« wirkendes wie kaum jemals »voraushörbares« Ineinandergreifen der thematischen Ebenen. So wird inmitten der Entfaltung des eröffnenden Themas bereits das zweite angespielt (T. 22 ff.), das wiederum nahtlos in die Fortsetzung des ersten Themas übergeht (T. 28 ff.):

Bsp. 43 *6. Sinfonie*, 3. Satz, T. 22; 28–29

Das einigende Band bilden vor allem die Varianten jener pendelnden Figur (x), deren melodische Kontur aus dem Kopfmotiv des Hauptthemas und dessen rhythmische Gestalt aus einem ähnlich pendelnden Motiv aus der Fortspinnung dieses Themas stammt – und das zugleich wiederum auf das Hauptthema des 1. Satzes verweist. So entsteht ein Geflecht von Detail-Beziehungen, dessen Durchsetzung mit »bekannt« erscheinenden Wendungen einen »sprechenden« Eindruck hinterläßt. Verstärkt wird dies noch dadurch, daß die sich hierbei erneut ausprägenden strophischen Abschnitte einer refrainhaften Abrundung ausweichen und statt dessen zu Ausweitungen ansetzen, die nicht erst mit dem Einsatz der Herdenglocken an jene »Naturlaut-Suspension« erinnern, welche bereits die Formbildung des 1. Satzes in »abwegig«-ungewöhnliche Bahnen lenkte.

Die neuerliche »Suspension« scheint noch folgenreicher zu sein. Denn obwohl sie bald (T. 100) zu einer reprisenartigen Wiederkehr des Hauptthemas führt, erlangt dieses Thema nicht mehr die Konsistenz, gewissermaßen die Gelassenheit einer in sich ruhenden »Strophe«. Es verliert sich nun in einer entrückt wirkenden, durch die Tonarten »irrenden« Klangvision (Es-Dur → C-Dur, »Misterioso«,

T. 115 ff. → A-Dur, »Fließend«, T. 124 ff.) und gelangt unter Einschluß des 2. Themas (T. 139 ff.) zu einem »Durchbruch« (T. 146 ff.), dessen stark chromatisierte Stimmenzüge den Tonsatz bis zum Zerreißen anspannen. Erst auf dem dynamischen Höhepunkt dieser Bewegung (T. 173) findet die Musik wieder zu festerer melodischer und harmonischer Kontur – doch nur, um innerhalb weniger Takte endgültig zu zerfallen und den Satz, wie ermattet, im dreifachen piano und »morendo« verstummen zu lassen.

So beschreibt auch dieser Satz, nicht anders als die beiden vorausgegangenen, eine ansteigende dynamische Kurve, von deren Scheitelpunkt ein kaum mehr vermittelter Absturz erfolgt – zu einem Punkt hin, der in keinem Falle das Gewicht eines Schlußpunktes hat. Die Spannung dessen, was an »Rätselvollem« kommen müsse, auf das sich offensichtlich alles bisher Erklungene richtete, wächst gewissermaßen von Stufe zu Stufe. Sie entlädt sich schließlich in einem Finale, das diesem Namen wahrlich gerecht wird. Nichts erinnert hier auch nur entfernt noch an ein »Schluß-Rondo«, gar an einen »Kehraus«, der auf fröhlich-humane Weise zu verstehen gibt, daß alle vernommene Konflikthaftigkeit nicht nur gelöst sei, sondern eigentlich niemals allzu ernst genommen werden wollte. Dieses Finale macht aber zugleich deutlich, daß es kaum mehr etwas mit dessen hymnisch-pathetischen Varianten zu tun hat, welche die *Erste* bis *Dritte*, die *Fünfte*, *Siebte* und *8. Sinfonie* beschließen. In der *Sechsten* richtet sich das Finale als Zurücknahme dessen, was sich in den ersten Sätzen stufenweise aufgebaut hatte, gegen jede Art von »positiver« Lösung – gegen die heitere wie die triumphale, die eben als »Lösung« auch stets noch das Moment des »Kehraus« in sich trägt. Salopp gesagt: in der *6. Sinfonie* hört der Spaß auf, und zwar mit einer Entschiedenheit, die vielleicht an Grenzen des künstlerisch Darstellbaren, gar des Kunstfähigen stößt.

Mit über 800 Takten ist das Finale einer der umfangreichsten Sätze Mahlers. Es erscheint wie eine ins Überdimensionale geweitete Variante des Eröffnungssatzes und mithin denn auch des *Revelge*-Liedes. Ähnlichkeiten ergeben sich von der Grundstimmung eines permanenten Marschsatzes bis zu Motivik und Formbildung. Wiederum zeichnen sich deutlich verschiedene »Strophen-Schichten« ab, die in Konflikt geraten mit einer ihnen übergeworfenen Sonatensatzstruktur. Indes gibt es zugleich derart zwingende Abweichungen, die den Satz zum Zielpunkt und auch zur Alternative für alle vorausgegangenen machen. Eine dieser Abweichungen hat mit der Gliederung, gewissermaßen mit der Dramaturgie zu tun: das Finale erweckt den

Eindruck, als wäre ihm kein anderer Satz vorausgegangen, als entstünde es aus dem Nichts. Und es endet in demselben Nichts mit einer Entschiedenheit und Unwiderruflichkeit, wie sie nur der Tod erzwingt. Das Ende ist total. Dem entspricht, als weiterer grundlegender Unterschied, die Ausformung der motivisch-thematischen Elemente und deren »Geschichte« im Verlauf des Satzes. Sie kristallisieren sich aus gleichsam »naturhaft-rohem« Material zu Gestalten, die in den Turbulenzen der Satzabschnitte »aufgebraucht« oder »aufgerieben« werden, um schließlich in jenen »vorgeschichtlichen« Zustand zurückfallen, dem sie entsprungen waren.

Die Einleitung des Finales hat denn auch chaotische Züge. Der angestimmte Orgelpunkt auf c, den die Takt 3 einsetzenden 1. Violinen zum Ausgangspunkt für eine nach c-Moll strebende Kantilene nehmen, wird sofort mit einem ebenso unvorbereiteten wie folgenlosen As-Dur-Klang besetzt. Schnittartig schließt sich eine A-Dur-Passage an (T. 9 ff.), in deren Zentrum die Dur-Moll-Senkung nebst dem leitmotivartigen Rhythmus als Übernahmen aus dem 1. Satz stehen. Doch diese Passage ist zugleich eine Vorausnahme des auflösenden Endes des Satzes und mithin des gesamten Werkes – Beginnen und Schließen, Entfaltung und Vergehen schieben sich über- und ineinander. Was danach einsetzt (T. 16 ff.), ähnelt wiederum einem Bild des Anfangens aus dem Nichts: Tonpartikel, denen noch jedes motivische Streben fern zu liegen scheint, reihen sich wie wahl- und ziellos aneinander; selbst erste thematische Konturen brechen immer wieder ab. Ein Choralsatz schaltet sich ebenso unvorbereitet ein, der wiederum einer schroff anhebenden Wiederholung des Dur-Moll-Wechsels mit zugehöriger rhythmischer Grundlage weicht. Auch dies wiederholt sich, nun allerdings mit gesteigerter Dynamik, aus der heraus das künftige Hauptthema ins Rollen kommt und immer härtere Züge gewinnt:

Bsp. 44 *6. Sinfonie*, 4. Satz, T. 114–117

Die Nähe dieses Themas zu dem entsprechenden des 1. Satzes und zur *Revelge* ist unüberhörbar. Es durchläuft gewissermaßen verschiedene Stadien, in denen es durch jeweils neues Material –

in Form von tragenden Stimmen oder fortspinnenden Einschüben – angereichert wird:

Bsp. 45 6. *Sinfonie*, 4. Satz, T. 140–143

Im angeführten Beispiel zeigt sich, wie die zuvor so beziehungslos scheinende Choralpassage (T. 49 ff.) für solche Motivanreicherung genutzt wird: sie liefert zu den bisher allein verwendeten stark rhythmisch geprägten Figuren melodisch-gebundene Formulierungen, die den Tonsatz sogleich geschmeidiger machen. Auf eine sequenzierend absteigende und deshalb auch deutlich ausgeprägte Schlußgruppe (T. 180 ff.) folgt wiederum schnittartig und mithin einigermaßen demonstrativ ein »Seiten-Thema« (T. 191 ff.), das wie das Hauptthema sich aus Elementen zusammensetzt, welche in der Einleitung noch »planlos« aufgetaucht waren:

Bsp. 46 6. *Sinfonie*, 4. Satz, T. 192–195

Doch so sehr sich dieses Thema durch kantable Linienführung und aufgehellte Klanglichkeit abhebt: es vermag nur für einen Augenblick ein eigenes Gepräge zu entfalten. Umgehend rühren sich wieder die kantigen Akzente des Hauptthemas, die auch den Abschnitt zu einer Reprise der Einleitung führen (T. 229 ff.). Mit dieser Rückbesinnung hebt eine merkwürdige Irritation an. In verlangsamendem Tempo (»Schleppend«, T. 239 ff.), über einem »lastenden« Orgelpunkt (d-Moll) und auf dem Hintergrund von »Herdenglocken in der Ferne« tönt wie ein Echo der Ansatz zu neuerlicher »Suspension« herein. Doch die darin eingebundenen, ziellos wirkenden motivischen Gesten münden mit einer klärenden harmonischen Wendung (zur Tonika Fis-Dur, T. 271 ff.) in einen Abschnitt, der durchführungsartigen Bewegungen Raum gibt. Freilich erweist sich dies bald als eine Episode, die – indem sie keineswegs hält, was sie verspricht – auf eine Täuschung hinausläuft. Denn bereits nach wenigen Takten (T. 288 ff.) bemächtigt sich der aufgesplitterten Motivzüge eine üppig-kompakte, aus dem Choralsatz abgeleitete Melodik, die unaufhaltsam an Intensität gewinnt und mit dem ersten »Hammerschlag« (T. 336) ihren Höhe- und Umschlagpunkt erreicht.

Die Irritation im Fortgang der Ereignisse besteht darin, daß bis zu diesem »Hammerschlag« das Finale eine sonatensatzhaft dualistische Formbildung anzusteuern schien, die nur gelegentlich, »wie aus der Ferne«, in Frage gestellt wurde – und die nun ihren gänzlich anderen Form-»Sinn« zu enthüllen beginnt. Was nämlich folgt, und zwar – wie in einer klassischen Tragödie – bis zum Schluß hin nur noch gelegentlich abgebremst von »retardierenden Momenten«, ist eine Schicht um Schicht aufgestaute, in den klanglichen Exzeß hineintreibende Intensivierung des Satzes, dessen Schlußakkord ein unwiderruflich wirkendes Menetekel bildet. Das (zunächst) Irritierende, in dem Mahler vielleicht auch das eigentlich »Rätselhafte« des Werkes empfand, hat damit zu tun, daß mit dem ersten »Hammerschlag« vernehmlich wird, daß in diesem Satz, und zwar von Beginn an, keine »positive« Alternative mehr denkbar ist, und daß auch alle Ansätze zu ihr in den vorausgegangenen Sätzen nun endgültig demontiert werden. Nicht allein jede weitere »Schicht« des Finales (T. 336–396; 397–478; 479–519), sondern dann auch die gewissermaßen inszeniert wirkende Reprise (T. 520–772) sowie die Coda (T. 773–Schluß) mit dem ursprünglich in T. 783 vorgesehenen, dann jedoch gestrichenen dritten »Hammerschlag« erscheinen wie zwanghafte Schritte zu einer Katastrophe hin, die sich denn auch in der gnadenlos verkürzten, die noch übriggebliebenen Motive wie mit verächtlicher Geste fallenlassenden Coda ereignet.

Die Gewalt des Schlusses erwächst offensichtlich aus dieser Geste, die geradezu einer Aufgabe des Kunstcharakters gleichkommt. Und sie steht nicht allein, sondern war, wie nun erkennbar wird, von langer Hand vorbereitet: von den »chaotischen« Anfängen des Satzes, in denen das nachmals tragende Motivmaterial noch in einer Art »Rohzustand« auftauchte und zu dem es in der Coda sich wieder zurückverwandelt, bis zu den »Hammerschlägen«, zu denen Mahlers Phantasie wohl in der Absicht gelangte, einen Klang zu erzielen, der jedes vorgegeben-künstlerischen Charakters entbehrt. Diese »Hammerschläge« stehen inmitten der Klangbewegungen des Satzes nicht isoliert, sondern färben diese gleichsam ein, machen ihnen nicht allein in lautstarken Situationen das traditionelle Element des sorgsam abgetönten Wohlklangs streitig. Die Rigorosität, mit der Mahler eine »negative« Formkonzeption zu verwirklichen trachtet, führt ihn aus dem »kunstfähigen« Klingen hinaus in Regionen des – die Kunst hinter sich lassenden – Geräuschs. Damit aber eröffnete er auch hier Bahnen, in denen sich wesentliche Merkmale einer »Neuen Musik« entfalten sollten.

7. Sinfonie

1. Satz: Langsam (Adagio)/Allegro risoluto, ma non troppo
2. Satz: Nachtmusik. Allegro moderato
3. Satz: Scherzo. Schattenhaft
4. Satz: Nachtmusik. Andante amoroso
5. Satz: Rondo-Finale. Tempo I (Allegro ordinario). Tempo II (Allegro moderato ma energico), [Viertel] etwas schneller als im Tempo I

Besetzung: Picc, 4 Fl (4. auch 2. Picc), 3 Ob, EH, Kl in Es, 3 Kl in A und B, B-Kl, 3 Fg, K-Fg, Tenorhorn in B, 4 Hr, 3 Tp, 3 Pos, B-Tb, Pk, Schlgz (gr. Trommel, Becken, Triangel, Glocken, Herdenglocken, Tam-tam, Glockenspiel), 2 Hf, Gitarre, Mandoline, Streicher

E: 1904–05
EA: 1909, Bote & Bock (Berlin)

Es ist schon merkwürdig: diejenige seiner Sinfonien, die man in Praxis und Theorie noch immer vernachlässigt findet, hielt Mahler für eine seiner unproblematischen. Ende 1907 schrieb er dem Leipziger Verleger Henri Hinrichsen, daß die **7. Sinfonie** »vorwiegend heiteren, humoristischen Inhalts ist. Die Instrumentation stellt keine besonderen Ansprüche (4 Hörner, 3 Trompeten). Nur im 4. (vorletzten) Satz, einer Serenade, ist Guitarre und Mandoline vorgeschrieben« (Jahrbuch, S. 51). Und als Mahler Anfang 1908 den Konzertagenten Emil Gutmann für die Uraufführung zu interessieren suchte, versicherte er ihm: »Es ist mein *bestes* Werk und vorwiegend heiteren Charakters« (Briefe, S. 336).

Die Uraufführung der *7. Sinfonie* fand am 19. September 1908 in Prag statt. Doch obwohl Mahler ungewöhnlich viel Probenzeit hatte, wurde die Aufführung, wie sich Otto Klemperer erinnerte, kein Erfolg: das Werk sei »auch heute noch namentlich im ersten und letzten

Gustav Mahler mit seiner Tochter Maria Anna, die am 5. Juli 1907 starb

Teil sehr problematisch [...], aber die drei Mittelsätze wirken hinreißend in ihrer Einfachheit« (Klemperer, S. 66).

Doch nicht nur Hörer und Kritiker, sondern auch einige der in Prag mitwirkenden Musiker müssen ihr Unverständnis offen zum Ausdruck gebracht haben. Mahler berichtete Alma: »Ein verzweifelter Trompeter hat Bodanowitsch [gemeint ist der Dirigent Arthur Bodanzky] gefragt: ›Jetzt möchte ich nur wissen, was da dran schön sein soll, wenn einer die Trompeten fortwährend in den höchsten Tönen gestopft bis zum hohen Cis hinauf blasen soll‹. Diese Äußerung hat mich sofort auf das Innere des Menschen gewiesen, der auch sein eigenes Jammerleben, das sich in den höchsten Tönen gestopft herumquälen muß, nicht begreifen kann, und nicht einsehen, wozu dies Alles da ist, und wie dieses Gekreisch in der allgemeinen Weltensymphonie in den großen Akkord einstimmen soll« (Alma Mahler, S. 408). Mahler schienen diese Äußerungen von Unverständnis eine Warnung gewesen zu sein, denn obwohl ihm ein rundes Jahr später mehrere Aufführungen in Holland einen »Riesenerfolg« brachten, entschied er sich, wie er an Alma schrieb, »in New York nicht die VII. sondern vorerst die IV. aufzuführen. Denn für ein Publikum, das noch nichts von mir weiß, ist das Werk zu komplizirt« (ebd., S. 414).

Hatte sich Mahler nun anfänglich in der Charakterisierung der *7. Sinfonie* geirrt oder geschah die Hervorhebung des »Heiteren«, »Humoristischen« und »Unkomplizierten« wieder einmal lediglich zu dem Zweck, Verleger wie Konzertagent auf seine Seite zu bringen und deshalb so wenig wie möglich zu irritieren? Letzteres wird wohl auch diesmal der Fall gewesen sein. Allerdings hat es bei Mahler mit dem »Heiteren«, mit dem »Humor« eine besondere Bewandtnis. Bereits von der *4. Sinfonie* hatte er gesagt, daß sie »*ganz* Humor – ›naiv‹ [sei], das an meinem Wesen, [...] was jedenfalls in alle Zukunft nur die *Wenigsten* erfassen werden« (Alma Mahler, S. 269). Und wenig später, wiederum über die *Vierte*, heißt es: »Im allgemeinen habe ich die Erfahrung gemacht, daß Humor dieser Sorte (wohl zu unterscheiden von Witz und muntrer Laune) selbst von den Besten oft nicht erkannt wird« (Briefe, S. 282).

Einer dieser »Besten« war zweifellos Otto Klemperer, den man mit einigem Recht neben Bruno Walter als Schüler Mahlers bezeichnen darf. Indes besagt es wohl nicht wenig, wenn selbst solchem Vertrauten »Teile« wie der 1. und 5. Satz der *7. Sinfonie* »problematisch« blieben (die *3.*, *5.* und *6. Sinfonie* hat Klemperer überhaupt nie aufgeführt). Vielleicht liegt hierin auch der entscheidende Grund dafür, daß er 1964, gegen Ende seines langen Lebens, das Werk gewissermaßen in Zeitlupentempo auf Schallplatten einspielte und dergestalt dessen gebrochenen Humor geradezu überdeutlich hörbar machen wollte – Klemperers Darstellung dauert eine runde halbe Stunde länger als sämtliche »normalen«, wobei dieses »Überziehen« aus einer gleichmäßigen Verlangsamung aller Sätze entsteht.

Inzwischen jedoch dürfte das Moment des »Heiteren« bei Mahler wohl kaum mehr befremden: wir haben es in seiner Vielschichtigkeit, in seiner nie ganz geheuren, das Abgründige bis Tragische mit einer einzigen Wendung einschließenden und enthüllenden Art zu hören gelernt. Mahlers Faszination geht offensichtlich vor allem von diesem Ton aus, von den daraus entspringenden Zerklüftungen des Materials, die eine Art höherer ästhetischer Stimmigkeit erlangen und insofern gleichermaßen Unruhe im Erklingenden ausstrahlen und Sensibilisierung für dessen Wahrnehmung bewirken. Was Klemperer noch befremdete, ist Teil unseres Lebensgefühls geworden – und diese Umpolung der Hör-(Verstehens-)weise dürfte nicht zuletzt der in den sechziger Jahren eingeleiteten Mahler-»Renaissance« noch immer unabsehbare Dauer geben.

Einen wohl keineswegs nur äußerlichen Anhaltspunkt dafür enthält der durchaus merkwürdige Widerspruch zwischen ausladender, zuweilen sogar ausufernder Formbildung, insbesondere in den Ecksätzen, und einem nahezu durchgängig gelösten, eben »heiteren« Grundton der Musik, der, wie gesagt, auf die *4. Sinfonie*, mithin also auf ein Werk weitaus geringerer Form- und Klangdisposition verweist. Der Widerspruch entzündet sich an einer Formkomplexität und einer an sie gekoppelten Massivität der Klangmittel, die jedoch niemals zum Ausdruck von »Tragischem« gesteigert werden. Die *7. Sinfonie* meidet jeden aggressiven Ton, ob als Klage oder Appell – es hat den Anschein, als ob dieser »Grund-Ton« von Mahlers Musik, der noch dazu in den beiden vorausgegangenen Sinfonien zu dramatischen Klangexzessen geführt hatte, auf geheimnisvolle Weise zum Verstummen gebracht worden wäre. Damit aber übt das Werk, wohl erstmals in der Geschichte seiner Gattung, Kritik am »hohen Ton«, zu dem in der klassisch-romantischen Sinfonie deren komplementäre Ansprüche auf Pathos und Innerlichkeit verschmolzen.

Mahlers Kritik äußert sich jedoch nicht, wie in Arnold Schönbergs fast gleichzeitig entstandener *1. Kammersinfonie* (1906), als Zurücknahme in eine »gepreßte Sinfonie« (Brinkmann, S. 133 ff.), sondern als hemmungslose und deshalb eben ironisch wirkende Übertreibung des traditionellen sinfonischen Werkcharakters. Solche Ironie, die Mahler aus taktischen Gründen als »Heiterkeit« zu verharmlosen suchte (und worin ihm später – ohne diesen Zwang – eine Mehrheit von Exegeten biedersinnig folgte), mußte als »problematisch« erscheinen: Mahler rührte an ästhetische Normen, deren »Klassizität« längst festgeschrieben war und die zu unterlaufen nicht allein die Gegner den Vorwurf des Frevels erheben ließ. Und hieraus, aus einer trüben Mischung von instinktiver Abwehr und konservativ bedingtem Unverständnis gegenüber solchem »Vergehen« ergab sich denn auch die (relativ) geringe Beachtung des Werkes und die noch immer vorhandene Unsicherheit, es darzustellen. Der *7. Sinfonie* haftet bis heute der Ruf eines undankbaren Kuriosums an. Kurios erscheinen bereits die programmatischen Andeutungen zum Werk wie zu dessen einzelnen Sätzen. Sind die Sätze 2 und 4 direkt als *Nachtmusik I* bzw. *II* betitelt, bei denen Mahler »Eichendorffsche Visionen vor[schwebten], plätschernde Brunnen, deutsche Romantik« (Alma Mahler, S. 113), so hat die Ausdrucksbezeichnung »Schattenhaft« für das in der Mitte stehende Scherzo kaum weniger Gewicht als Kennzeichnung des gesamten Satzcharakters. Doch auch der Eröffnungssatz sei in »Nachtstimmung« getaucht, aus der demnach einzig das Rondo-Finale herausfiele: hier herrsche »strahlende Sonne, die Nacht ist gewichen« (*Reeser*, S. 32). Flinke Vermarkter haben denn auch der Sinfonie den ebenso stimmungsvollen wie geheimnisträchtigen Titel *Lied der Nacht* gegeben – einer Musik also, in der sich Mahler recht eigentlich von seiner »hellsten« Seite zeigt! Nirgendwo – und nicht nur im »Sonnen«-Finale – herrscht bei ihm ein gelösterer, schwebenderer Ton vor als gerade in dieser Sinfonie. Und zwar vor allem deshalb, weil es ihr, wie gesagt, so unüberhörbar an aggressiven Zuspitzungen des Ausdrucks mangelt, sie noch im dröhnend Lauten eine Helle und Klarheit bewahrt, die auf einen anderen »Grund-Ton« eingestimmt sind.

Es ist der Ton der Serenität, jener »höheren Leichtigkeit«, der in der deutschen Musik nach Mozart, Schubert und Mendelssohn unter die Räder des »Ideenkunstwerkes« geriet, welches bald nur noch das »Schwere« als das »Tiefe« gelten ließ – und dem »Leichten« das »Leichtfertige«, mithin das »Flache«, »Gedankenlose« zuordnete. Doch die Sehnsucht nach solcher Serenität blieb unstillbar, bei Wagner (*Meistersinger*) nicht minder als bei Brahms (*Liebeslieder-Walzer*, *2. Sinfonie*), und Mahler folgte ihnen mit einem kühnen sinfonischen Konzept.

Herausgekommen ist dabei freilich eben ein »Kuriosum«, denn die ersehnte »Leichtigkeit« war nicht mehr (war sie es je?) ohne den Preis kritischer Distanz zu erlangen. Etwas überspitzt gesagt: Mahler trieb die Sinfonie durch eine Gratwanderung zwischen Kunst und Kitsch an den Rand des Zerbrechens, um ihr die »leichte(re)n« Töne zu entlocken. Das Risiko aber, das er dabei einging und über dessen Gelingen bzw. Mißlingen wohl zu Recht extrem unterschiedliche Auffassungen bestehen, darf als einzigartig bezeichnet werden. Da ist kein blinder Mutwille zu vernehmen noch gar eine fehlgeleitete Darstellungsvision. Mahler muß sich bewußt gewesen sein, daß er etwas unternahm, das nach aller historischer Erfahrung nicht mehr zu bewältigen war (die Zeichen des Scheiterns hatte er etwa mit dem kindischen Getöse der »Sinfonia domestica« von Richard Strauss deutlich vor Ohren). Und doch ließ er nicht davon ab, glaubte er sich berechtigt, die *7. Sinfonie* als sein »bestes Werk« zu empfehlen.

War es Zufall, daß Arnold Schönberg nach Jahren eines mehr als gespannten Verhältnisses zu Mahlers Werk an dieser Sinfonie endgültig die Bedeutung des verehrten Freundes und Mentors zu erkennen glaubte? Nachdem ihn eine Aufführung der *3. Sinfonie* im Dezember 1904 bereits außerordentlich beeindruckt hatte (Alma Mahler, S. 329), schrieb Schönberg an Mahler anläßlich einer Aufführung der *7. Sinfonie* im November 1909:

> »Ich bin jetzt wirklich ganz der Ihrige [...]. Denn ich hatte weniger als früher die Empfindung von ungemein Sensationellem, etwas, das einen ungeheuer erregt, aufpeitscht, mit einem Worte von etwas, das den Hörer in der Weise bewegt, daß es ihn aus seinem Gleichgewicht bringt [...]. Sondern ich hatte den Eindruck einer vollendeten, auf künstlerischer Harmonie begründeten Ruhe« (Alma Mahler, S. 441).

Gewiß, man muß dabei bedenken, daß Schönberg um 1910, in den Jahren wachsender Erfolglosigkeit durch die atonale Wende im eigenen Schaffen, sich gewissermaßen entschlossen hatte, Mahlers Musik zu lieben – der zitierte Brief von 1909 zeigt dies unmißverständlich an (»... jetzt *wirklich* der Ihre ...«, »... *weniger* als früher ...« usw.). Schönbergs Liebe galt einem Musiker, der mit ihm das entbehrungsreiche Schicksal eines geschmähten Außenseiters teilte – insofern war das Bekenntnis zu Mahler wohl vor allem ein Akt von Selbstverteidigung, deren Motivation übrigens bis an sein Lebensende erhalten blieb. Es fällt auf, wie wenig sich Schönberg in seinen an Werkbeispielen oftmals reichen theoretischen Schriften (von der *Harmonielehre*, 1911, bis zu den postum veröffentlichten *Formbildenden Tendenzen der Harmonie*, 1954, und den *Grundlagen der musikalischen Komposition*, 1967), auf Mahlers Musik bezieht – und wie entschieden, ja geradezu alternativlos er deren Bedeutung im Musikleben des Jahrhunderts heraushebt und jeden Angriff oder auch nur moderat geäußerten kritischen Vorbehalt scharf, als handele es sich um eine Beleidigung seiner selbst, zurückweist.

Wie im Falle jenes amerikanischen Kritikers, auf dessen für Schönberg verständnislose Besprechung einer Aufführung der *7. Sinfonie* im Herbst 1948 der Vierundsiebzigjährige mit zwei wortreichen, sofort ins ästhetisch Grundsätzliche gehenden und sogar mit Notenbeispielen versehenen Briefen heftig reagiert. Doch auch hier bleibt die Argumentation gewissermaßen werbend, mit unüberhörbar beschwörendem Unterton, ohne daß es Schönberg einfiele, seine sonst bevorzugte Beweisführung – die analytische – anzuwenden. Von allgemeiner »Wertschätzung« ist da die Rede, die er mit bedeutenden Musikern wie Strauss, Anton Webern, Alban Berg, Franz Schmidt [!] teile, und eben wohl auch mit dem Dirigenten der Aufführung, Dimitri Mitropoulos: »Wenn Sie die Partitur studieren würden, könnten Sie die Schönheit dieses Werkes nicht übersehen«; und: »Die schöpferische Kraft dieser Melodien [die Schönberg aus dem 4. und 5. Satz notiert] kann nicht geleugnet werden« (Schönberg, *Briefe*, S. 273 f.).

Erscheint es abwegig, diesen Worten eine gewisse Ratlosigkeit anmerken zu wollen – als wenn sich Schönberg zu seiner Auffassung selbst überreden, er sie sich suggerieren müsse? Das aber käme dem Charakter des Werkes durchaus nahe, jenem irritierenden Ton von Serenität, der in allen Sätzen vorherrscht und dabei stets eine andere Farbe annimmt. Besonders irritierend macht er sich im Kopfsatz geltend, einem auf den ersten Eindruck hin durch die Blechbläser schwer gepanzerten, selten einmal sich lyrisch beruhigenden Musikstück, das eben durch seine massive Klanglichkeit und die darin eingebundene solistische Verwendung von Blechblasinstrumenten deutlich an den »wilden« Eröffnungssatz der *3. Sinfonie* erinnert:

Bsp. 47 *7. Sinfonie*, 1. Satz, T. 1–3

Doch der »Ton« ist (und bleibt) ein gänzlich anderer; die melodischen Linien, die weichen harmonischen Übergänge und nicht zuletzt die mehrtönig-vibrierenden, vorschlagartigen Rhythmen schaffen eine Geschmeidigkeit des Klanges, die jedes herrischen Auftrumpfens entbehrt. Dabei kommt es – und zwar bereits in der 49 Takte umfassenden langsamen Einleitung (Adagio) – zur Ausprägung von klar umrissenen Themen-»Charakteren«, welche eine übliche Themenfolge unmißverständlich überschreiten. Der eröffnende »Charakter« zeichnet sich durch vielstimmige, chromatisch gleitende Harmonik und eine dunkle Klangfarbe aus, die gleichermaßen von tiefen, an entsprechende Orgeldispositionen erinnernden Orchesterregistern, dumpf rollenden Tremolos und der gewissermaßen »gedackten« Tongebung des solistisch einsetzenden Tenorhorns erzielt werden.

Schnittartig schließt sich daran ein weiterer »Charakter« an (»Etwas weniger langsam, aber immer sehr gemessen«), der mehr an die höheren (Holzbläser- und Streicher-)Register gebunden ist und auf klaren, reine Dreiklänge aneinanderreihenden Akkordfortschreitungen beruht, wodurch der Eindruck eines »helleren« Timbres entsteht:

Bsp. 48 *7. Sinfonie*, 1. Satz, T. 19–22

Dem folgt eine nur fünf Takte währende Passage (»Nicht schleppen«), deren neu eingeführtes thematisches Material von Elementen aus beiden bisher entfalteten »Charakteren« umhüllt erscheint:

Bsp. 49 *7. Sinfonie*, 1. Satz, T. 27–29

Hiernach kommt es, erneut wie einmontiert wirkend, zu einer Wiederaufnahme des eröffnenden »Charakters«, dessen thematische Konturen allerdings ebenfalls eine Verbindung zum zweiten erkennen lassen. Daraus geht nun eine Tempobeschleunigung hervor, die Takt 50 in den Hauptteil des Satzes mündet (»Allegro risoluto, ma non troppo«):

Bsp. 50 *7. Sinfonie*, 1. Satz, T. 50–56

Wie zu vernehmen ist, vereint dieses Hauptthema wesentliche Elemente der vorausgegangenen »Charaktere« zu dem eines federnden Geschwindmarsches, dessen stimmlich-harmonische Kompaktheit stets durch Bevorzugung von höheren Klangregistern aufgelockert ist. Das synthetische Moment wird noch gesteigert durch die Einbeziehung einer Variante der Anfangsgestalt des ersten »Charakters«:

Bsp. 51 *7. Sinfonie*, 1. Satz, T. 79–84

Die Variante erscheint als nahtlose Fortspinnung des Hauptthemas, das im Anschluß an diese Interpolation wiederum zur Abrundung des gesamten Themenkomplexes herangezogen wird. Interessant ist hier bereits ein Blick auf die harmonischen Beziehungen. Die »Teil-Charaktere« der Einleitung gründen in kadenziertem h-Moll, das vorrangig durch melodische Bewegungen verschiedene Zusatztöne erhält (s. Bsp. 47), bzw. in einem weitaus klareren, offeneren G-Dur, dessen Erweiterung durch Aneinanderreihung von Dreiklängen geschieht, die weniger nach Kadenzierungs- als vielmehr nach Stimmführungsregeln erfolgt. Das Hauptthema (s. Bsp. 50) wendet sich dann nach e-Moll, in dessen Dur-Variante der Satz auch endet – weshalb e-Moll nicht zuletzt als »Grundtonart« der Sinfonie gilt. Wie fragwürdig diese Angabe allerdings ist, deutet sich spätestens im unmittelbaren Fortgang an: es folgt nämlich Takt 118 ff. eine Art lyrisches »Seitenthema« in C-Dur, das jedoch nicht auf die Rolle eines traditionellen »zweiten Themas« beschränkt bleibt, sondern als neuer (lyrischer) »Charakter« kräftig in die Geschicke nicht allein dieses Satzes, sondern des gesamten Werkes eingreift:

Bsp. 52 *7. Sinfonie*, 5. Satz, T. 118–120

Obwohl dieser »Charakter« in wesentlichen Belangen zu den vorhergehenden in Kontrast steht (und deshalb auch die Erinnerung an ein klassisches »Seitenthema« bewahrt), enthüllt er sich bald als ein eher vermittelndes Element innerhalb des »Charaktere«-Reigens, und zwar vor allem durch seinen tonalen Stellenwert: Das C-Dur wirkt wie ein Scharnier, das als funktionsnahe Tonart zu e-Moll und als neapolitanisch gefärbte zu h-Moll zwischen beiden »Haupttonarten« eine Art Brücke bildet. Außerdem geht von ihm gewissermaßen eine Fernwirkung aus – auf den zwischen C-Dur und c-Moll schwankenden 2. Satz sowie auf das Finale, in dem C-Dur eindeutig die Grundtonart bildet.

In jedem Fall sind damit alle »Charaktere« des Satzes eingeführt; sie beginnen nun ein Variantenspektrum zu entfalten, das auf durchaus ähnliche Weise wie in den vorausgegangenen Sinfonien das Sonatensatzschema überformt und außer Kraft setzt. Die Verschränkungen, Überlagerungen, Umdisponierungen usw. zwischen und innerhalb der einzelnen »Charaktere« auch nur annähernd vollständig aufzeigen zu wollen, würde den hier gegebenen Darstellungsrahmen sprengen. Das Kaleidoskop der Varianten erreicht Takt 245 eine zusammenfassende Wiederaufnahme des Anfangs-»Charakters«, die unüberhörbar eine dramaturgische Zäsur ansteuert. Sie stellt sich in der Tat ein, und zwar in durchaus vertrauter Weise: die musikalische Bewegung mündet in eine Auflösungspartie, in eine »Suspension«, innerhalb derer fragmentierte melodische und rhythmische Elemente aus den »Charakteren« durcheinandertönen und dergestalt die bisher wahrzunehmende Zielstrebigkeit der Variantenfolge auflösen.

Was daran (T. 266) ruckartig, mit erneutem Elan zu variantenbildender Verdichtung ansetzt, spielt mit Gesten, die an eine Durchführung erinnern: aus einem kammermusikalisch ausgedünnten Orchestersatz steigen vereinzelte Motive auf, verbinden sich kurzzeitig zu melodischen Gebilden – und bleiben erneut auf einem »Tonpunkt« stehen (T. 296), von dem aus eine weitere »Suspension« erfolgt. Sie hat nun jedoch weniger eine auflösende als vielmehr eine sammelnde, bündelnde Funktion: in wachsendem Maße melodisch aufgeladen, öffnet sie sich – wie mit einem gewaltigen Einatmen des gesamten Orchesters – dem lyrischen »Charakter«, und zwar im ungetrübt wirkenden harmonischen Glanz eines H-Dur, das wohl zu Recht als eine Art »Über-Dur« empfunden wurde, als »Erfüllung« dessen, was im Vorausgegangenen sich in unerschöpflich bunter Variantenfülle entfaltet hatte. Daß solchem Glanz keine längere Dauer beschieden ist, dürfte denjenigen, dem die früheren Werke Mahlers bereits etwas vertraut sind, kaum überraschen. Was sich am Ende dieser Passage wie eine mächtige Abschlußsteigerung aufspielt (»ritardando« und »ff« bzw. »fff« mit »crescendo«), bricht plötzlich zusammen, um ohne jeden Halt in raunende Reprisenvarianten von Einleitung und Hauptteil zu fallen. Deren Anlage weist eine deutliche Verknappung der eingangs relativ ausführlich vorgetragenen »Charaktere« auf, eine Verknappung, die unumwunden auf permanente Intensivierung des Ausdrucks gerichtet ist. Nun gibt es keine retardierenden Momente mehr, sei es als ausgespielte Verlangsamung zur Überleitung zwischen den »Charakteren« noch gar als Heraustreten aus dem komplexen Bewegungszug der Musik, wie dies die »Suspensionen« unternahmen. Doch es bleibt dabei: noch lärmendste Steigerung und überstürzende Variantenfülle lassen keinen bedrohlichen Ton aufkommen; das, was da erklingt, hält vor allem durch stimmliche Transparenz und federnde Rhythmik an einer Luzidität des Klangs fest, deren serene Grundstimmung über den Satz hinaus auf das gesamte Werk ausstrahlt.

Die abbrechende Geste, mit der dieser Eröffnungssatz verklingt und auf die sich Reprise wie Coda geradezu überstürzend hinbewegt haben, könnte die Frage aufwerfen, ob all dies Lärmen und Hetzen nur ein Maskenspiel war – ein Theaterdonner, hinter dem sich jedoch mehr verbirgt als eben nur eine Scharade. Eine Antwort darauf geben zunächst weniger die drei folgenden Mittelsätze, als vielmehr erst das Rondo-Finale. Es fängt, gleichsam übergreifend, den tumultuosen Ausklang des 1. Satzes auf, indem es, nach einem tuschartigen, von einer Pauke »mit Bravour« zu spielenden Beginn, die vormals so vielgestaltigen »Charaktere« bis an die Grenzen zur Trivialität glättet – worin für Klemperer vor allem die »Problematik« des ganzen Werkes bestanden haben dürfte: die Gratwanderung zwischen Kunst und Kitsch, im 1. Satz noch immer durch sinfonische Vielschichtigkeit in Form und Thematik gesichert, gelangt an kaum verborgene Schründe, in die der Absturz droht. Ein nunmehr geradezu ins Pompöse gewendeter Ton gewinnt dermaßen deutlich die Oberhand, daß sich sowohl in der Thematik wie im permanenten Dur-Klang die Erinnerung an Wagners *Meistersinger* unabweislich aufdrängt – das »Über-Dur«, das im 1. Satz als ein signifikanter Höhepunkt aufleuchtete, wird nun zur Grundfarbe. Die Hauptthemen, die keineswegs mehr die Komplexität von »Charakteren« erlangen, sind dementsprechend klar ausgeprägt und von gleichsam quadratischem Zuschnitt – entweder als »Marsch«:

Bsp. 53 *7. Sinfonie*, 5. Satz, T. 7–9

als lyrischer Gesang:

Bsp. 54 *7. Sinfonie*, 5. Satz, T. 56–57

als – den Marschrhythmus abwandelnder – Choral:

Bsp. 55 *7. Sinfonie*, 5. Satz, T. 79–81

oder als intermezzoartig eingeschaltetes Menuett, an dem »Wienerisches« und »Rokoko« als Stilkopien gleichermaßen teilhaben:

Bsp. 56 *7. Sinfonie*, 5. Satz, T. 100–102

Reihen sich diese Themen zunächst wie aufgefädelt aneinander, so gehen sie im folgenden die unterschiedlichsten Verbindungen ein, lösen sie sich in kaum vorauszuahnender Weise ab, schalten die Temponahme meist übergangslos herauf oder herunter – nicht selten den Eindruck erweckend, als ob sie »vorlaut« einander »ins Wort fielen«. Dergestalt setzen, ohne daß wohl ein exakter Zeitpunkt auszumachen wäre, Durchführungsbewegungen ein, deren offene Ziellosigkeit jedoch eher an ein unablässiges »Wechselbad der Gefühle« oder auch an eine Abfolge von bunten Bildern erinnert. Doch merkwürdig: nirgends hat dies chaotische Auswirkungen, im Gegenteil – dieses Rondo-Finale gleicht einem lautstark angelegten »Entspannungsprozeß«, in dem zumal die Fragezeichen aus den Schlußpartien des 1. Satzes eine Auflösung finden könnten. Der Finale-Tumult gipfelt denn auch in einer triumphalen Wiederaufnahme des Hauptthemas aus dem Eröffnungssatz, das zugleich, das ganze Werk nunmehr überstrahlend, das letzte Wort hat.

Die eingangs angesprochene Serenität als Grundstimmung der *7. Sinfonie* schlägt mit deren Finale endgültig in ein ironisches, stellenweise gar frivoles Spiel um – einige thematische Wendungen verfallen unüberhörbar einem zeitgemäßen, schäbig-schmissigen Operettenjargon. Doch sie wären keine Erfindungen von Mahler, wenn sich dahinter nicht noch anderes rührte. Ob im Lauten oder im Leisen: dem ironisch-frivolen Spiel ist niemals zu trauen – in jedem Augenblick könnte es sich in eine Katastrophe verkehren. Die unberechenbar wirkende »Bilder«-Folge mit ihren beständigen Auf- und Abschwüngen von Tempo, Dynamik und Klangcharakter erscheint wie ein Tanz auf dem Vulkan, der an Verse des von Mahler hochgeschätzten Hölderlin denken läßt: »Immer spielt ihr und scherzt? ihr *müßt*! o Freunde! mir geht dies / In die Seele, denn dies müssen Verzweifelte nur« (Hölderlin, S. 241).

Somit aber wird auch der *Meistersinger*-Bezug fragwürdig: der Tag, den Wagner anbrechen läßt zur Selbstbestätigung; sein »Wach' auf!« als Ruf nach der Verschmelzung von Leben und Kunst im Zeichen bürgerlicher Selbstvergewisserung, gerät bei Mahler immer wieder ins Zwielicht dunkler Vorahnungen. »Zwielicht« könnte denn auch ein zutreffendes Kennwort für die mittleren Sätze sein, die von den Ecksätzen wie Schalen eingefaßt werden. Die erste *Nachtmusik* verweist mit ihren solistischen Einwürfen, Echowirkungen, tänzerischen Rhythmen und potpourrihaft aneinandergereihten Themen auf die *Wunderhorn*-Sphäre zurück, insbesondere auf jene lyrisch gestimmten

Marschlieder, in denen das Schicksal der »Unteren«, der geschundenen, vom Tode bedrohten Soldaten zur Sprache kommt:

Bsp. 57 *7. Sinfonie*, 2. Satz, T. 1–2

Nicht die Steigerungen, die schwungvollen Kulminationen, an denen es keineswegs mangelt, stechen hervor, sondern vielmehr die wie beiläufig angespielten Themenbruchstücke bis hin zur vereinzelten, verloren anmutenden motivischen Geste sowie ein beständiges Pendeln der harmonischen Ebenen zwischen Dur und Moll. Der Abschluß (»morendo«) mit einem irisierend klingenden Flageolett-Ton der Celli scheint dessen unausweichliche Folge zu sein – und zugleich der Ansatz für das anschließende »schattenhafte« Scherzo:

Bsp. 58 *7. Sinfonie*, 3. Satz, T. 13–16, 38–44

Was in der *Nachtmusik I* eine immer wieder abreißende Motivik an sehnsuchtsvollen Gesten aussendet, gerät hier nun in ein unaufhaltsam malendes Getriebe. Sein Motor scheint tief im Innern der Musik zu rotieren, so daß die thematischen Gestalten den Eindruck erwekken, wie Marionetten an unsichtbaren Fäden zu hängen. Selbst die Fortspinnung durch einen »etwas flotter[en]« Walzer vermag die hektische Szene kaum aufzuhellen – unwirsche, wie Federstriche durch das Orchester fahrende Glissandi werfen die Musik wieder auf das anfängliche Raunen und Rumoren zurück –, auf daß sie ihren Spuk mit neuen Farbakzenten weitertreibe. Ein lockeres Trio (T. 179 ff.) verbreitet nur kurzzeitig freundlichere Atmosphäre – sie wird zunächst durch eine makaber wirkende Variante des Kopfmotivs aus der Einleitung des 1. Satzes gewissermaßen verunsichert:

Bsp. 59 *7. Sinfonie*, 3. Satz, T. 210–216

ehe sie in der jagenden Hauptmotivik des Scherzos spurlos verschwindet. In der Reprise steigert sich dann der Ton ins Skurril-Gespenstische; »kreischend« bezeichnet Mahler eine Überleitungsfigur der Oboe zu einem Pizzicato der Celli und Kontrabässe im fünffachen Forte, dem er als Spielanweisung hinzufügt (T. 401): »So stark anreißen, daß die Saiten an das Holz anschlagen«. Das später sogenannte »Bartók-Pizzicato« ist also in Wahrheit ein – »Mahler-Pizzicato«.

Geht von solch schreckbildhafter Motivik und montagehaft wirkender Formbildung, worin das Scherzo unmittelbar an die *Nachtmusik I* anschließt, eine Art »Vorschein« des Expressionismus aus, so wird dies – trotz einer merklichen Zurückhaltung in Dynamik und Klangentfaltung – in der zweiten *Nachtmusik* noch weiter getrieben: sie nimmt fast surrealistische Züge an. Das in einem großen Orchester gleichermaßen komisch wie befremdlich wirkende Zirpen von Gitarre und Mandoline, das hier durch die Harfe noch verstärkt wird, beschränkt sich keineswegs auf koloristische Effekte, sondern trägt ganz wesentlich zu einem kammermusikalisch »ausgetrockneten« Grundtimbre des Satzes bei. Vielleicht mehr noch als das Scherzo erscheint diese *Nachtmusik* als ein geisterhaft-flüchtiges, zerbrechliches Schattenspiel, dessen Instrumente nahezu beständig abgeblendet, wie aus der Ferne, »überwirklich« – eben »surreal« klingen:

Bsp. 60 *7. Sinfonie*, 4. Satz, T. 8–11

Nur an wenigen Stellen rauscht die Musik auf. Doch es bleibt bei zaghaften Aufwallungen, deren Schwung immer wieder den Boden unter den Füßen zu verlieren und gewissermaßen in luftigen Oberstimmen hängenzubleiben scheint. Selbst in den sonoren, von den tieferen Streichern getragenen Mittelteil (T. 187 ff.) mischen sich alsbald wieder die meckernd-abgerissenen Zupfinstrumententöne ein und leiten zum Hauptteil, zum seltsamen Ständchen mit seinen schrammelhaften Ritornellen zurück. Aber auch dieses Andante amoroso erfaßt schließlich eine auskomponierte Auflösung, die nach schleppenden, kaum mehr bewegten Akkordfolgen und einem versiegenden Triller der Klarinette in lautloser Erstarrung endet. Indes vermag sich eben nach solchem Verschwinden das unmittelbar anschließende Lärmen des Rondo-Finales um so effektvoller, freilich auch von vornherein um so fragwürdiger auszubreiten.

8. Sinfonie

1. Satz: 1. Teil. Hymnus: Veni, creator spiritus. Allegro impetuoso
2. Satz: 2. Teil. Schlußszene aus *Faust II.* Poco adagio

Besetzung: 2 Picc (1. auch 5. Fl), 4 Fl, 4 Ob, EH, 2 Kl in Es, 3 Kl in B, B-Kl, 4 Fg, K-Fg, 8 Hr, 4 Tp, 4 Pos, B-Tb, Pk, Schlgz (gr. Trommel, Bekken, Tam-tam, Triangel, tiefe Glocken, Glockenspiel), Celesta, Klavier, Harmonium, Orgel, 2 Hf, Mandoline, Streicher
Isoliert postiert: 4 Tp, 3 Pos
Gesangssoli: 3 Soprane, 2 Altistinnen, Tenor, Bariton, Baß
Knabenchor, gem. Chöre I und II

E: 1906–07
EA: 1911, U.E. (Wien)

Unmittelbar nach Abschluß der **8. Sinfonie** im August 1906 beschrieb Mahler seinem Biographen Richard Specht das jüngste Werk mit Worten, die auch dann noch einen tiefen Einblick geben, wenn man berücksichtigt, daß sie direkt unter dem Eindruck hektisch-angespannten Komponierens gesprochen und von Specht zweifellos »literarisiert« worden sind:

> »Denken Sie sich, ich habe in den letzten drei Wochen eine ganz neue Sinfonie in der Skizze fertig gemacht, etwas, wogegen all meine anderen Werke nur wie Vorstufen wirken. Ich habe nie etwas Ähnliches geschrieben; es ist im Inhalt und im Stil etwas ganz

anderes, als alle meine anderen Arbeiten, und es ist gewiß das Größte, was ich gemacht habe. Ich habe auch vielleicht noch nie unter einem solchen Zwange gearbeitet; es war wie eine blitzartige Vision – so ist das Ganze sofort vor meinen Augen gestanden und ich habe es nur aufzuschreiben gebraucht, so, als ob es mir diktiert worden wäre ... Diese achte Sinfonie ist schon dadurch merkwürdig, daß sie zwei Dichtungen in verschiedenen Sprachen vereinigt; der erste Teil ist eine lateinische Hymne, und der zweite Teil nichts Geringeres als die Schlußszene des zweiten Teiles des Faust. Wundern Sie sich? Diese Anachoretenszene und den Schluß mit der Mater gloriosa zu komponieren, und anders als alle anderen, die das so süßlich und schwach getan haben, war schon lange meine Sehnsucht; aber ich habe jetzt gar nicht mehr daran gedacht. Da fiel mir zufällig ein altes Buch in die Hände und ich schlage den Hymnus Veni creator spiritus auf – und wie mit einem Schlage steht das Ganze vor mir: nicht nur das erste Thema, sondern der ganze erste Satz, und als Antwort darauf konnte ich gar nichts Schöneres finden, als die Goetheschen Worte in der Anachoretenszene! Aber auch in der Form ist es etwas ganz Neues: Können Sie sich eine Sinfonie vorstellen, die von Anfang bis zu Ende durchgesungen wird? Bisher habe ich das Wort und die Menschenstimme immer nur ausdeutend, verkürzend als Stimmungsfaktor verwendet, um etwas, was rein sinfonisch nur in ungeheurer Breite auszudrücken gewesen wäre, mit der knappen Bestimmtheit zu sagen, die eben nur das Wort ermöglicht. Hier aber ist die Singstimme zugleich Instrument; der ganze erste Satz ist streng in der sinfonischen Form gehalten und wird dabei vollständig gesungen. Es ist doch eigentlich merkwürdig, daß niemand bisher auf diese Idee verfallen ist – es ist doch das Ei des Kolumbus, die *Sinfonie an sich*, in der das schönste Instrument, das es gibt, seiner Bestimmung zugeführt wird – und doch nicht nur als Klang, denn die menschliche Stimme ist dabei doch der Träger des dichterischen Gedankens« (zit. nach: Floros, S. 211).

Auch wenn, wie gesagt, nicht alle hier auftauchende Formulierungen Mahler unmittelbar zugeschrieben werden dürfen (daß er »das Wort und die Menschenstimme« jemals als »Stimmungsfaktor« verwendet habe, steht in Widerspruch zur nachdrücklich bekundeten Ablehnung jeglicher »Stimmungsmusik«, s. Briefe, S. 153), so bleibt doch ein Kern von Aussagen, die ein helles Licht auf die Sinfonie wie auf deren historisches Umfeld werfen. Daß sie sein »Größtes« sei, das er »bis jetzt gemacht«, betont Mahler des öfteren: »Denken Sie sich, daß das Universum zu tönen und zu klingen beginnt. Es sind nicht mehr menschliche Stimmen, sondern Planeten und Sonnen, welche kreisen« (ebd., S. 312). Mahler trieb seine schöpferischen Kräfte gewissermaßen vorsätzlich zum »Hauptwerk« an – was durchaus nicht in Widerspruch stehen muß zu jenem höheren »Zwang«, unter dem das Werk – »so als ob es mir diktiert worden wäre« – Gestalt angenommen hatte. Und es steht auch keineswegs allein in den künstlerischen Bestrebungen seiner Entstehungszeit.

Die bei aller äußeren, glänzenden Prosperität nicht mehr zu verbergenden Gefährdungen und Verunsicherungen des Lebensgefühls in den politischen Krisenjahren vor dem Ersten Weltkrieg ließen den Ruf nach Werken immer lauter werden, in denen ein unbeirrt traditionsverpflichtetes Wertebewußtsein vernehmbar blieb – gerichtet gegen eben jenen vermeintlichen Werteverlust, der sich nicht allein in der »neuen«, »avantgardistischen« Kunst, sondern auch in der Wissenschaft (etwa durch die allgemeinen Schlußfolgerungen aus den Relativitätsgesetzen der Physik oder die nicht minder grundstürzenden Erkenntnisse der Psychoanalyse) und somit letztlich bis in Bereiche des alltäglichen Lebens hinein verbreitete. Es galt, dem mit wachsendem Erschrecken wahrgenommenen »Wertvakuum« (Broch, S. 135 ff.) zu begegnen und mithin eine Idee vom Menschen zu verteidigen, die ihn über sein »Tierisch-Bedingtes«, über die Verstrickungen in das »Menschlich-Allzumenschliche« erhob.

Was konnte dem besser und überzeugender dienen als jene Mythen, welche sich mit der ebenso geheimnisvollen wie dramatischen »Vorgeschichte« der Menschheit verbanden? Richard Wagner hatte deren heidnisch-germanische Varianten zum Gegenstand eines »Gesamtkunstwerkes« gemacht, das er mit dem »Bühnenweihfestspiel« vom »Parsifal« in christlich-germanische Bahnen lenkte. Diese Wende, die Friedrich Nietzsche als kultische Funktionalisierung von Kunst schärfstens kritisierte, erreichte ihren Höhepunkt erst um und nach der Jahrhundertwende – eben in den Krisenjahren vor dem Weltkrieg. Dann schlug sie mit dem Ziel, das Bestehende um jeden Preis zu bewahren, sogar bis in die trivialen Niederungen von Feuilleton und Kunstgewerbe durch.

Die 1896 gegründete Wiener Secession stellte in den Mittelpunkt ihrer 14. Ausstellung (1902) das Beethoven-Denkmal von Max Klin-

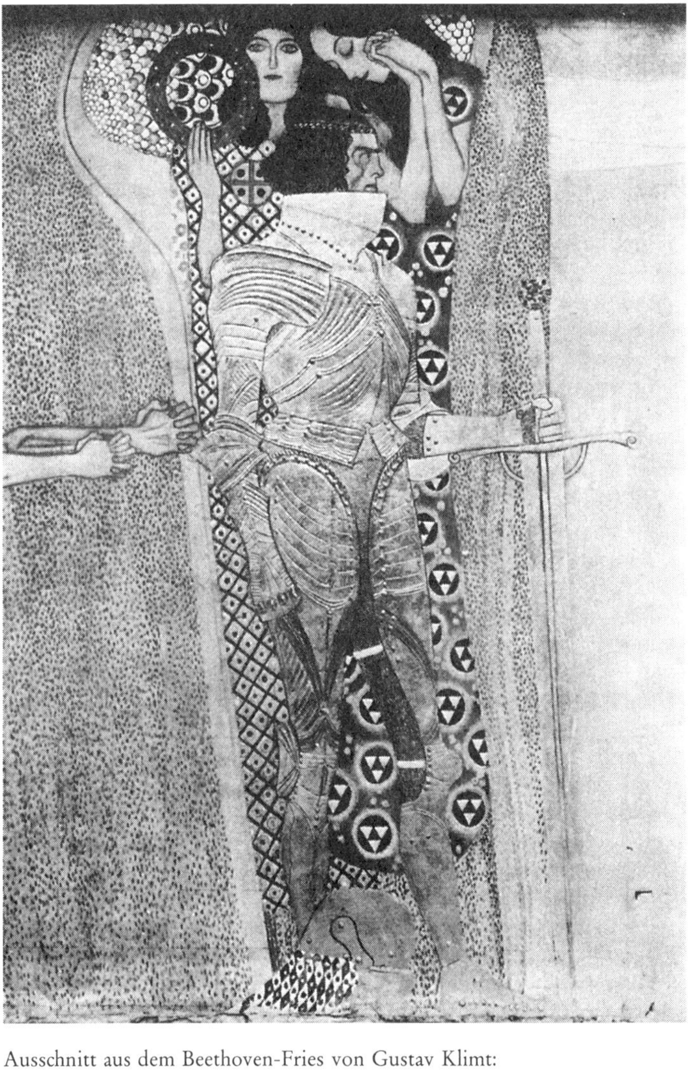

Ausschnitt aus dem Beethoven-Fries von Gustav Klimt:
»Sehnsucht nach dem Glück«

ger, dem Gustav Klimts Beethoven-Fries einen nicht minder mit Symbolen befrachteten Rahmen gab. Die Ausstellung, zu deren Eröffnung Mahler eine eigene Bläserbearbeitung des »Freude«-Chores (»Ihr stürzt nieder«) aus Beethovens *9. Sinfonie* dirigierte, sollte nichts Geringeres sein als ein »Gesamtkunstwerk«, dargeboten in einem tempelartigen Gebäude. Klingers Beethoven erscheint als Märtyrer und Erlöser, Zeus und Messias; um ihn versammeln sich Adam und Eva, die Tantaliden, Venus und Christus. Das Barock-Theatralische dieser »Menschheits«-Präsentation läßt sich nicht übersehen, und sie reiht sich ein in zahlreiche gleichgestimmte Unternehmungen – etwa in die monumentalen Inszenierungen Max Reinhardts (*König Ödipus*, 1911; *Jedermann*, 1912), denen Adolf Loos' Entwurf eines »Theaters für 4000« (1898) den architektonischen Weg bereitet hatte. Die Künstler der 1903 aus der Secession hervorgegangenen Wiener Werkstätte verbanden mit der Idee des »Gesamtkunstwerkes« nachdrücklich soziale bzw. sozialutopische Ziele. Es ging ihnen um die Neugestaltung aller Dinge des täglichen Lebens, um eine Funktionsgerechtheit von Gebrauchsgegenständen, in der Kunst- und Zweckhaftes einander durchdrangen und somit auf ihre Weise die Versöhnung von Kunst und Leben anstrebten.

Zu welcher Akzentuierung der »Gesamtkunstwerk«-Idee Mahlers *8. Sinfonie* auch immer neigen mochte: *daß* sie von ihr getragen war, unterliegt wohl keinem Zweifel. Und dies betrifft das Werk selbst wie seine öffentliche Präsentation. Die Münchner Uraufführung von 1910 in einer riesigen Ausstellungshalle [!] war ein gesellschaftliches Ereignis, zu dem über 1000 Mitwirkende – die Mehrzahl von ihnen als Choristen – beitrugen. Es gehörte keine besondere Phantasie dazu, dieses Massenaufgebot denn auch (und bis heute) in den Titel des Werkes zu lancieren: »Sinfonie der Tausend«, eine Erfindung des Konzertagenten Emil Gutmann, gegen die Mahler zwar nicht protestierte, die er aber selbst niemals verwendete.

Die Aufführung wurde ungeachtet einiger kritischer Stimmen, die insbesondere die Textwahl rügten, ein triumphaler Erfolg – der einzige übrigens, den der Komponist Mahler jemals erlebte. Daß dieser Erfolg sich einstellte, hat wohl nicht allein und schlechthin mit dem Charakter der Musik zu tun, so sehr sich diese auch in einigen, noch zu behandelnden Zügen von früheren wie nachfolgenden Werken unterschied. Die Aufnahmebereitschaft des Auditoriums gründete vor allem in jener zeittypischen, die Zuhörer verbindenden Sehnsucht nach dem umfassenden, sinngebenden, prophetisch-weisen Kunstwerk, von dem die Rede war. Thomas Mann schrieb Mahler nach der Aufführung einen knappen, doch geradezu hymnischen Dankesgruß, dem gewiß eine große Mehrheit vorbehaltlos zugestimmt hätte. Mann betonte, daß er »zu erkennen glaube«, daß sich in Mahler »der ernsteste und heiligste künstlerische Wille unserer Zeit verkörpert« (Mann, *Briefe*, S. 106).

So sehr sich Mahler selbst von Beginn an des besonderen Stellenwertes der *8. Sinfonie* zumindest innerhalb seines bisherigen Werkes bewußt war, so könnten ihn doch gelegentlich auch Zweifel befallen haben. Seltsam ist, daß an die (mit einer Ausnahme) hochambitionierten Aussagen während und unmittelbar nach Beendigung der Komposition über Jahre keine weiteren anschließen und Mahler auch keine ernsthaften Bemühungen um die Uraufführung erkennen läßt. Erst im Juni 1909 kommt er, eine Anregung Almas aufnehmend, auf Goethes *Faust* zurück und übermittelt ihr seine Deutung der vertonten Schlußszene: »Das *Ewig-Weibliche* hat uns *hinangezogen* – Wir sind da – Wir ruhen – Wir besitzen, was wir auf Erden nur ersehnen, erstreben können. Der Christ nennt dies die ›ewige Seligkeit‹ und ich mußte mich dieser schönen und zureichenden mythologischen Vorstellung als Mittel für meine Darstellung bedienen – der adäquatesten, die dieser Epoche der Menschheit zugänglich ist« (Alma Mahler, S. 432).

Hier bündeln sich die eingangs angesprochenen philosophischen und zumindest verdeckt auch gesellschaftskritischen Motive. Etwa zur gleichen Zeit gibt es einige Andeutungen, die vielleicht besagte Zweifel erkennen lassen. Nachdem Mahler im Herbst 1909 – offenbar im Hinblick auf eine mögliche Aufführung in Holland – Willem Mengelberg aus der *8. Sinfonie* vorgespielt hatte, berichtete er an Alma: »Es ist komisch, dieses Werk macht immer den typisch starken Eindruck. Es wäre sonderbar, wenn gerade mein wichtigstes Werk am leichtesten verständlich wäre« (ebd., S. 353). Dem kommt bereits eine Briefstelle vom August 1906 nahe (es handelt sich um die erwähnte Ausnahme), in der Mahler, eine Begegnung mit Richard Strauss schildernd, spöttisch dessen »Geschäftstüchtigkeit« kritisiert, um fortzufahren: »Da er mich nicht weiter befragt, sagte ich ihm auch nichts von meinem antiquierten Dasein im Sommer. Ich glaube, es würde ihm sehr wenig imponieren, zu erfahren, mit was für veraltetem Kram ich mich im Sommer beschäftigte. O selig, o selig, modern zu sein« (ebd., S. 358).

Enthält die Kritik am »Zeitgeist« nicht auch eine Spur von Selbstkritik, zumindest von Unsicherheit gegenüber einem Werk, dessen hymnischen Ankündigungen stets noch etwas Beschwörendes anhaftet? Das Gefühl, die Ahnung, mit seinem »Hauptwerk« aus der Gegenwart herausgefallen zu sein um einer Idee von Humanität und Universalität willen, die sich dieser Gegenwart längst und unwiderruflich verschlossen hatte – könnten sie nicht auch Zweifel genährt haben? Wie dem nun sei: es erhoben sich Stimmen, die diesen (möglichen) Zweifel aufnahmen und zuspitzten, allen voran Theodor W. Adorno. Er nannte die *8. Sinfonie* einen »repräsentativen Karton«, eine »symbolische Riesenschwarte«, und zwar mit der Begründung:

> »Das Hauptwerk ist die mißglückte, objektiv unmögliche Wiederbelebung des Kultischen. Es beansprucht, Totalität nicht nur in sich zu sein, sondern eine des Wirkungszusammenhangs zu schaffen. Der dogmatische Inhalt, von dem es die Autorität borgt, ist ihm zum Bildungsgut neutralisiert. In Wahrheit betet es sich selbst an [...]. Mahler war wie kein anderer Komponist seiner Zeit empfindlich für kollektive Erschütterungen. Die Versuchung, die daraus aufstieg: das Kollektiv, das er durch sich hindurch tönen fühlte, unmittelbar zum Absoluten zu erhöhen und zu glorifizieren, war fast übermächtig. Daß er ihr nicht widerstand, ist sein Frevel. In der Achten hat er die Idee der radikalen Säkularisierung der metaphysischen Worte verleugnet und sie im Munde geführt. Wollte man, dies eine Mal, von Mahler in Begriffen der Psychologie reden, so wäre die Achte, wie schon das Finale der Siebenten, Identifikation mit dem Angreifer. Sie flüchtet zur Macht und Herrlichkeit dessen, wovor sie sich fürchtet; die zur Affirmation verbogene Angst ist das Offizielle« (Adorno, *Mahler*, S. 183).

Obwohl Adornos Auffassung ihre eigene Zeitgebundenheit schwerlich vergessen machen kann (sie entstammt der asketisch-rigorosen Ideologiekritik in den fünfziger Jahren), so erscheint sie doch weitaus tiefgründiger, als jene unverbindlich »humanistisch« gestimmten Lobgesänge, die Mahlers *Achte* umstandslos in eine Reihe klassischer Bekenntniswerke einordnen – mit Beethovens *9. Sinfonie* als Leitbild. Sie gehört zweifellos zu diesen Bekenntniswerken des deutschen Idealismus, die nach Beethoven über Mendelssohn (*Reformations-Sinfonie*) und Brahms (*Ein deutsches Requiem*) bis in das 20. Jahrhundert hinein (Pfitzner: *Von deutscher Seele*) ihre Weiterführung finden. Doch Mahlers Sinfonie erschöpft sich keineswegs in jener »Affirmation«, die ihr Adorno pauschal anlastet und worin konservative Verteidiger den entscheidenden Vorzug erkennen – auch übrigens gegenüber anderen, weniger »ausgeglichenen« und gar als »modernistisch« eingestuften Werken Mahlers wie der *5.* oder *6. Sinfonie*.

Wenn es auch den Verdacht weckt, dem einen nichtssagenden Kompromiß entgegensetzen zu wollen, so scheint es doch angebracht, in der *Achten* beide widerstreitenden Momente vereint zu finden; zugespitzt gesagt: das Werk entfaltet sich in der Durchdringung von »klassizistischer« und »romantisch-expressionistischer« Darstellungsweise. Dies wurde zweifellos bereits durch die Texte vorgegeben, die den beiden Sätzen der Sinfonie zugrunde liegen: der um 800 vom Mainzer Erzbischof Hrabanus Maurus gedichtete lateinische Pfingsthymnus *Veni creator spiritus* und die 1830/31, also ein rundes Jahrtausend später entstandene Schlußszene des *Faust II* von Goethe. Was immer für und wider diese Textkombination vorgebracht wurde – Hans Mayer sieht in ihr eine »ungeheuerliche Diskrepanz«, eine »totale religiöse und poetische Zweckentfremdung« (Mayer, S. 148 und 149), Constantin Floros hingegen eine »spirituelle Einheit« (Floros, S. 213) – : es ist keineswegs die Besonderheit der Kombination, welche die unüberhörbaren stilistischen Schwankungen der Musik verursacht. Vielmehr will es scheinen, daß diese Schwankungen von der Vertonung an sich, gewissermaßen vom Zwang zur Vertonung der im Hymnus wie in der Theaterszene gegebenen Textfülle ausgehen. Deshalb findet sich das »klassizistische« Moment auch nicht vorrangig im lateinischen 1. Teil – und das »romantisch-expressionistische« in den schweifenden Phantasiebildern des 2. Teils. Sie durchdringen sich in beiden, schaffen berückende, überwältigende Kulminationspunkte – doch eben auch Passagen, in denen die Inspiration merklich herabgestimmt erscheint.

Solche Passagen allerdings begegnen – und das bekräftigt wohl die Annahme, daß die Problematik des Werkes kaum etwas mit der Text*kombination* zu tun hat – vornehmlich im 2. Teil, dessen Form auch weitaus stärker von einer kantatenhaften Aneinanderreihung einzelner Abschnitte getragen wird. Im 1. Teil hingegen sorgt die Überlagerung von Sonatensatz und Strophengliederung – und damit eine von Mahler bereits eindrucksvoll erprobte Konstellation – für eine außerordentlich dichte, in der Intensität des Ausdrucks kaum jemals nachgebende Formbildung. Die Eröffnung dieses Teiles setzt den verbalen Hymnus sogleich auch in einen musikalischen um: nur ein einziger instrumentaler Takt mit dem Tonikaakkord Es-Dur – ein »Anstimmakkord« als rudimentäre Einleitung – geht dem lautstarken Doppelchoreinsatz »Veni creator spiritus« (»Komm, Schöpfer Geist«) voraus:

Bsp. 61 *8. Sinfonie*, 1. Teil, T. 2–5

Das Anfangsintervall dieses Hauptthemas, die fallende Quart, wird sich als ein Kernmotiv erweisen, das über diesen Teil hinaus das gesamte Werk durchzieht. Doch neben ihm entfaltet sich eine Reihe weiterer motivischer Verflechtungen, deren Variantenfülle hier nur angedeutet werden kann. So erscheint bereits Takt 8 eine Begleitfigur, welche sich ab Takt 81 in eine tragende, die 2. Strophe übernehmende Melodie verwandelt (»Qui Paraclitus diceris«; »Der du Erlöser genannt wirst«):

Bsp. 62 *8. Sinfonie*, 1. Teil, T. 8–9

Aus beiden Gedanken, dem des hymnischen »Veni« und der schwungvollen, geschmeidigeren Begleitfigur, kristallisiert sich nun durch entwickelnde Variation ein weiteres Hauptthema. Es erscheint – in Gegensatz zu dem des »Veni«, das vor allem als Motivquelle genutzt wird – meist als weitschwingende, doch geschlossene Melodie:

Bsp. 63 *8. Sinfonie*, 1. Teil, T. 21–24

Auch das eigentliche 2. Thema, mit seiner verhaltenen Dynamik und kantableren Linienführung auffällig an ein traditionelles »Seitenthema« erinnernd, bleibt mit den Ausgangsthemen verbunden. Dies geschieht nun allerdings mehr durch rhythmische Bezüge, die von echoartigen Anklängen an melodische Konturen der vorausgegangenen Themen gefestigt werden:

Bsp. 64 *8. Sinfonie*, 1. Teil, T. 46–48

Dieser Themen-»Exposition« gibt eine variierte Wiederaufnahme des »Veni«-Hauptthemas einen abrundenden Rahmen, aus dem freilich sogleich wieder überleitende Bewegungen ausbrechen. In jedem Fall jedoch zeigt sich hier der Abschluß eines Formabschnittes, dem die beiden ersten Strophen des Hymnus zugrunde liegen. Sie sind der verherrlichenden Anrufung des »Schöpfer Geists« gewidmet – und dies begründet denn auch den engen Zusammenhang zwischen allen bisher eingeführten Themen. Stimmen somit Sonatensatz- und Strophengliederung noch weitgehend überein, so ändert sich dies im folgenden – zunächst behutsam, dann auf geradezu dramatische Weise. Statt einer zu erwartenden »Durchführung« löst die 3. Strophe, in der anfänglich – und in scharfem Kontrast zur Anrufung des Höchsten – vom Menschen und seiner »Schwachheit« die Rede ist, eine im Ausdruck völlig veränderte Variante des »Veni«-Themas aus:

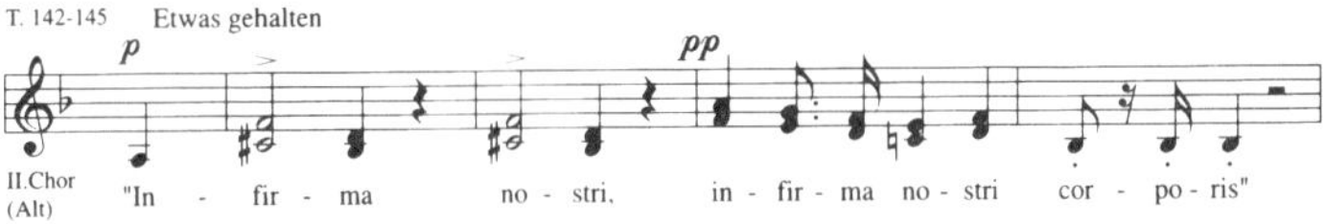

Bsp. 65 *8. Sinfonie*, 1. Teil, T. 142–145

D. h., die »Exposition« war mit der rahmenden Wiederaufnahme des »Veni« zwar musikalisch, doch nicht der Textsituation entsprechend abgeschlossen. Dies holt der Abschnitt Takt 141 ff. nach, wobei sogar das »Seitenthema« einbezogen wird. Und danach erst (T. 169) beginnt ein Abschnitt, der klar durchführungsartige Züge trägt. Allerdings steht auch hier das Traditionell-Regelhafte auf unsicherem Grund. Denn diese »Durchführung« bestreitet zunächst das Orchester allein – es ist mit nur rund 50 Takten (von insgesamt 580!) die längste Instrumentalpassage des 1. Teils. Und sie verwandelt sich umgehend in eine Überleitung zur neuerlichen Vertonung der Anfangszeilen der 3. Strophe. Doch auch diese Neuvertonung wird allmählich in eine Steigerung hineingerissen, auf deren Höhepunkt das »Accende lumen sensibus« (»Entzünde ein Licht unseren Sinnen«) in dröhnendem Unisono hereinbricht:

Bsp. 66 *8. Sinfonie*, 1. Teil, T. 262–264

Dieser Ruf nimmt nicht nur den »Veni«-Hymnus auf, sondern lenkt mit gebieterischer Geste auch alles noch Kommende. Es ergießt sich ein bis zum Schluß hin nicht mehr abreißender, nur noch gelegentlich von verhalteneren, »retardierenden« Passagen leicht abgebremster Stimmenstrom, der die weiteren Markierungen des Sonatensatzes hörbar überflutet. Dies aber entspricht genau dem Sinn der ausstehenden Strophen, die sich ausschließlich dem Gedanken der Erlösung und der Lobpreisung dessen zuwenden, von dem sie kommt. Für die musikalische Intensivierung dieses eigentlichen »Hymnus« verwendet Mahler wiederum traditionelle Gestaltungsweisen wie die Doppelfuge (T. 312 ff.), die jedoch eingebunden erscheint in ein vielstimmiges Geflecht von Motiv- und Themenkombinationen. Während der Einsatz der Reprise (T. 413) nur eine gleichsam aus dem Stimmenstrom aufglänzende Verdichtung des »Veni«-Themas herbeiführt, erfüllt sich der Satz erst in der Coda – und zwar deshalb, weil ihr mit der 8. und letzten Strophe (»Gloria Patri Domino«; »Ehre dem Vater, dem Herrn«) die formelhafte, nicht mehr zu steigernde Schlußwendung zugewiesen ist.

Im Vergleich mit den Eröffnungssätzen der vorausgegangenen Sinfonien haftet dem 1. Teil der *Achten* in der Tat etwas Konservatives an; eine klassizistische »Schönlebendigkeit« (Worringer, S. 14 ff.), deren Bindung an die deutsche Oratorientradition des 18. und 19. Jahrhunderts unüberhörbar erscheint. Dies beruht zunächst und vordergründig auf der beherrschenden Rolle der Chöre (I., II. gemischter und Knabenchor), welche eindeutig das Klangbild bestimmen. Die sieben Gesangssolisten sowie das mit etwa 140 Instrumenten nicht minder stark besetzte Orchester sind gewissermaßen in diesen Chorklang eingeschlossen, beschränken sich weitgehend auf dessen farbliche Nuancierung und Akzentuierung. Und das hat zwangsläufig Folgen für den Tonsatz, der grundsätzlich als (vier- bis fünfstimmiger) akkordischer »Chorsatz« angelegt ist. Diese Kompaktheit besteht auch ungemindert in jedweder Form polyphoner Auffächerung, indem sie noch stets als »beziehungsvoller Gegensatz« zur Homophonie wirkt – und dergestalt ihr untergeordnet bleibt. Die Vielstimmigkeit der Doppelfuge in der »Durchführung« des 1. Teils erwächst aus dem Dreiklang und kehrt wieder zu ihm zurück. Die Fuge betreibt also eine Differenzierung der Homophonie – und somit recht eigentlich deren Befestigung.

Daraus aber, daß dies nicht allein für den Spezialfall »Fuge«, sondern eben grundsätzlich für den Tonsatz gilt, entsteht der (zutreffende) Eindruck permanenter Homophonie. Und dies ist zugleich der tiefere Grund für die konservativen Züge im Hymnus, voran für die Flächigkeit von Harmonik und Klang, die nichts Geringeres bedeutet als einen merklichen Rückfall hinter das, was Mahler etwa in der *5.* bis *7. Sinfonie* erreicht hatte. Hier wurde die Polyphonie aus dem traditionellen Gegensatz zur Homophonie gelöst, indem sie unterschiedslos das Stimmlich-Horizontale und Klanglich-Vertikale erfaßte, die »Richtungen« gleichsam stufenlos zu ändern ermöglichte. Oder anders: Homophonie war zum »Spezialfall« einer Polyphonie geworden, die wie eine Art »Medium« den Tonsatz umhüllt und durchdringt.

Das Gefühl nun, einem solchen »Rückfall« erlegen zu sein, könnte Mahler die oben angesprochenen Bedenken gegenüber seinem jüngsten Werk eingegeben haben. Indes erfaßt diese Sicht keineswegs das Ganze – und vielleicht nicht einmal das Wesentliche, selbst nicht des nach außen hin so »geradlinig« ausmusizierten Hymnus. Denn die klassizistischen Elemente, so unvermittelt sie sich auch dem Ohr aufdrängen, geraten stets noch in den Sog einer Dramaturgie, die, angetrieben von den Überschneidungen von Strophen- und Sonatensatzanlage, den gesamten 1. Teil als ein einziges, wellenartig sich aufschaukelndes Crescendo erscheinen lassen. Darin liegt sein »expressionistisches« Moment – im Crescendo als Formidee. Es macht den Hymnus zu einer einzigen, gebieterischen Geste des Eröffnens, welche den Blick auf das von Bildern und Gestalten überquellende Panorama der *Faust*-Szene freigibt.

Dem strahlenden, hallenden Es-Dur des Ausklangs – erneut wirkt dies wie »Über-Dur« (s. S. 95, 149 f.) – antwortet eine Einleitung zum zweiten Teil, deren Breite und dunkle Färbung (es-Moll) wohl nicht nur das Kommende ankündigen, sondern auch das Verklungene verwandeln – der Hymnus des Tages weicht einer Nachtstimmung, welche für das Amorph-Uranfängliche steht, aus dem ein neuer Tag hervorgehen wird:

Bsp. 67 *8. Sinfonie*, 2. Teil, T. 2–6

Die Einleitung stellt mit 166 Takten den umfangreichsten Instrumentalabschnitt des gesamten Werkes dar. Dessen Taktzahl (580 + 1572 = 2152) zeigt an, daß dem Instrumentalen – wie bereits aus den Proportionen innerhalb des 1. Teils ersichtlich – nur episodische Bedeutung zukommt. Doch diese Einleitung läßt das quantitative Moment völlig vergessen: es entfaltet sich hier eine unendlich differenzierte Klang-Szene, welche nur mit den avanciertesten Passagen in den übrigen Sinfonien vergleichbar ist. Das Klangliche (oktaviertes Tremolo der 1. Violinen, angefärbt von einem Beckenschlag im Pianissimo; lastend-volltönende Pizzicati der tiefen Streicher; durchdringende Tonlinien der Holzbläser) verschmilzt mit einem hochsensiblen Wechselspiel von Konsonanz und Dissonanz in der Folge der Tonhöhen sowie mit Überlagerungen von rhythmischen Varianten – und alle diese Elemente erscheinen fest in ein einziges motivisch-thematisches »Modell« eingebunden, das trotz seiner Prägnanz den Eindruck erweckt, als ob es »unter« oder »hinter« den jeweils konkret ausgeführten Themen wirkt. Festigkeit und zugleich Vielstrebigkeit des »Modells« werden durch deutliche Bezüge zur Thematik des 1. Teils befördert. So erscheint das Pizzicato-Motiv als freie (Teil-)Umkehrung des »Veni«-Themas und das der Holzbläser als eine Variante des »Accende«-Themas, das allerdings ebenfalls aus dem »Veni«-Thema hervorgegangen ist ...

Die Einleitung gliedert sich in mehrere Abschnitte, in denen das »Modell« variationsartig ausgebreitet und dramatisiert wird – die Dynamik steigert sich vom verhalten-volltönenden Choral:

Bsp. 68 *8. Sinfonie*, 2. Teil, T. 24–28

bis zum hektischen Instrumental-»Rezitativ«. Mit dem Choreinsatz (T. 171, »Waldung, sie schwankt heran«) kehrt die Ausgangssituation der Einleitung wieder, wobei sich die Vokalstimmen den Instrumentalstimmen anzuverwandeln scheinen. Doch gerade dies ändert sich ohne jegliche Vorbereitung mit dem Gesang des Pater ecstaticus:

Bsp. 69 *8. Sinfonie*, 2. Teil, T. 219–222

Der instrumental geprägte »Ton« weicht einer vokal durchgebildeten Kantabilität, die den gesamten weiteren Verlauf bis zum triumphalen Abschluß des *Faust*-Teiles leiten wird. Damit schließt der Teil nun auch im Timbre an den Hymnus an. Das hat jedoch zur Folge, daß aufgrund der szenischen Anlage des *Faust*-Textes und durch dessen Rollenverteilung der Chor seine beherrschende Stellung an die Solistengruppe, beginnend mit dem Pater ecstaticus, verliert. War die religiöse Hymne von der musikalisch-dramatischen Stringenz eines kaum jemals verringerten, massiven Chorklangs getragen, so löst sich nun die Darstellung in szenisch-dramatische Handlungsmomente auf – denen die musikalische Gestaltung zu entsprechen hat. Doch was im Text und in seiner theatralischen Umsetzung trotz geradezu hemmungslos wirkender Phantastik plausibel erscheint: die stufen(= szenen)weise Erhöhung des problematischen Helden, des säkularisierten Menschensohnes, zur Erlösung durch die »allmächtige Liebe«, gerät als Vertonung in Gefahr, sich in Aneinanderreihung von »Nummern« zu verlieren.

Mahler hat diese Gefahr nicht immer zu bannen vermocht. Nach den beiden großen »Arien«, der lyrisch-inbrünstigen des Pater ecstaticus und der hochdramatischen des Pater profundus, stimmt der »Chor der Engel« das »Gerettet ist das edle Glied der Geisterwelt vom Bösen« mit dem »Accende«-Motiv des 1. Teils an. Obwohl die kompositorische Umsetzung des *ideellen* Bezuges zwischen »Erleuchtung« und »Errettung« überzeugt, erfährt sie doch durch die geforderte geringstimmige Besetzung, der sich dann der Knabenchor anschließt, eine *musikalische* Abschwächung, die symptomatisch genannt werden muß. Denn nun überwiegt mehr und mehr ein lyrischer Ton, welcher zwar der szenischen »Bild«-Folge von »Verklärung« und »Erlösung« angemessen ist, als musikalische Gestaltung hingegen an Tragfähigkeit zu verlieren droht. Das betrifft vor allem die Chöre der »jüngeren Engel« (T. 443 ff., »Jene Rosen«; T. 580 ff., »Ich spür' soeben«) und selbst solche zentralen Textpartien wie die der »Büßerinnen«, der »Magna peccatrix« (T. 868 ff., »Bei der Liebe«), der »Mulier samaritana« (T. 906 ff., »Bei dem Bronn«) und der »Maria aegyptiaca« (T. 968 ff., »Bei dem hochgeweihten Orte«). Hier breitet sich eine liedartig-schlichte Melodik aus, die wohl als Sinnbild von »Reinheit« und »Unschuld« aufzunehmen ist, deren kompositorischer Gehalt freilich einigermaßen deutlich hinter dem der ausdrucksgeladenen Partien der Einleitung und auch des Schlußteils zurückbleibt.

Bezeichnenderweise ändert sich dies Bild mit der Wiederaufnahme der Einleitungsthematik ab T. 1243. Das »Komm! Komm!« der »Mater gloriosa«, vor allem aber dann (T. 1277 ff.) das »Blicket auf!« des »Doctor marianus«, in das umgehend der Chor einstimmt, bewirkt ruckartig eine Intensivierung der musikalischen Bewegung, die trotz einiger weiterer retardierender Momente bis zum Schluß hin an Spannung gewinnt. Den dramatischen Höhepunkt des Teils und auch des Werkes bildet der »Chorus mysticus« (T. 1449 ff., »Alles Vergängliche«), der nach fast verlöschenden Instrumentalklängen wie aus dem Nichts heraus ertönt, eine gewaltige Steigerung aufbaut und mit Fanfaren-Varianten des »Veni«-Themas seinen hymnischen Abschluß findet.

Die gewissermaßen »archaisierenden« Auswirkungen einer vokalen Vertonung, die angesichts einer Fülle von theatralischer »Handlung« Zuflucht bei kantatenhaft reihender Gestaltung sucht, werden erst in diesen Schlußpartien wieder aufgefangen. Und sie knüpfen geradewegs nicht nur an die Motivik des Hymnus an, sondern nehmen dessen gesamten Ausdruckscharakter als den eines dramatischen Kontinuums auf. Dadurch aber erlangt dieses Kontinuum eine Ausdruckskraft, welche die lyrischen Tableaus der mittleren Partien des 2. Teils nunmehr ausgleicht und zu jener krönenden Überhöhung führt, die Mahler für sein »Hauptwerk« als unerläßlich empfunden haben mochte.

Das Lied von der Erde

1. Satz: *Das Trinklied vom Jammer der Erde*. Allegro pesante
2. Satz: *Der Einsame im Herbst*. Etwas schleichend. Ermüdet
3. Satz: *Von der Jugend*. Behaglich heiter
4. Satz: *Von der Schönheit*. Comodo Dolcissimo
5. Satz: *Der Trunkene im Frühling*. Allegro. Keck, aber nicht zu schnell
6. Satz: *Der Abschied*. Schwer

Besetzung: Picc, 3 Fl (3. auch 2. Picc), 3 Ob (3. auch EH), Kl in Es, 3 Kl in B, B-Kl, 3 Fg (3. auch K-Fg), 4 Hr, 3 Tp, 3 Pos, B-Tb, Pk, Schlgz (gr. Trommel, Glockenspiel, Triangel, Becken, Tam-tam, Tamburin), 2 Hf, Celesta, Mandoline, Streicher
Solo-Tenor, Solo-Alt

E: 1908–09
EA: 1912, U.E. (Wien)

Obwohl auf die *8. Sinfonie*, »die von Anfang bis Ende durchgesungen wird« (s. S. 155), mit dem **Lied von der Erde** ein weiteres vokalsinfonisches Werk folgt, begegnet im gesamten Schaffen Mahlers wohl kein größerer und tieferer Gegensatz als der zwischen diesen beiden unmittelbar benachbarten Kompositionen. Dort ein einziger, hymnischer Triumphgesang auf Erleuchtung und Erlösung des Menschen durch die Allmacht göttlicher und irdischer Liebe – hier die Gesänge auf die Nichtigkeit allen menschlichen Seins und Strebens, über die allein die Entsagung in mystischem »Abschied« hinausführt. Und der Gegensatz bleibt keineswegs auf das »Inhaltliche«, auf die Textebenen begrenzt, sondern erfaßt auch und noch krasser die musikalischen Darstellungsweisen. Allen Mahler-Enthusiasmus ungeachtet könnte ein unvoreingenommener Hörer rechtens daran zweifeln, daß etwa die mittleren Partien des zweiten Teils der *8. Sinfonie* und das Eröffnungsstück des *Liedes von der Erde* von ein und demselben Komponisten stammen.

Um wenigstens den Versuch einer Erklärung für diesen schroffen Gegensatz zu unternehmen, sei zunächst daran erinnert, daß Mahler die *8. Sinfonie* als »das Größte« bezeichnet hatte, was er »bis jetzt gemacht« (Briefe, S. 312) – »Alle meine früheren Symphonien sind nur die Präludien zu dieser. In den anderen Werken ist noch alle subjektive Tragik, – dieses da ist ein großer Freudenspender« (Specht, S. 252). Er mußte die wahrlich riesenhaft dimensionierte Chor-Sinfonie als sein »Hauptwerk« empfunden haben – und so wurde es auch von der Öffentlichkeit aufgenommen. Hingegen erschien Mahler das, woran er vom Sommer 1908 bis Frühjahr 1909 gearbeitet hatte, einigermaßen rätselhaft: »Ich war sehr fleißig [...]. Ich weiß es selbst noch nicht, wie das Ganze benamst werden könne. Mir war eine schöne Zeit beschieden und ich glaube, daß es wohl das Persönlichste ist, was ich bis jetzt gemacht habe« (Briefe, S. 348).

Mit der *Achten* gelang Mahler also »das Größte«, mit dem *Lied von der Erde* »das Persönlichste«. Für die Erklärung dieser doch wohl gewichtigen Unterscheidung bieten sich sofort einige einschneidende biographische Ereignisse an. Die Sinfonie entstand 1906, auf dem Höhepunkt von Mahlers Wirken als Wiener Hofoperndirektor, das, ungeachtet ständiger und sogar sich noch verschärfender künstlerischer wie politischer (antisemitischer) Angriffe, seinen Namen in ganz Europa ruhmvoll verbreitete – es war der Höhepunkt der »Ära Mahler« (s. S. 28 f.). Dieses Wirken des Theaterleiters und Dirigenten, das vorrangig den Meisterwerken von Mozart bis Wagner galt und die Mahler immer auch als Appell an das Wertebewußtsein seiner Zeitgenossen vorführte, könnte ihn durchaus bewogen haben, etwas ähnlich Anspruchvolles als Komponist zu unternehmen. Der *8. Sinfonie* ist solche Ambition eigen – nicht nur in Mahlers Selbstverständnis, und sie geht bis auf den heutigen Tag von ihr aus.

Ein Jahr später hatte sich Mahlers Situation grundlegend geändert (s. S. 33): vor allem die antisemitischen Attacken veranlaßten ihn, das Wiener Amt zugunsten freier Engagements niederzulegen (noch vor seiner Demission hatte er erfolgreich mit dem Direktor der New Yorker Metropolitan Opera verhandelt). In den Sommerferien, die er seit 1899 als seine »Kompositionszeit« zumeist in Maiernigg verbrachte, starb die ältere, sechsjährige Tochter Maria Anna an Diphtherie. Der schwere Schock, den dieser Tod auslöste, führte dazu, daß sich Mahler einer ärztlichen Untersuchung unterzog, bei der ein angeborener Herzklappenfehler festgestellt und ihm eine »schonendere« Lebensweise nahegelegt wurde. Wie ernst auch immer die Diagnose zu nehmen ist (vielleicht hat das verunsichernde Wissen um seine – mögliche – gesundheitliche Gefährdung mehr geschadet als diese selbst; gestorben ist Mahler vier Jahre später an einer Streptokokkeninfektion), er zog sich, allein und zutiefst verstört, in die kleine, abseits gelegene Ortschaft Schluderbach zurück und komponierte hier, »auf weiten einsamen Wegen, die Orchesterlieder, aus denen ein Jahr später ›Das Lied von der Erde‹ werden sollte« (Alma Mahler, S. 152).

Es wäre demnach durchaus naheliegend, das *Lied von der Erde* als klingendes Dokument einer Lebensrechenschaft zu verstehen, als eine

Art Testament, in dem sich Mahler aus gegebenem Anlaß existentiellen Bedingungen des menschlichen Daseins zuwendet: dem Verhältnis von Glück und Unglück, Hoffnung und Enttäuschung, Gnade und Verdammnis, Leben und Tod. Doch das Werk hätte nicht Mahler zum Autor, wenn es sich im Ausdruck individuellen Klagens und Trauerns erschöpfte. So schwer ihn der menschliche Verlust getroffen hatte, so sehr es ihm unfaßbar erschienen sein mochte, mit diesem Verlust leben zu können – die persönliche Erfahrung von Leid und Hoffnungslosigkeit verwandelte sich ihm in der Komposition zu einem überindividuellen Ausdruck, für den der antik-klassische Begriff »Katharsis« (»seelische Reinigung«, »Läuterung« durch die Begegnung mit dem »Tragischen«) zutreffen dürfte. Mahlers darstellerische Phantasie wurde in Extrembereiche subjektiver Gestaltung getrieben, in denen sie in einen allgemeingültigen Ausdruck umschlug – und erst durch diese Überschreitung erlangte die Musik jenen gewaltlos-zwingenden Ton, der seit der Uraufführung des Werkes immer wieder empfunden und hervorgehoben wird. Vielleicht hat damit auch die Wahl der Singstimmen zu tun, zu der es von Mahler allerdings keinerlei Äußerungen zu geben scheint. Offensichtlich leiteten ihn vor allem klangliche Vorstellungen. Der extrem hoch geführte Tenor erweist sich als besonders geeignet, die »überzeichnet« und dergestalt »expressionistisch« wirkenden Partien in den ihm zugewiesenen Liedern überzeugend wiederzugeben. Dazu bildet die dunkle Altstimme einen deutlichen Kontrast, ergänzt aber auch die schrillen Tenortöne durch einen »verschatteten« Ausdruck, der bis in die Nähe des Tonlosen gelangt und auf diese Weise gleichfalls in Bereiche »expressionistischer« Darstellung vordringt.

Der Mahler-Zeit, zumal dem Jahrzehnt vor dem Ersten Weltkrieg, als eben ein über den »Jugendstil« vermittelter »Expressionismus« die bislang vorherrschende, gründerzeitlich hochgestimmte Monumentalkunst in Frage zu stellen begann, war der Ausdruck von »Persönlichstem«, von schrankenloser Subjektivität, alles andere als fremd. Eine junge, um 1880 geborene Künstlergeneration verherrlichte sie bis zu anarchischem Exzeß und mystischer Verzückung; glaubte, in ungebremster Selbstdarstellung den eigentlichen, wahren, von jeglicher banalen Wirklichkeit gereinigten Kunst-»Gegenstand« gefunden zu haben. Das Pathos des »O Mensch«-Anrufes sollte »die Menschheit« wachrütteln, ihr die Augen für drohende Katastrophen öffnen – welche der Künstler als einzig »Sehender« wahrzunehmen vermochte. Sein Werk, aus solchem Selbstverständnis geformt, erhob geradezu zwangsläufig den Anspruch von weltumspannender Prophetie. Wenn in der *8. Sinfonie* das »Universum zu tönen und zu klingen beginnt« (Briefe, S. 312), so gilt der nachfolgende Orchesterlieder-Zyklus nichts Geringerem als »der Erde«, deren Jammertal »der Mensch« mit der Hoffnung des »Abschied«-Nehmens und der Rückkehr zur »ewigen« Natur durchschreitet.

Was Mahler in der *8. Sinfonie* als »das Größte« bezeichnet, wird gleichbedeutend mit dem »Persönlichsten«, das im *Lied von der Erde* zum Ausdruck kommt. Das künstlerische Individuum erfaßt die »Erde« und das »Universum«, um sie gewissermaßen als ein »Medium« transparent zu machen: »Was ist das für eine Welt, welche solche Klänge und Gestalten als Widerbild auswirft«, heißt es in einem Brief von 1909 (ebd., S. 372). Und Mahler meint hier nicht erst eine seiner letzten Kompositionen, sondern die jugendlich aufbegehrende *1. Sinfonie*. Indem solch universelle Dimension unauflösbar mit einer Individualität verschmilzt, die sich stets als unwiederholbar »Einzelnes« (im künstlerischen Selbstverständnis) und als »Stellvertretung der Menschheit« (durch die zu vermittelnde, übergreifende Botschaft) empfindet, entstehen Darstellungsprobleme, die weit über normales Maß – etwa über Traditionsbeziehungen zu klassischen Vorbildern – hinausgehen. Im Falle des *Liedes von der Erde* schien Mahler wirklich nicht gewußt zu haben, wie er »das Ganze benamsen« sollte. Abgesehen von verschiedenen Titelvarianten (»Das Lied vom Jammer der Erde«; »Das Trinklied von der Erde«) erinnert vor allem der schließlich gefundene Untertitel *Sinfonie für eine Alt- und eine Tenorstimme und Orchester* an einen Kompromiß, in welchem die Schwierigkeiten mit der Benennung und damit letztlich mit dem Gattungscharakter des Werkes nachwirken.

In der Tat deutet einiges darauf hin, daß Mahler ursprünglich keineswegs eine Sinfonie, sondern – wie bereits angedeutet – eine Reihe von Orchesterliedern komponieren wollte. Wenn man seine depressive Lebenssituation in jenem Sommer 1907 bedenkt, so lag dies nahe: durch das Lied brachte Mahler, ähnlich wie vor ihm Schubert, Schumann oder Brahms, sein innerstes Wesen zum Ausdruck – wie sehr auch immer es sich mit »Welt« verflochten erwies. Der von Alma Mahler verbürgte Umstand, daß er sich trotz der bald erkennbaren sinfonischen Tendenz der Lieder nicht entschließen konnte, das Werk »Sinfonie« zu nennen, um der »Schicksalszahl« einer »9. Sinfonie«, die dann – wie bei Beethoven und Bruckner – ebenfalls seine letzte sein »müsse«, auszuweichen (Alma Mahler, S. 142 und 171 f.), scheint wohl weniger gewichtig zu sein und stimmt auch schlecht mit der dann gerade im *Lied von der Erde* nachdrücklich artikulierten Todessehnsucht überein.

Ein Unentschiedenes in der Gattungszugehörigkeit blieb der Orchesterliederfolge jedenfalls erhalten: während die mittleren Stücke (Nr. 2–5) am stärksten noch den Charakter selbständiger Lieder tragen, überschreiten die Eckteile (Nr. 1 und 6) in jeder Hinsicht deren Dimensionen. *Das Trinklied vom Jammer der Erde* und *Der Abschied* nehmen, um es vorsichtig zu sagen, die Sonatensatzform in sich auf – in einer längst erprobten und bewährten Verschränkung mit strophischer Gliederung (s. S. 54 ff., 127, 131 f.). Die »selbständigen« Lieder rücken dadurch einigermaßen deutlich in die Position von »Mittelsätzen« – *Der Einsame im Herbst* (Nr. 2) wirkt als »langsamer Satz« und *Von der Jugend, Von der Schönheit* und *Der Trunkene im Frühling* (Nr. 3 bis 5) bilden zusammen ein »Scherzo«. Aber auch die Konzertform spielt hinein: die beiden beherrschenden Gesangssolisten »konzertieren« mit dem Orchester, entfalten ihre eigenen, auf das orchestrale Spektrum abgestimmten Struktur- und Klangkomponenten. Schließlich sei nicht vergessen, daß weite Teile der Partitur – ausgenommen vielleicht nur das *Trinklied* – kammermusikalische Züge tragen, welche unüberhörbar eine Parallele zu entsprechenden Entwicklungen in der Neuen Musik darstellen (Schönbergs *1. Kammersinfonie*, 1906; Weberns *Orchesterstücke* op. 10, 1911–13).

Die Texte hatte sich Mahler aus dem gerade erschienenen Insel-Bändchen *Die chinesische Flöte* zusammengestellt. Es sind, so der Untertitel, *Nachdichtungen chinesischer Lyrik* von Hans Bethge, die dieser allerdings nicht anhand von Originalen, sondern von älteren deutschen, englischen und französischen Prosaübersetzungen vornahm. Ungeachtet dessen, daß somit keinerlei philologische Gesichtspunkte eine Rolle spielen können, tritt uns aus Bethges nachempfundenen Dichtungen (wie man sie wohl zutreffender bezeichnet) weniger eine »klassische«, aus dem 8. Jahrhundert stammende Lyrik von Li-Tai Po (Nr. 1, 3, 4 und 5), Tscheng-Tsi (Nr. 2), Mong-Kao-Jen und Wang-Wei (Nr. 6) entgegen, als vielmehr eine auf dem schmalen Grat zwischen klanggesättigtem, metaphernreichem Ausdruck und blankem Kitsch balancierende Sprachartistik, deren Nähe zu jugendstilhafter Ornamentik und Farbigkeit unverkennbar erscheint. Bethges »Nachdichtungen« haben also kaum etwas mit originärer chinesischer Dichtung zu tun – dafür um so mehr mit jenem modischen »Exotismus«, der auch für Formenwelt und Gestaltungsweisen des Jugendstils von bahnbrechender Bedeutung war. Davon blieb denn auch Mahlers Vertonung nicht unberührt: *Das Lied von der Erde* gilt als eine Art »Hauptwerk« des musikalischen Jugendstils.

Indes reichte dies wohl niemals über recht unverbindliche Zuordnungen von Äußerlichkeiten des Klangs oder der Motivik hinaus. Doch gerade das weist erneut auf Eigentliches und Tieferliegendes bei Mahler hin. Wie solche, keineswegs zu unterschlagenden musikalischen Anspielungen in den Werkzusammenhang eingehen und in ihm gleichsam umfunktioniert werden, verwendet Mahler die Texte in einer Weise, die an die Vertonungen aus dem *Wunderhorn* erinnert: die Texte, so kunst- und stimmungsvoll sie immer sein mögen, dienen ihm als »Steinbruch«, aus dem er das ihm geeignet Erscheinende gewinnt und allein den eigenen Intentionen gemäß umformt, verkürzt, ergänzt, zerteilt, unterschiedlich zusammensetzt usw. In den Texten sieht Mahler wiederum und noch stets alles andere als »Literaturpoesie«. Sie bedeuten ihm, wie die *Wunderhorn*-Sammlung, »mehr Natur und Leben« (Briefe, S. 299; s. S. 216 f.), welche sich zu einem verbalen »Rohstoff« gefügt haben, den durch die Vertonung zu »verarbeiten« nicht nur legitim, sondern dessen einziger Sinn ist.

Das Grundthema des Werkes wird sogleich im *Trinklied vom Jammer der Erde* angeschlagen: alle Festlichkeiten des Lebens (»Schon winkt der Wein«) zerschellen an dessen Endlichkeit (»Dunkel ist das Leben, ist der Tod«). Doch während dem Menschen »nicht hundert Jahre« beschieden sind, wird »die Erde lange feststeh'n und aufblüh'n im Lenz«. Der Ton, in den Mahler diesen Text hüllt, unterscheidet sich mit dem ersten Einsatz des Orchesters schroff von allem vorhergehenden, insbesondere von dem der *8. Sinfonie*:

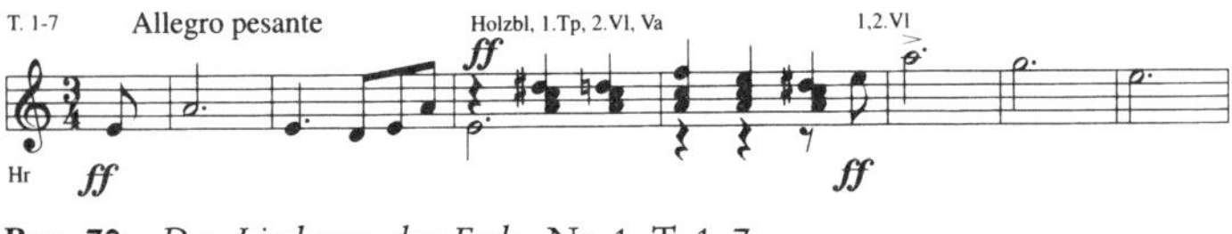

Bsp. 70 *Das Lied von der Erde*, Nr. 1, T. 1–7

Klang und Stimmenführung erscheinen härter, nicht selten sogar schrill, obwohl die harmonische Bewegung sich in relativ engen Bahnen entfaltet. Darin liegt ein Grundzug nicht nur dieses Liedes, sondern des Werkes insgesamt. Und dies scheint wesentlich mit der »exotischen« Färbung des Tonsatzes zu tun zu haben, mit der Einbeziehung von pentatonischen Elementen, wodurch die gewissermaßen »zeittypische« und genau im gegebenen historischen Moment zur Atonalität vordringende Chromatik weitgehend ausgespart bleibt. Doch die sich hieraus ableitende Diatonik hat kaum mehr etwas gemein mit jener traditionalistischen »Funktions-Diatonik«, die weite Teile der *8. Sinfonie* beherrscht. Sie bewirkt vielmehr durch Ausdünnung oder Austrocknung des Satzes eben jene »Härte« des Klangs, die nicht nur kennzeichnend für dieses Werk ist, sondern auch unverkennbar in die Zukunft weist: auf anti-romantische, »neu-sachliche« Tendenzen in den zwanziger Jahren.

Das pentatonisch-diatonische Element wird nun sogleich durch ein weiteres ergänzt, das sich sowohl im Harmonischen wie Melodischen geltend macht. Es ist eine permanent eingesetzte Sekundspannung, die jedoch eben nicht aus der Chromatik, sondern aus den Spitzentönen von Akkordrückungen entsteht. So antwortet dem ersten, pentatonisch gefärbten Motiv (s. Bsp. 70) eine schnell wechselnde Akkordreihe, deren Spitzentöne einen der Zentraltöne der Harmonie, die Quint e, umfassen, gleichsam »in die Zange nehmen«. Dies bewirkt eine Aufrauhung der ansonsten recht planen Harmoniefolge, die sich ganz darauf beschränkt, die Grundfunktionen auszuschreiten. Ähnliches passiert mit dem ersten Einsatz der Singstimme, die vom Harmoniegemisch C-Dur/a-Moll nach B-Dur ausbricht und hierbei eine etwas verquere »neapolitanische« Spannung erzeugt. Doch nicht der harmonische Bezug steht in diesem Fall im Vordergrund, sondern die Ton-zu-Ton-Spannung f-e, welche dem – nach außen hin gänzlich diatonischen – Satz eine unerwartete Schärfe gibt. Die Beispiele ließen sich beliebig erweitern und wären allen Abschnitten des Liedes zu entnehmen. Erwähnt seien lediglich noch zwei, die besonders eindrucksvoll erscheinen – auch wenn sie, wie vor allem das folgende, keineswegs auf unmittelbar zupackende Wirkung abzielen.

Drei der vier Strophen des Liedes schließen mit einem bemerkenswert offenen, wenig variierten Refrain. Zwischen dem ersten (T. 81 ff.) und dritten (T. 385 ff.) besteht, was die Tonhöhen der Singstimme betrifft und abgesehen von der Transposition, Übereinstimmung:

Bsp. 71 *Das Lied von der Erde*, Nr. 1, T. 81–89 (Fortsetzung S. 176)

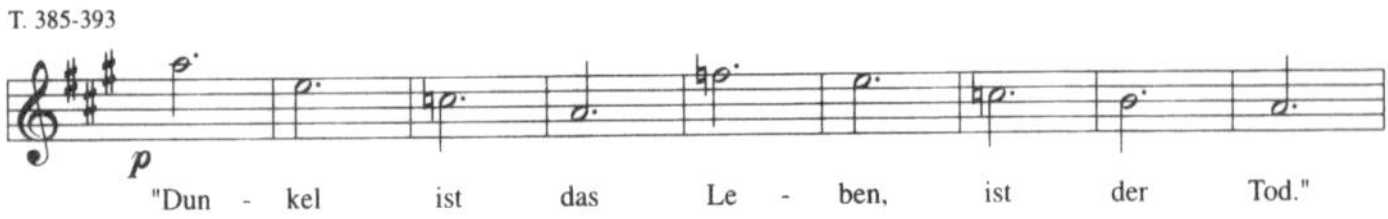

Bsp. 71 *Das Lied von der Erde*, Nr. 1, T. 385–393

Der zweite Refrain hingegen erfährt eine winzige, doch unerhört »sprechende« Veränderung:

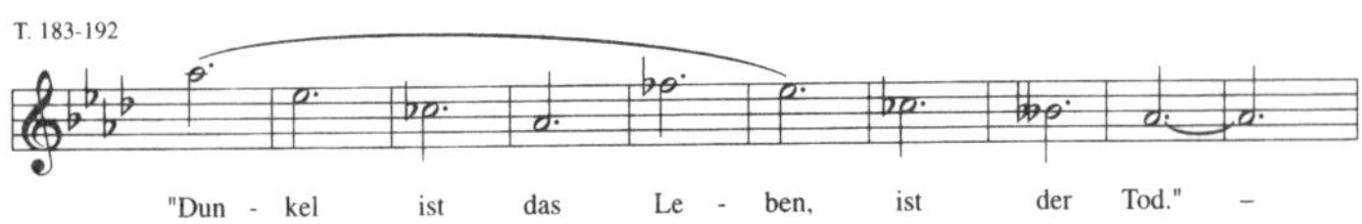

Bsp. 72 *Das Lied von der Erde*, Nr. 1, T. 183–192

Der vorletzte Ton müßte b lauten, wird jedoch dies eine Mal durch den abwärts gerichteten Leitton bb ersetzt. Die klangliche Verschärfung bleibt sogar im geforderten einfachen bis dreifachen piano vernehmbar – eine »unangenehme«, geradezu »schmutzig« wirkende Dissonanz. Sie eröffnet aber wohl nicht zufällig die Überleitung zu einer »Durchführung«, auf deren klanglich schneidendem Höhepunkt das gespenstisch verzerrte Bild eines »Affen« erscheint, dessen »Heulen hinausgellt in den süßen Duft des Lebens!« Das andere Beispiel betrifft die wahrlich bis zum Zerreißen gespannte Schlußwendung:

Bsp. 73 *Das Lied von der Erde*, Nr. 1, T. 400–405

Das signifikante pentatonische Dreiton-Motiv stürzt in den 1. Violinen, angetrieben noch durch eine schroffe 32stel-Figur der 2. Violinen, in einen F-Dur-Klang, der »von oben« von den Bläsern gehalten wird. Der darunter »hängende« Ton f der Violinen senkt sich nun, »sempre fortissimo«, wie gepreßt aus der F-Harmonie, um mit dem Erreichen des Tones e die Grundharmonie a-Moll zu errichten. Der abschließende, durch Klang- und Artikulationswechsel (tiefe Holz- und Blechbläser, Celli und Kontrabässe mit gestoßenem Achtel bzw.

Pizzicato) intensivierte Akkord wirkt wie ein Festnageln der Harmonie, so, als ob sie nicht mehr durch weitere aufrauhende Sekund-»Spaltungen« gefährdet werden möge.

Im Formaufbau verschränken sich, wie erwähnt, Sonatensatzelemente und Strophengliederung. Letztere dominiert zunächst dadurch, daß die beiden ersten Strophen die »Exposition« ausfüllen, »Hauptthema« und »Seitensatz« jeweils fast gleiche Strophenanteile übernehmen und somit rund 200 Takte (von insgesamt 405) beanspruchen. Die »Durchführung« (T. 203 ff.) ist mit nur 122 Takten merklich kürzer, setzt jedoch aus einer relativ breiten orchestralen Vorbereitung heraus zu einer vehementen dynamischen Steigerung an, welche auch die »Reprise« (T. 326 ff.) mit sich reißt und erst in ihr auf den absoluten Höhepunkt (T. 361) gelangt. Dieser Höhepunkt ist auf den Ton b fixiert, der nach chromatischen Umspielungen des Grundtones a sprungartig erreicht wird, um zum über eine Oktave tiefer liegenden as »abzustürzen«: die Halbtonspannung um Grundton und -harmonie erweist sich auch an dieser exponiertesten Stelle des Liedes als entscheidendes kompositorisches Darstellungsmittel.

Mit *Der Einsame im Herbst* beginnt die eigentliche Liedfolge, die sich als Folge von »Charakterstücken« recht deutlich von den weitaus komplexeren Rahmenteilen abhebt. Daß *Der Abschied* mit seiner rund halbstündigen Dauer etwa gleich lang ist wie alle vorausgehenden Lieder zusammen, dürfte nicht nur ein äußerliches Kennzeichen dafür sein. Das Liedhafte macht sich vor allem in einer stärkeren Hervorkehrung der Strophengliederung geltend, wodurch zwangsläufig in jedem der mittleren Stücke ein einheitlicherer »Ton« herrscht – im Gegensatz eben zu der Vielzahl divergierender »Töne« in *Trinklied* und *Abschied. Der Einsame im Herbst*, unter dem Gesichtspunkt einer »Sinfonie«, wie gesagt, der »langsame Satz«, vermittelt die Atmosphäre spätzeitlicher Verlassenheit von Mensch und Natur:

Bsp. 74 *Das Lied von der Erde*, Nr. 2, T. 1–4, 25–27

Particell des 3. Satzes (»Von der Jugend«) des *Liedes von der Erde*

Sinnbilder der »Einsamkeit« sind die in sich kreisenden, »etwas schleichenden« Skalengänge in den Violinen und die in Gesten der Klage sich entfaltenden Soli von hohen Bläsern. Die Singstimme greift beide Darstellungselemente auf und verbindet sie nahtlos. Die insgesamt vier Strophen erfahren jeweils eine leicht kontrastierende Aufteilung, wobei die B-Teile zu einer dichteren akkordischen Struktur neigen. Sie sind es aber auch, die durch dynamische Variantenbildung für wachsende Bewegung sorgen – und zwar deshalb, weil sie jene Textpassagen vortragen, in denen von aufkeimender Hoffnung die Rede ist: »Ich komm' zu dir« (T. 92 ff.); »Sonne der Liebe« (T. 128 ff.). Daß dann diese Sonne doch »nie mehr scheinen [will]«, nimmt Mahler zum Anlaß für eine coda-artige Abrundung des Liedes mit dem »schleichenden« Anfangsteil.

Das zunächst recht bieder-behaglich angestimmte Lied *Von der Jugend* erweist sich bei genauerem Hören als eine der merkwürdigsten und zukunftsträchtigsten Kompositionen, die Mahler je gelungen sind. Es wird da von einem »Pavillon« gesungen, in dem »Freunde« sitzen, »schön gekleidet, trinken, plaudern, – manche schreiben Verse nieder«. Doch diese idyllische Szene ist nur der gewissermaßen äußerliche Anstoß für den luftig-leichten, durchgängig kammermusikalischen Grundton der Musik. Ihren eigentlichen Attraktionspunkt findet sie in dem poetischen Bild »des kleinen Teiches«, auf dessen »stiller Oberfläche« sich der Pavillon und die zu ihm »sich hinüberwölbende Brücke aus Jade« – »auf dem Kopfe stehend« – spiegelt. Mahler gibt diesem »Spiegelbild« die naheliegende musikalische Entsprechung, indem er über das gesamte Stück hinweg Tonfolgen mit rückläufiger »Antwort« entfaltet:

Bsp. 75 *Das Lied von der Erde*, Nr. 3, T. 3–5

Während in den ersten Takten solcher »Krebsgang« auf das Melodische begrenzt bleibt, zeigt er sich mit dem Einsatz der Singstimme als ein Geflecht von horizontalen und vertikalen Beziehungen. Doch die Rückläufigkeit erstreckt sich auch ansatzweise auf ganze Strophenabschnitte. Was Theodor W. Adorno bewogen hat zu behaupten, daß »die literarische Pointe des Gedichts vom Pavillon, das Spiegelbild, zur Entstehungszeit des *Liedes von der Erde* musikalisch nicht zu bewältigen [gewesen sei]« (Adorno, *Mahler*, S. 197), da es, so wäre zu folgern, die Beziehungsspielräume der Atonalität – wie in Schönbergs *Mondfleck* aus *Pierrot lunaire* (1912) – voraussetzte, bleibt allein schon angesichts dieser wenigen Beispiele rätselhaft.

In dem wiederum recht schlicht anhebenden Gesang *Von der Schönheit* geht es um die Anmut Lotosblumen pflückender Mädchen und von Knaben, die sich »auf mutigen Rossen [tummeln]«. Doch Mahlers Interesse haftet nicht lange an dieser geruhsamen und auch wohl etwas schönfärberischen Szenerie. Der Akzent der Vertonung liegt unüberhörbar auf der dritten Strophe der Vorlage, in der von einem »Roß« die Rede ist, das die »hingesunkenen Blüten [zerstampft]«. Mahler erweitert dieses ganz und gar unlyrische Bild um eine hinzugedichtete Strophe und vertont, beide zusammenziehend, in einer lautstark dahinstürzenden Marschpassage, die von der letzten Strophe reprisenartig aufgefangen und zur verhaltenen Stimmung des Beginns zurückgeführt wird.

Der Trunkene im Frühling ist neben dem Lied *Von der Jugend* nicht nur das kürzeste, sondern gilt auch gemeinhin als das avancierteste von allen Stücken des Werkes. Das betrifft vor allem den Klangcharakter:

Bsp. 76 *Das Lied von der Erde*, Nr. 5, T. 1–3

und die Gestaltung der Singstimme. Der Klang zeigt in der Tat eine Flexibilität der »Töne«, die gleichsam stufenlos zwischen greller Aufhellung und geheimnisvoller Abdunkelung pendelt. Dem schließt sich nicht minder wandlungsfähig die Singstimme an, die ohne jeden vorbereitenden Übergang von einem mehr rezitativischen Tonfall zu liedhafteren Gebilden gelangt. D. h., daß in diesem Lied trotz eines permanenten »Wechsels der Töne« die Grundstimmung stets die gleiche zu bleiben scheint. Es hat dies vielleicht mit dem Zustand des Singenden zu tun, dessen »Trunkenheit« ihm einen Traum von frühlingsverkündenden Vogelstimmen vorgaukelt. Doch das »tiefste Schauen«, aus dem er vermeintlich »auflauscht« und das die Musik wie abgeblendet einhüllt, vermag eben doch nicht darüber hinwegzutäuschen, daß beide – der narkotische »Traum« wie der gleißende »Tag« – haltlose Wahnbilder sind. Sie scheinen denn auch im hektisch aufrauschenden Schlußritornell wie von einer wegwerfenden Geste ausgelöscht zu werden. Diese bei aller Realistik im Detail gleichwohl spukhaft »unwirkliche« Szene ist, sicher zu Recht, »expressionistisch« genannt worden, geleitet von einem »Rausch der Selbstzerstörung« (Adorno, *Mahler*, S. 197 f.). Dafür jedoch, daß dem nicht das letzte Wort überlassen bleibt, steht *Der Abschied* ein.

Noch einmal, wie beim Aneinanderstoßen der Klanghärte des eröffnenden *Trinkliedes vom Jammer der Erde* und des »eintönig« schwebenden Gesanges vom *Einsamen im Herbst*, baut sich zwischen den beiden letzten Stücken ein schroffer Kontrast auf. Es ist, als ob durch die kurze Pausenzäsur, die beide trennt, ein tiefer Abgrund aufrisse, aus dem die dumpfen Klänge des *Abschieds* herauftönten:

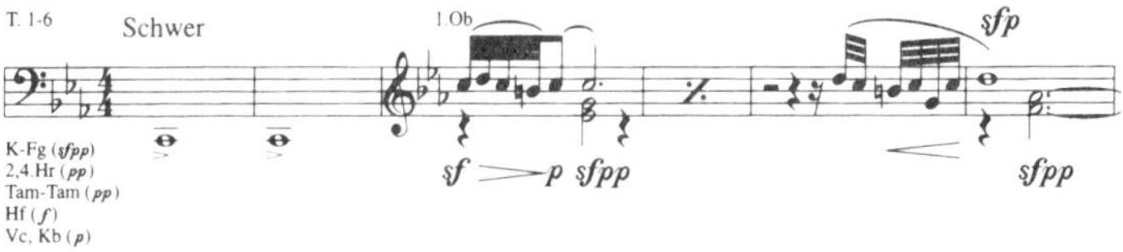

Bsp. 77 *Das Lied von der Erde*, Nr. 6, T. 1–6

Mahler zog für dieses Stück zwei Gedichte zusammen, die allerdings in Bethges Nachdichtung auch hintereinanderstehen. Und er nahm auffällig viele Änderungen und Ergänzungen vor, unter denen es eine seltsame Besonderheit gibt. In der dritten Strophe des ersten Gedichtes der Vorlage heißt es: »Die arbeitsamen Menschen gehn heimwärts, voller Sehnsucht nach dem Schlaf«. Bei Mahler lauten diese Zeilen: »Die müden Menschen geh'n heimwärts, um im Schlaf vergess'nes Glück und Jugend neu zu lernen!« – und er zitiert damit nichts anderes als eines der eigenen, 1884 entstandenen und seiner Jugendliebe Johanna Richter gewidmeten Gedichte. Ohne daß diese zumindest verblüffende Übereinstimmung müßige Spekulationen auslösen sollte (Mahler selbst wird außerordentlich überrascht gewesen sein), gibt sie doch einen kleinen Hinweis auf die gedankliche Geschlossenheit seines Werkes.

Die Bindung an die Sonatensatzform des Liedes läßt sich daran erkennen, daß es zwei Großabschnitte von annähernd gleicher Dauer umfaßt (302 und 269 Takte), die eine »Exposition« (T. 1–302) sowie eine Verschränkung von »Durchführung« (T. 303–374), »Reprise« (T. 375–508) und »Coda« (T. 509–572) enthalten. Das rezitativische Hauptthema erscheint wiederum als ein Komplex eigenständiger, kräftig kontrastierender Motive, die allerdings von einer trauermarschartigen Grundstimmung umschlossen sind (s. Bsp. 77). Das »Seitenthema«, obwohl variantentechnisch mit dem ersten verbunden, schlägt mit seinen weicheren melodischen Bögen und leicht schwankenden Rhythmen einen gänzlich anderen, liedmäßigen Ton an, in welchen sich die Singstimme zu schwelgerischer Kantabilität aufschwingt:

Bsp. 78 *Das Lied von der Erde*, Nr. 6, T. 57–59, 71–73

Einem intermezzoartigen Einschub des rezitativischen Eröffnungsteiles (T. 158–165) folgt ein drittes, abrundendes Thema, das hier den Schlußsatz der Exposition einleitet und das am Ende die überwölbende Zusammenfassung des gesamten Liedes übernehmen wird:

Bsp. 79 *Das Lied von der Erde*, Nr. 6, T. 199–206

So erfüllt und in sich geschlossen auch dieses klangvolle, an stimmungsreichen Metaphern sich entzündende Cantabile erscheint: es zerfließt, zerfasert und verschwindet noch einmal, um einer Reprise des »Trauermarsches« zu weichen. Doch diese Reprise ist nun in eine machtvolle, rein instrumental angelegte Steigerung verwandelt, die alle in den bisher vertonten Worten noch vorhandene elegische Beschaulichkeit vertreibt. Deshalb könnte sie auch als konfliktschärfende Durchführung gehört werden: hier kommt es zum »Ernstfall«, der jeden weiteren Versuch von lyrischer Schlichtung auszuschließen scheint. Sein Höhepunkt gleicht einer Katastrophe, wie sie Mahler nur noch wenig später im 1. Satz der *9. Sinfonie* hörbar machen sollte.

Das noch Folgende, die verkürzte Reprise der »Expositions«-Themen, wirkt darauf wie verstört – dem »ohne Espressivo« einsetzenden Gesang entspricht eine instrumentale Begleitung, der zunächst wahrlich »die Töne fehlen«, und der dann nichts anderes übrig zu bleiben scheint, als immer wieder auf die schneidende Motivik der »Durchführung« zurückzugreifen. Die irritierenden Anspannungen lösen sich erst mit der Wiederaufnahme des Seitenthemas (T. 430 ff.), das nun allerdings nahtlos in das Schlußsatz-Thema übergeht. Aus ihm lösen sich dann die zart verschwebenden Tonlinien und Klänge um das vielfach wiederholte Zielwort »ewig«, das jedoch alles andere als ein Ende markiert. Das Lied und mit ihm das gesamte Werk verhallen gleichsam ins Unendliche hinein – in der Singstimme auf dem pendelnden, »offenen« Intervall e-d, im Orchester auf dem, durch die eingesenkte »sixt ajouté« ebenfalls »unaufgelöst« wirkenden C-Dur-Akkord. Eine Geste des Fragens steht am Ende eines Werkes, dessen gedankliche Flugbahn wohl niemals zu einem Abschluß finden kann und soll.

9. Sinfonie

1. Satz: Andante comodo
2. Satz: Im Tempo eines gemächlichen Ländlers. Etwas täppisch und derb
3. Satz: Rondo-Burleske. Allegro assai. Sehr trotzig
4. Satz: Adagio. Sehr langsam und noch zurückhaltend

Besetzung: Picc, 4 Fl, 4 Ob (4. auch EH), Kl in Es, 3 Kl in A und B, B-Kl, 4 Fg (4. auch K-Fg), 4 Hr, 3 Tp, 3 Pos, B-Tb, Pk, Schlgz (kl. und gr. Trommel, Triangel, Becken, Tam-tam, Glockenspiel, 3 tiefe Glocken), Hf, Streicher

E: 1909–10
EA: 1913, U.E. (Wien)

Alma Mahler notierte im Kapitel »Neue Welt 1909« ihrer *Erinnerungen*: »Mahler hatte wieder fieberhaft im Sommer gearbeitet. Er hatte die Neunte vollendet, ohne sie jedoch so zu nennen; und auch im Winter hatte er seine Wiener Lebensweise beibehalten, die ganzen Morgen dem Durchfeilen der Komposition und der Instrumentation

Mahlers Wohnhaus in Toblach, wo u. a. die 9. Sinfonie entstand

zu widmen« (Alma Mahler, S. 187 f.). Von Mahlers abergläubischer Furcht, durch die fortlaufende Zählung des Werkes nach der *8. Sinfonie* das »Schicksal« Beethovens und Bruckners teilen zu müssen, war bereits die Rede (s. S. 172 f.). Obwohl glaubhaft überliefert ist, daß mit dem *Lied von der Erde* und der »verdeckten« Einfügung der Gattungsbezeichnung »Sinfonie« in dessen Untertitel (*Sinfonie für eine Alt- und eine Tenorstimme und Orchester*) diesem Schicksal gewissermaßen vorgebeugt werden sollte, gab Mahler seinem jüngsten Werk dennoch und sogar bald den ominösen Namen. Ganz ernst hat er da seinen Aberglauben offensichtlich nicht mehr genommen, denn in einem Gespräch mit Richard Specht bemerkte er ironisch: »Und in D geht sie auch! Aber [...] wenigstens in Dur« (Specht, S. 278).

Indes folgte der Ironie dann doch die Tragik: die **9. Sinfonie** sollte nicht nur Mahlers letztes vollendetes Werk bleiben – er hat es, wie auch *Das Lied von der Erde*, nicht mehr zur Aufführung bringen können. Beide Uraufführungen nach seinem Tode leitete Bruno Walter, der zugleich der Adressat der einzigen substanziellen Äußerung war, die Mahler über die Sinfonie verlauten ließ. Im August 1909 schrieb er dem Freund und einstigen Mitarbeiter an der Wiener Hofoper:

> »Ich war sehr fleißig und lege eben die Hand an eine neue Symphonie. Leider gehen auch meine Ferien zu Ende – und ich bin in der dummen Lage – wie seit jeher – auch wieder diesmal, noch ganz atemlos, vom Papier weg in die Stadt und in die Arbeit zu müssen. Das scheint mir nun einmal beschieden zu sein. Das Werk selbst (soweit ich es kenne – denn ich habe bis jetzt nur blind darauf losgeschrieben und kenne jetzt, wo ich den letzten Satz eben zu instrumentieren beginne, den ersten nicht mehr) ist eine sehr günstige Bereicherung meiner kleinen Familie. Es ist da etwas gesagt, was ich seit längster Zeit auf den Lippen habe – vielleicht (als Ganzes) am ehesten der 4. an die Seite zu stellen. (Doch ganz anders.) Die Partitur ist, bei der wahnsinnigen Eile und Hetze, recht schleuderhaft und für fremde Augen wohl ganz unleserlich. Und so möchte ich es sehnlichst wünschen, daß es mir heuer im Winter gegönnt sein möge, eine Reinpartitur herzustellen« (Briefe, S. 368).

Trotz der Einschränkung, die *Neunte* sei »ganz anders« als die *4. Sinfonie*, überrascht die Tatsache, daß Mahler überhaupt auf den Gedanken verfiel, gerade diese beiden, nicht nur auf den ersten Blick hin so verschiedenartigen Werke in Verbindung zu bringen. Doch welche andere Sinfonie – wenn denn eine Parallele, ein »Seitenstück« ausgemacht werden soll – hätte sich angeboten? Nicht nur die frühen, sondern auch die sogenannten »mittleren«, episch wie dramatisch ausgreifenden Sinfonien, die *Fünfte* bis *Siebte* und erst recht die panoramahafte *Achte*, schlagen einen Ton an, der sich von dem der *9. Sinfonie* erheblich unterscheidet. In ihr herrscht eine lyrische Grundstimmung, die selbst die tänzerisch bewegten, genrehaften Mittelsätze (II. »Im Tempo eines gemächlichen Ländlers«; III. »Rondo-Burleske«) und auch die extrem dynamisierten Partien in den langsameren Ecksätzen (I. »Andante comodo«; IV. »Adagio«) durchdringt.

Die Ursache dafür, daß sich ein solcher lyrischer »Grund-Ton« eines ganzen Werkes bemächtigt, liegt in dessen liedhafter Anlage, in der Ausformung seiner Sätze als liedhafte Charaktere. Gilt die *Neunte* zu Recht als Höhepunkt der Kompositionskunst Mahlers, die zumal durch Klanggestaltung und Formbildung bereits weit in die »Neue Musik« vordringt, so erlangt sie die Gipfelstellung auch und vielleicht noch mehr als eine Art »Schlußstein« dieser Kompositionskunst. Denn nun scheinen die beiden Darstellungsebenen Mahlers, die des Liedes und der Sinfonie, endgültig und gewissermaßen ohne jeden überschüssigen Rest zusammen- und ineinanderzulaufen. Das Klanglich-Instrumentale wird »gesanglich-beredt«, wie dies nur die exponiertesten Lieder vermochten; und das Liedhafte senkt sich in die instrumentale Struktur, wo es nicht mehr des artikulierten Wortes bedarf. Klingen und Singen werden eins.

Abgesehen davon, daß Mahlers musikalisches Denken von dieser »Symbiose« durchdrungen war und von Beginn an auf sie zusteuerte (s. S. 133 f.), so schien sie sich erst im *Lied von der Erde*, zumal in dessen letztem Stück *Der Abschied*, endgültig zu vollziehen. In den verschwebenden Klängen der ausgedehnten Schlußpartie wird die Stimme zum Instrument, das die vokale Lautgebung in Farbvaleurs verwandelt. Nebenbei bemerkt, erscheint es wohl nicht gänzlich abwegig, in der vokal-instrumentalen, also auf ein rein instrumentales Werk doch noch immer »vorbereitenden« Lieder-Sinfonie einen Grund dafür zu sehen, daß auf die *Achte* eben nicht eine (instrumentale) *9. Sinfonie* folgte, unabhängig von jenen Hemmungen, die Mahler angesichts der »schicksalhaften« Werkzahl mehr oder weniger ernsthaft empfunden haben mochte.

Mittelbar hingegen machte sich die Verwandlung am deutlichsten eben in der *4. Sinfonie* geltend, deren Gestaltungselemente – vom einzelnen Motiv bis zum »Ton« – gewissermaßen an Fäden haften, die im abschließenden Lied-Finale zusammenlaufen (s. S. 88, 100 ff.). Sie entfalten sich hier jedoch nicht zu überhöhender Erfüllung, wie dies in allen anderen Sinfonien, auch – unter »negativem« Vorzeichen – in der *Sechsten* der Fall ist, sondern führen zu einem auskomponierten Verstummen von Musik. Ähnliches ereignet sich in der *9. Sinfonie*. Ihr Schlußsatz verschmilzt die ironisch-freundliche Utopie des »himmlischen Lebens« mit einem elegisch gestimmten Abschiednehmen. Die Musik verstummt nicht mehr nur, sie scheint sich in schattenhafte Bewegungen aufzulösen und im Nichts zu verschwinden. Die kammermusikalisch wirkende Ausdünnung des Klangs gibt dem Ausdruck eine gläserne Zerbrechlichkeit, die letztlich in Ausdruckslosigkeit, in Erstarrung verfällt.

Die Anstöße für solche Auflösung kommen nun keineswegs aus dem Adagio allein, sondern deuten sich bereits und in wörtlichem Sinne mit den ersten klingenden Ereignissen des Eröffnungssatzes an. Es reihen sich hier, scheinbar ohne jede Beziehung und auch kaum sofort zu motivischem Gewicht findend, einzelne Laute, Rhythmen und Intervalle aneinander – ein stockender, tastender Beginn, den als »Einleitung« zu hören nicht nur wegen der Kürze des Geschehens nicht recht gelingen will. Der anhebende Achsenton a, eingefärbt und gleichsam entmaterialisiert durch das Flageolett der Kontrabässe in Takt 4, hat seine Entsprechung im Finalton d der beiden Schlußtakte (T. 453/454) des Satzes – eine imaginäre, den Bogen vom Anfang zum Ende schlagende Dominant-Tonika-Folge in der Grundtonart D-Dur. Die klangliche »Demontage« des Zieltones durch eine Kombination von Flöte (pp), Pizzicato der hohen Streicher und Flageoletts von Harfe und Kontrabässen zu einem nurmehr schwach »pfeifenden« Laut oder auch »schabenden« Geräusch vollendet, was sich mit den ersten Tönen angebahnt hatte:

Bsp. 80 *9. Sinfonie*, 1. Satz, T. 1–5, 452–454

Zwischen dieser »Klammer« entfalten sich nun die in Bsp. 80 bezeichneten Elemente (1–4) keineswegs in der Art traditioneller Motive, sondern eher wie ausgestreute »Bausteine« oder »Leit-Elemente«, die in Melodien und Begleitstimmen eingefügt oder als selbständiges Motiv (insbesondere der »Leit-Rhythmus« des Horns) in die Formbildung einbezogen werden. Und es kommen noch weitere hinzu: eine signifikante, chromatische Akkordrückung (erstmals T. 42 ff.); der Ansatz zu einer kantilenenhaften Figur, die Takt 54 in den Celli anhebt, sowie ein »Vorschein« jener Doppelschlagfigur (T. 45, 1. Trompete; T. 59, Flöten und 2. Violinen), die in den beiden letzten Sätzen eine beherrschende Rolle spielen wird. Von diesen Bausteinen heben sich die eigentlichen und vordergründig auch führenden Themen deutlich ab. Es sind im wesentlichen zwei Themen, die in Ausdruck (lyrisch–dramatisch) und Klang (Dur–Moll) scharf kontrastieren:

Bsp. 81 *9. Sinfonie*, 1. Satz, T. 7–10, 29–31

Sie stehen jedoch keineswegs wie Haupt- und Seitenthema eines Sonatensatzes zueinander, sondern stellen – als »Dur«- und »Moll«-Thema – gleichberechtigte Gedanken dar, die wechselweise entfaltet und durch ein klärend-abgesetztes, gleichsam »geradliniges« und daher auch recht traditionell wirkendes »Schlußgruppen«-Thema abgerundet werden:

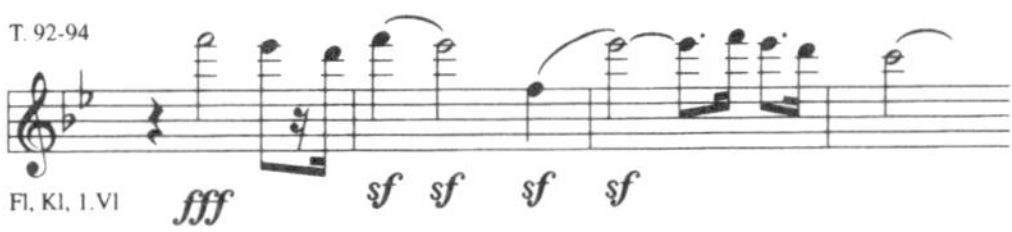

Bsp. 82 *9. Sinfonie*, 1. Satz, T. 92–94

Mit all dem ist nun die motivisch-thematische Ausgangslage für einen Satz gegeben, dessen Formbildung auf diese gewissermaßen mul tispektrale Lage reagiert, Konsequenzen aus ihr zieht. Vordergründig ereignet sich dabei eine Verschränkung von Sonatensatz und Variation bzw. Doppelvariation. Letztere hat zweifellos das Adagio aus Beethovens *9. Sinfonie* zum Vorbild, dem Mahler bereits mit dem langsamen Satz seiner *4. Sinfonie* gefolgt war. Schichtenartig fügen sich die wechselnden Variationsabschnitte aneinander: 1. Thema Takt 7–26, 2. Thema Takt 27–46, 1. Thema Takt 47–79, 2. Thema und »Schlußgruppe« Takt 80–107. Diese Variationenfolge aber trägt zugleich – unter dem Gesichtspunkt von Kontrast-Thematik – Züge einer Sonatensatzexposition, an die in der Tat auch ein Abschnitt mit unverkennbar durchführungsartigen Merkmalen anschließt: mit Reduktion von Motivik/Thematik auf die Ausgangselemente und Zersplitterung des Orchestersatzes durch isoliert wirkende Einbeziehung von zum Teil fragmentiertem melodischen, harmonischen und rhythmischen Material. Doch diese »Durchführung« erscheint merkwürdig ziellos, erschöpft sich mehr in verhaltenen Anspielungen, als daß sie zu üblichem dramatischem Aufschwung findet. Die musikalische Bewegung, die geradezu ins Lautlose zu fallen droht, formiert sich zögernd und schleppend, chromatisch aus der Tiefe aufsteigend, nach mehreren Anläufen das Moll in Dur verkehrend zum neuerlichen Stropheneinsatz des 1. Themas (T. 148).

So beiläufig sich hier der Begriff »Strophe« nach dem des »Sonatensatzes« und dem der »Variation« einstellte, so selbstverständlich ist auch das, was er bezeichnet, in die Formbildung verwoben. Darin, im nahtlosen und mithin geradezu unmerklichen Übergang von der einen zu einer der anderen Ebenen, dürfte eines der wesentlichen Merkmale des Satzes, wenn nicht gar des ganzen Werkes liegen. Denn diese Variabilität der Form ist ein unmittelbares Kennzeichen für die Wandlungsfähigkeit des musikalischen Sprachcharakters, für die endgültig vollzogene Aufhebung der Unterscheidung von vokaler und instrumentaler Erfindung und deren kompositorischer Umsetzung.

Daraus eben geht jene lyrische Grundstimmung hervor, die auch das Dramatische einschließt, in schneller wie in verlangsamter Bewegung sich geltend macht und so alle diejenigen Gestaltungselemente zusammenführt, die in traditioneller sinfonischer Musik als gesonderte Darstellungsmittel »gesetzt« worden sind. Mahlers *9. Sinfonie* dringt gewissermaßen zu einer Musik »an sich« vor, in der eine Unterscheidung von »Vorder-« und »Hintergrund«, von »wesentlichen« und »begleitend-untergeordneten« Ereignissen, von präsentiertem »Charakter« und präsentierendem »Ornament« überwunden wird und jedes klingende Detail gewissermaßen gleich nah zum ideellen Kern dieser Musik steht. Eben dies macht ihre suggestive Kraft aus, die sich jenseits inszenierter Darstellung als mehrfach gefügte, verschweißte Kontinuität von Ausdruck entfaltet.

War von Ziellosigkeit des Durchführungsabschnitts die Rede, so muß dies für den weiteren Verlauf des Satzes relativiert werden. Denn einerseits führen die »verarbeitenden« Vorgänge zu neuerlichen, »geschlossenen« Strophenansätzen (T. 148, 211, 269), andererseits münden diese wiederum in die weitaus traditioneller gehaltene und deshalb ebenfalls geschlossener wirkende Thematik der »Schlußgruppe« (T. 174, 279), aus der dann auch zusammenfassende, also zielgerichtete dynamische Aufschwünge hervorgehen. Doch diese Aufschwünge, so dramatisch sie sich geben (T. 174: »Mit Wut Allegro risoluto«) und so deutlich sie auch die dynamische Klimax des Satzes einschließen (mit dem »Einbruch« des »Leit«-Rhythmus T. 314 ff.) – sie können nicht darüber hinwegtäuschen, daß es eher äußerliche Höhepunkte sind, die sie markieren. Und zwar deshalb, weil diese Höhepunkte, durch sorgfältig angelegte Steigerungen aufgebaut, gleichsam »berechenbar« erscheinen und also »vorausnehmend« gehört werden können – im Gegensatz zu den strophischen Varianten der beiden Hauptthemen, deren Einsatz aus unbestimmt-raunender Klanglichkeit erwächst und deren Fortspinnung scheinbar abseitige, in jedem Fall aber eben unvorhersehbare Wege einschlägt.

Das zeigt sich mit aller Konsequenz im Übergang zur »Reprise«, in dieser selbst und im Charakter der »Coda«. Der Reprisenbeginn wird gewöhnlich mit Takt 347 (so z. B Floros, S. 273), mit dem letztmalig vollständig vorgetragenen »Dur«-Thema angegeben, dem Takt 372 – ebenso letztmalig – das »Moll«-Thema folgt. Nach traditionellem Formverständnis scheint dies auch zuzutreffen. Doch was ist dann mit jenen, den Hauptthemen so bedeutungsvoll vorgelagerten »Bausteinen« aus den Anfangstakten (s. Bsp. 80)? Spielen sie nunmehr keine Rolle mehr und sind umstandslos dem Geschehen verlorengegangen? Mitnichten. Ihre »Reprise« beginnt unmißverständlich im »mit höchster Gewalt« einbrechenden »Leit«-Rhythmus Takt 314, dem sich in den folgenden Takten die weiteren »Bausteine« anschließen: Takt 317, Pauken (2); Takt 337, Flöten und Violen (4); Takt 343, 1. Trompete und 1. Horn (3). D. h., der Beginn der »Reprise«, wenn von einer solchen überhaupt noch sinnvollerweise zu sprechen ist, fällt mit der Klimax der »Durchführung« zusammen. Und das ist auch und gerade dem traditionell-klassischen Sinne nach keineswegs ungewöhnlich, wenn man sich etwa an Repriseneinsätze bei Beethoven erinnert (prototypisch etwa der 1. Satz der *7. Sinfonie*). Doch bei Mahler tritt nun kein Themen-»Held« mehr sieghaft aus dem Getümmel, sondern die gleichsam ins Überdimensionale gesteigerte »Vor-Thematik«, deren fragmentarische Substanz denn auch statt des üblichen durchbruchartigen Triumphs den Zusammenbruch provoziert. Wie diese Klimax, in die hinein der »Leit«-Rhythmus dröhnt, den Tonraum von oben nach unten aufreißt und die nachfolgenden »Bausteine« erneut wie beziehungslose Versatzstücke aneinanderreiht und durcheinanderwürfelt, so finden auch die Hauptthemen trotz merklicher melodischer Ausweitung und dynamischer Anspannung (T. 356 ff., 374 f.) zu keiner ungehemmten Entfaltung mehr.

Konsequenz dessen ist sowohl der wahrhaft unerhörte Abschluß der »Reprise« (T. 376 ff.) wie die gesamte Coda (T. 406–454). Erstere verdünnt sich zu einem imaginären, wirr gestikulierenden »Trio« von

Flöte(n), Horn und Celli/Kontrabässen. Es scheint, als ob hier die Stimmen nur noch sich überlagernde Echos aus einem Satz herübertragen, dessen kompakte Substanz auf geheimnisvolle Weise entschwunden ist. Dem haben auch erneut hinzutretende thematische Ansätze (T. 391 ff., 398 ff.) kaum etwas entgegenzusetzen – die musikalische Bewegung zerrinnt und mündet Takt 406 in einen Tiefton, dem durch die Instrumentation (mit führend-grundierendem Kontrafagott) eine gewissermaßen abgründige Dunkelheit gegeben ist. Mit ihm hebt zugleich die Coda an. Und sie scheint diese Dunkelheit durch aufsteigende, harmonisch und melodisch »geordnete« Formulierungen wieder aufzulichten. Doch dies gelangt über Ansätze nicht hinaus. Die solistisch eingesetzte Flöte (ab T. 421) führt die musikalische Bewegung in extreme Höhenlage (»Schwebend«), von der aus sie über ziellos wirkende, dissonante Vorhalte nach D-Dur, zum Kopf des »Dur«-Themas (in der Solo-Violine) zurückkehrt. Und von diesem Kopf bleiben denn nur noch die Anfangsintervalle übrig, die aufsteigende Sext und die fallende Sekunde, die am Ende beide in die Tiefe geführt werden und auf dem »entmaterialisierten« Tonpunkt d verlöschen.

Auch hier wäre wieder an die *4. Sinfonie* zu denken, an den Ausklang von deren Lied-Finale, das in ähnlicher Weise zu solchem Verstummen gelangt. Doch was in der *Wunderhorn*-Sinfonie noch immer im Bannkreis eines märchenhaft-lyrischen Tons bleibt, gerät im späteren Werk zu expressionistischer Schärfe. Das Verstummen wird über das Bild des Ausdruckslosen hinaus zu dem eines Sprachlosen: die Gewalt dieses Schließens ergibt sich aus der Verweigerung dessen, was doch gerade, im unmittelbar Vorausgehenden, als »Symbiose« von Klang und Gesang, erreicht worden ist.

Wiederum scheint sich das Stichwort »expressionistisch« nicht zufällig einzustellen. Der Schluß, genauer: dieses Schließen des 1. Satzes trägt vielleicht etwas dazu bei, die rätselhaften Charaktere der beiden Mittelsätze zu entziffern. Mahler selbst war sich zunächst nicht recht im klaren darüber, wie er sie bezeichnen sollte. Der 2. Satz war ursprünglich als »Scherzo«, dann als »Minuetto infinito« benannt. In beiden Fällen kann man leicht nachvollziehen, daß Mahler diese Titel im Hinblick auf das, was dann erklang, nicht recht gefielen. Und so vermied er denn jede Überschrift und beließ es bei den unbestimmteren Angaben »Im Tempo eines gemächlichen Ländlers (Fernerhin mit Tempo I bezeichnet)«, »Poco più mosso (Tempo II)« und »Tempo III (Ländler, ganz langsam)«. In jedem Falle aber geben bereits diese

Angaben einen Hinweis auf die kontrastreiche Vielschichtigkeit eines Satzes, den allein ein tänzerischer Grundzug zusammenhält.

Darin kommt er einer ganzen Reihe früherer scherzohafter Sätze nahe, beginnend praktisch mit dem zweiten der *1. Sinfonie*. Doch es gehört zur grundlegenden Eigenheit des »Ländlers« der *Neunten*, daß die Trennung von »Hauptteil« und »Trio« zugunsten eines wechselvollen Mit-, Gegen- und Übereinander verschiedener Tanz-»Typen« aufgegeben wird. Es sind ihrer vier, wobei die beiden mittleren und schnelleren in Tempo II ablaufen. Doch diese gewissermaßen quantitative Differenz erfährt eine entscheidende Vertiefung dadurch, daß die verschiedenen Tempi (sprich: Charaktere) ansatz- und übergangslos aufeinanderfolgen; daß die Temponahmen ruckartig »herauf-« oder »heruntergeschaltet« werden. Dies erweckt den Eindruck einer montagehaften Formbildung, die einerseits eben auf »expressionistische« Tendenzen verweist, andererseits bereits und erneut (s. S. 153, 175) Gestaltungselemente von »Neuer Sachlichkeit« vorausnimmt. Kompositionstechnisch geht das vor allem aus dem Aufeinanderprallen von weitgehend diatonischem Tonsatz und verwirrend vielschichtiger, unberechenbar wirkender Formbildung hervor. So »normal«, geradezu archaisch Melodik, Rhythmik und auch die Harmonik auftreten:

Bsp. 83 *9. Sinfonie*, 2. Satz, T. 1–4

so abwegig muten die Bahnen an, welche die Formabschnitte einschlagen. Sie tauchen wie in einem Kaleidoskop auf und verschwinden wieder in ihm, bis ein erneuter »Anstoß« für eine gänzlich veränderte Disposition der Formteile sorgt. Das Bild des »Gleichlaufs«, eines »In-sich-Kreisens« der Musik als Abbild des »Weltlaufs« (Adorno, *Mahler*, S. 14 ff.), das einen Grundzug sämtlicher Scherzosätze Mahlers bildet, steigert sich zu einem »Totentanz« (Adorno, *Wien*, S. 117), aus dem es kein Entrinnen geben will. Der Umschlag des Ausdrucks in offene, unverstellte Brutalität und Trivialität mit dem »2. Walzer« (T. 148 ff., 423 ff.) und dessen klangliche Verschärfung durch gleichsam »kreischende« Stimmführung (T. 445 ff.) verstärkt diesen Eindruck noch, treibt ihn zu einem Extrem, aus dem der Satz wiederum nur durch einen auflösend-verhallenden Schluß – ähnlich dem des 1. Satzes – herauszufinden vermag.

Die folgende Rondo-Burleske nimmt die extremen Darstellungselemente unvermittelt auf und verwandelt sie in eine Art »Geschwindmarsch«, wobei die trotz der Ausbrüche in Trivialbereiche eher ironische Stimmung des Scherzo-Minuetto ins Aggressive umschlägt:

Bsp. 84 *9. Sinfonie*, 3. Satz, T. 7–10

Wiederum geht dem eigentlichen Hauptthema ein kurzer Vorspann voraus, der wie ein Weckruf die sich verflüchtigenden Klänge des Tanzsatzes vergessen macht und zu stürmischer Bewegung antreibt. Dabei erfolgt eine merkliche Umschichtung in der kompositorischen Darstellungsweise. Prägend für Tonsatz und Formbildung ist nun nicht mehr so sehr eine kaleidoskopisch anmutende Vielstrebigkeit und Buntheit in der Aneinanderreihung der Formteile, als vielmehr eine permanente Aufsplitterung, Überlagerung und Verschränkung von Stimmen bzw. motivisch-thematischen Bruchstücken. Dies aber erhöht eindrucksvoll die Intensität der Darstellung, die nicht nur in Kulminationspartien in ruhelos wirkende Geschäftigkeit verfällt. Gewissermaßen als äußerste Konsequenz solcher »Viel-Stimmigkeit« erscheinen denn auch mehrere Fugati, die durchführungsartige Aufgaben übernehmen.

Es ist schon seltsam: gerade in einem seiner avanciertesten Sätze besinnt sich Mahler auf eine kompositionstechnische Gestaltungsweise, die wohl als eine der traditionsreichsten, auch von Tradition am meisten belasteten gelten darf (im Rondo-Finale der *Fünften* oder im 1. Satz der *8. Sinfonie* hat das »Fugen-Wesen« unüberhörbar seine »akademischen« Spuren hinterlassen). Doch gerade dieser Widerspruch scheint Mahler gereizt, herausgefordert zu haben, und er nahm ihn als ein zusätzliches Steigerungsmittel in seine Darstellung auf. Denn alle drei »Fugati« (T. 79 ff., 209 ff., 311 ff.) sind einerseits als »Doppel-Fugati« geradezu übertrieben »kunstvoll« gearbeitet, was in der Knappheit der Ausführung und vor allem im gänzlich »unakademisch« erscheinenden Gesamtzusammenhang des Satzes »künstlich«

wirken muß. Andererseits, doch damit eng verbunden, kollidiert der »strenge Satz« mit einer nicht anders als trivial zu nennenden Thematik, wodurch sich die »Künstlichkeit« der Polyphonie noch erhöht. Gerade dies aber erhöht zugleich ihre Ausdrucksintensität. Die Fugati markieren Steigerungsstufen eines Satzes, in dem wiederum mehrere Formprinzipien ineinandergreifen: neben dem Rondo, für das das Hauptthema als eine Art Refrain fungiert, zeichnen sich durch ein melodisch, harmonisch, rhythmisch und klanglich beruhigteres »Seitenthema« (T. 109 ff.) sowie durch eine recht klar abgehobene »Reprise« (T. 522 ff.) die Umrisse der Sonatenform ab. Doch indem auch das Seitenthema in den rondohaften Wechsel der Abschnitte einbezogen wird und von durchführungsartigen Bewegungen ausgeschlossen bleibt, kommt die Sonatenanlage nicht über Andeutungen hinaus.

So könnte der Satz in jener Turbulenz zu Ende geführt werden, mit der er begonnen hat – als ein Bild des »hoffnungslosen Weltlaufs«, in dem nunmehr noch die Reste tänzerischer Verbindlichkeit und lyrischer Verinnerlichung zerrinnen. Doch da tut sich unvermittelt eine völlig andere Perspektive auf. Das letzte »Fugato« (T. 311 ff.) verläßt nach wenigen Takten seine karge Bahn der Zweistimmigkeit und öffnet sich einer »Gegenstimme«, die zwar weitgehend aus längst bekanntem Material gebildet wird, doch nachdrücklich und unaufhaltsam eine völlige Umdisponierung der Ausdruckssituation erzwingt:

Bsp. 85 *9. Sinfonie*, 3. Satz, T. 320–321

Kernpunkt dieser »Gegenstimme« ist jene »Doppelschlagfigur«, die sich im 1. Satz verhalten angedeutet hatte und nunmehr beherrschend in den Vordergrund rückt. Das »Fugato« geht dabei unmerklich in einen Abschnitt über, der gewöhnlich als »Episode« (Floros, S. 284) oder »Episode des Durchbruchs« (Adorno, *Mahler*, S. 212) bezeichnet wird. Es hat jedoch den Anschein, als ob die Begriffe nicht zureichend erfassen, was da musikalisch geschieht. Handelt es sich doch gleichermaßen um ein »Memento« im Hinblick auf die vorausgegangenen Sätze wie um einen Vorgriff auf das abschließende Adagio – in jedem Fall also um einen Wendepunkt, der keine »Episode«, sondern wohl eher einen der »Ernstfälle« im Gesamtzusammenhang des Werkes bildet.

Und er macht deutlich, daß sich solcher »Ernst« eben nicht (mehr) vorrangig an die große, dramatische Geste zu halten braucht, sondern noch wirkungsvoller und einschneidender im Leisen, Abgeblendeten zur Geltung kommt. Hier entfaltet sich erneut eines jener »Wunschbilder des Glücks«, wie sie zuvor wohl niemals eindringlicher als im Lied-Finale der *4. Sinfonie* entfaltet worden sind. Mahler nimmt in seinem letzten vollendeten Werk diese Idee wieder auf, mit einer Geste des Trostes und der Besänftigung, die kaum inniger tönen kann als inmitten einer höllischen »Burleske«, die auch, das »Bild« hinwegfegend, ihren Sturmlauf umgehend wieder aufnehmen und zu ungutem Ende bringen wird.

Mahlers Hinweis, die *9. Sinfonie* sei »am ehesten der 4. an die Seite zu stellen«, bestätigt sich nicht minder im abschließenden Adagio. Zwar ist auch dieser Satz »ganz anders« als sein früheres Gegenstück, das Lied-Finale. Es betrifft dies die gesamte Faktur und Stimmungslage wie auch die Tatsache, daß das Lied – im Gegensatz zum Adagio – nicht nur den Ziel-, sondern auch den Ausgangspunkt des Werkes bildet. Statt dessen bezieht sich das Adagio auf einige wenige Ereignisse in den vorausgegangenen Sätzen sowie aus früheren Kompositionen, die allerdings Schlüsselpunkte der Darstellung sind und von denen sich nunmehr gewissermaßen Leitfäden bis in die Schlußtakte spinnen. Das auffälligste Ereignis ist zweifellos die Doppelschlagfigur, die in der eben beschriebenen Passage der Rondo-Burleske zu voller Ausprägung fand und nun als eine Art »Devise« aufgenommen wird:

Bsp. 86 *9. Sinfonie*, 4. Satz, T. 1–4

Hatte sich diese Figur im vorausgehenden Satz bereits von einer schrill-karikierenden in eine lyrisch-elegische Geste verwandelt, so erscheint sie nunmehr ausschließlich in letzterer Ausdruckslage. Und sie entfaltet sich, eingefügt in klangdichte harmonische Schrittfolgen eines choralartigen Tonsatzes, in den melodieführenden wie begleitenden Stimmen. Die Doppelschlagfigur wirkt wie ein Bindemittel, das die musikalischen Ereignisse verschweißt und ihnen jene extreme Intensität gibt, die den Klangcharakter des ganzes Satzes kennzeichnet. Wie eng dabei die Bindung an den »Ernstfall« der Burleske bleibt, zeigt etwa die Fortspinnung des Hauptthemas, in die auch die »Ausgangsformulierung« der Figur (s. Bsp. 85) aufgenommen wird:

Bsp. 87 *9. Sinfonie*, 4. Satz, T. 24–25

Obwohl durch Einfügung eines zweiten Hauptthemas (T. 28 ff.) und dessen Wechsel mit dem ersten eine unkomplizierte Formbildung vorgegeben ist, sorgen verschiedene »Abweichungen« vom geradlinigen Aufbau gleichermaßen für Lockerung wie für Intensivierung. Neben der Doppelschlagfigur, die auch in das zweite Hauptthema eingreift, ist hierfür vor allem dessen Vorausnahme inmitten des ersten zu nennen (T. 11/12), die an dieser Stelle als Zäsur und Überleitung zwischen den Teilen des ersten Hauptthemas fungiert. Das zweite Thema selbst erscheint dann als ein melodischer Komplex, der vor allem durch Kombination von extrem hoher und tiefer Stimme zur »engen Lage« des ersten in kraftvollen Kontrast tritt:

Bsp. 88 *9. Sinfonie*, 4. Satz, T. 28–30

Die »weite Lage« des Themas, zwischen dessen Stimmen sich eine beängstigende Leere, ein »Abgrund« aufzutun scheint, stößt wiederum und nahezu übergangslos an den kompakt harmonischen »Choral«-Satz des ersten Hauptthemas. Damit ist eine weitere Irritation verbunden. Denn dem »Buchstaben« nach markiert dieser Einsatz einen neuen, variierten Themen-Abschnitt, der allerdings eher wie eine, das zweite Haupt- oder auch »Seitenthema« übergreifende und somit die klare Abschnittsgliederung verwischende Fortspinnung wirkt. Solche »Störungen« sind offensichtlich im Charakter des »Seitenthemas« latent angelegt: seine extrem auseinandergerückte Zweistimmigkeit tendiert nachdrücklich zu solistisch-kammermusikalischer Besetzung, die denn auch immer auf die vollstimmige Klanglichkeit des ersten Hauptthemas ausstrahlt. Zunächst führt dies nach einer intensiven dynamischen Steigerung innerhalb einer weiteren Themenvariation (T. 64–72) zu einer abrupten Auflösung der Stimmendichte (T. 73 ff.), der sich jedoch noch einmal ein »Aufschwung« mit der Klimax des Satzes anschließt (T. 107 ff.). Danach jedoch entflechten sich die Stimmen (T. 146 ff.), um wie ein Echo die stimmführungsmäßige Eigenheit des zweiten Hauptthemas – eben die extrem »weite Lage« – anklingen und aus ihr dann die versiegende Coda hervorgehen zu lassen (T. 159 ff.).

Ehe etwas näher auf diese Coda eingegangen werden kann, ist es erforderlich, einen Blick zurückzuwerfen, und zwar auf die einzige geschlossene Variation des zweiten Hauptthemas Takt 88 ff.

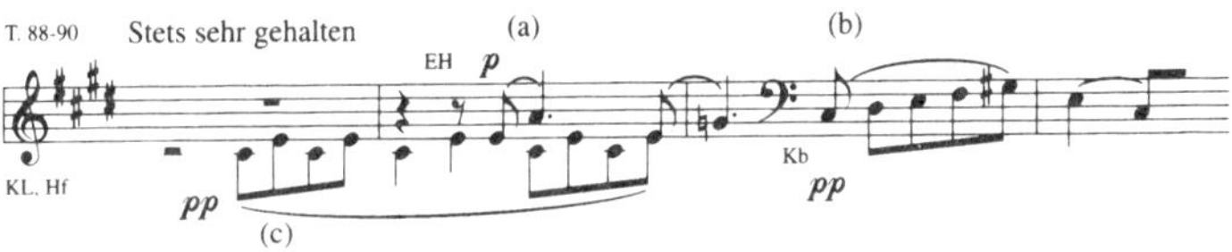

Bsp. 89 *9. Sinfonie*, 4. Satz, T. 88–90

Es ist eine Kombination von Motiven aus dem Thema (a und b) mit solchen aus dem *Lied von der Erde*: die gewissermaßen rhythmisch schwankende Terzenfolge (c) enthält eine melodische, durch die Instrumentation (Klarinette, Harfe) aber vielleicht noch eindringlicher wirkende klangliche Anspielung auf den »Abschied« (T. 430 ff.; »Ich wandle nach der Heimat meiner Stätte!«); und (d) greift die Kernintervalle aus dem pentatonisch gefärbten Kopfmotiv des *Trinkliedes vom Jammer der Erde* auf. Wohl kaum etwas anderes könnte den »testamentarischen Charakter« der Sinfonie, ihre Rolle als »Schlußstein« des Gesamtwerkes, bekunden als die gewaltlose Zielstrebigkeit, mit der sich die Verschmelzung von Bedeutungsebenen und -elementen vollzieht. Sie erfaßt über die Themenvariation hinaus und im Zusammenspiel mit der Doppelschlagfigur den weiteren Verlauf des Satzes bis zum letzten Ton:

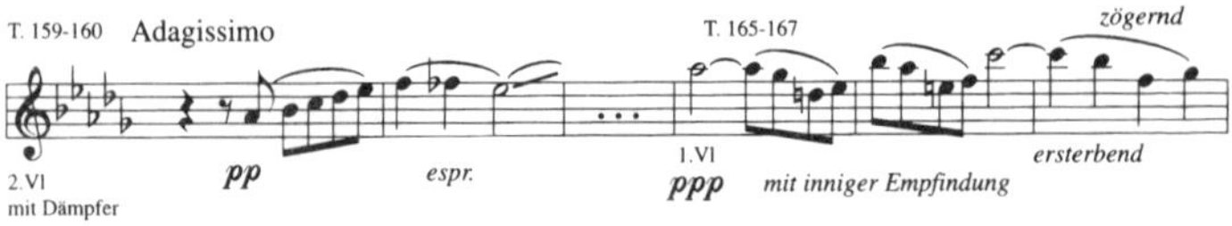

Bsp. 90 *9. Sinfonie*, 4. Satz, T. 159–160, 165–167

Das Beispiel zeigt den Beginn der Coda, in dem Motive von erstem und zweitem Hauptthema (a und b) ineinandergreifen – und sich einem weiteren »Zitat« öffnen (c): aus dem vierten der *Kindertotenlieder* (»Der Tag ist schön auf jenen Höh'n«). Die Bedeutungsnähe der »Zitate« aus dem *Lied von der Erde* und dem *Kindertotenlied* ist offenkundig. Doch die Vision von »Befreiung« oder »Erlösung«, die sie vermitteln, zerbricht in den nachfolgenden Wendungen, erstarrt gleichsam in einem auskomponierten, verlöschenden Ritardando. Die noch erklingenden Töne scheinen ihre intervallische Spannkraft zu verlieren und als isolierte Ton-Punkte im Nichts zu verschwinden. Solches Verhallen aber erinnert ein letztes Mal an die *4. Sinfonie*, deren Lied-Finale in ähnlicher Weise – und ebenfalls als instrumentale »Antwort« auf eine gesungene Utopie (»Daß alles für Freuden erwacht«) – im Tonlosen, im Schweigen endet.

Das klagende Lied

1. Teil: *Waldmärchen*. Langsam und träumerisch
2. Teil: *Der Spielmann*. Sehr gehalten
3. Teil: *Hochzeitsstück*. Heftig bewegt

Besetzung:
1. Teil: Picc, 2 Fl, 2 Ob, EH, 2 Kl in B, B-Kl, 3 Fg, 4 Hr, 4 Tp, 3 Pos, B-Tb, Pk, Schlgz (gr. Trommel, Triangel, Becken), 6 Hf, Streicher
Soli: Sopran, Alt, 2 Tenöre, Bariton, 2 Bässe
gem. Chor
2. und 3. Teil: 3 Fl (3. auch Picc), 3 Ob (3. auch EH), 3 Kl in B (3. auch B-Kl), 2 Fg, K-Fg, 4 Hr, 4 Tp, 3 Pos, B-Tb, Pk, Schlgz (gr. Trommel, Triangel, Becken), 2 Hf, Streicher
Fernorchester: Picc, 2 Fl, 2 Ob, 4 Kl, 4 Hr, 2 Tp, Pk, Schlgz (Triangel, Becken)
Soli: Sopran, Alt, Tenor
gem. Chor

E: 1878–80
EA (2. und 3. Teil): 1899, Weinberger (Wien)
EA (1. Teil): 1973, Bellwin-Mills (New York)

»Diese früheste Komposition ist auch schon völlig original, nur noch etwas schwülstig und überladen. Zuviel Zierrat. Zwar habe ich es später, als ich es wieder vornahm, sehr korrigiert. Aber zu viel konnte ich von dem Schmuck und Zierrat doch nicht entfernen, weil ich die Hauptlinien selbst dadurch verwischt hätte« (Bauer-Lechner, S. 34).

Mit diesen recht trocken und distanziert anmutenden Worten gab Gustav Mahler eine tiefere Charakteristik der Kantate **Das klagende Lied**, als es auf den ersten Blick der Fall zu sein scheint. Daß das Stück »schon völlig original« sei, bestätigt er nur wenig später – 1896 – durch den Hinweis, sich in diesem »Märchen« »als Mahler gefunden« zu haben: »dieses Werk bezeichne ich als Op.1« (Briefe, S. 183). Was ihn dazu bewog, dieses Jugendwerk trotz seiner offenkundigen Mängel aufzubewahren; es nicht, wie nahezu sämtliche anderen Kompositionen aus den Studienjahren, zu vernichten oder auch nur schlichtweg zu vergessen, hat wohl mit der Erkenntnis, vielleicht sogar lediglich mit einer noch undeutlichen Ahnung zu tun, in dem Stück auf ein musikalisches Lebensthema gestoßen zu sein. Nun also kam es darauf an, dieses Thema auszubauen, die Kräfte und Mittel freizusetzen, die dessen immer überzeugendere Darstellung ermöglichten.

Den Text hatte Mahler selbst verfaßt und in Versform gebracht, wobei mehrere Quellen deutscher Märchendichtung ineinanderflossen. Die wichtigste ist die in Ludwig Bechsteins *Neuem deutschen Märchenbuch* enthaltene Geschichte mit dem Titel, der auch für die Komposition übernommen wurde. Änderungen in Personage und Handlungsführung folgten aus der Einbeziehung von Motiven aus weiteren Erzählungen, so der Grimmschen Märchen *Die singende Flöte* und *Geschichte vom Wacholderbaum*. Es geht um ein Brüderpaar, das sich durch absolut gegensätzliche Charaktere auszeichnet: der eine, jüngere ist »hold und von mildem Sinn«, der andere »konnte nur fluchen«. Den Konflikt zwischen ihnen löst eine Königin aus, die zwar »stolz«, aber auch »lieblich ohne Maß« ist: »kein Ritter stand nach ihrem Sinn, sie wollt sie alle hassen«. Deshalb reicht sie nur dem die Hand, der im Wald die »rote Blume« findet. Die Brüder machen sich auf den Weg, und es kommt, wie es nach Märchenweise kommen muß: der jüngere entdeckt die Blume – und wird darob vom älteren erschlagen.

Damit endet der 1. Teil, betitelt *Waldmärchen*. Den 2., *Der Spielmann*, eröffnet ein wandernder Musikant, der auf den Erschlagenen stößt und sich aus einem der verblichenen Knochen eine Flöte schnitzt. Als er auf ihr spielt, verwandelt sich das Instrument in die Stimme des ermordeten Bruders. Sie verrät nicht nur die zurückliegende böse Geschichte, sondern auch das Kommende: »Mein Bruder freit ein wonnig Weib!« Darauf zieht der Spielmann zum Schloß, wo er – 3. Teil, *Hochzeitsstück* – in ein turbulentes Hochzeitsfest gerät. Doch der erkorene König ist »stumm und bleich«, noch bevor der Spielmann auf seiner Knochenflöte zu blasen beginnt. Sie enthüllt dann allen das Geschehene, was den König zu einer letzten Verzweiflungstat treibt: er selbst spielt auf dem Instrument und löst dadurch die endgültige Katastrophe aus:

»Die alten Mauern sinken!
Die Lichter verlöschen im Königssaal.
Was wird es wohl mit dem Hochzeitsmahl!?!«

Wie das märchenhaft-wunderliche Sujet und dessen einfache, gleichsam »naturhafte« Sprachgestalt die alsbald das Mahlersche Werk beherrschende *Wunderhorn*-Atmosphäre vorausnehmen, so finden sich auch in der Musik zahlreiche melodische Wendungen und Klangbilder, die später wiederbegegnen und dann gewissermaßen ausgeführt werden. So etwa in der *1.* und *2. Sinfonie* oder den *Liedern eines fahrenden Gesellen*, deren letztes sogar ein direktes Zitat aus dem *Waldmärchen* enthält. In der Tat erweckt *Das klagende Lied* den Eindruck, daß in ihm für die späteren Lieder und Sinfonien nicht nur die Keime gepflanzt, sondern bereits wesentliche kompositorische, musiksprachliche Elemente bis hin zur Ausdrucksweise, zum »Ton«, gewissermaßen vorausmusiziert werden. Es ist der »Mahler-Ton«, der sich hier bereits vernehmen läßt und der, ungeachtet aller technischen Unzulänglichkeiten im einzelnen, vom ersten Takt an verrät, daß sein Schöpfer über eine »absolute Begabung« verfügt (Boulez, S. III).

Man bedenke: die Kantate entstand zwischen 1878 und 1880, unmittelbar im Anschluß an die Studienjahre am Konservatorium der Gesellschaft der Musikfreunde in Wien – sie ist also das Werk eines Achtzehn- bis Zwanzigjährigen. Anders als die zuvor geschaffenen Arbeiten – wir wissen von einiger Kammermusik, die Mahler sogar freundliche Anerkennung einbrachte, sowie von Sinfonie- und Opernplänen – sollte mit der Kantate der Durchbruch in die Öffentlichkeit gelingen. Mahler erhoffte sich von dem Werk nichts geringeres als die Etablierung seines Komponistendaseins, was für den mit glänzenden Zeugnissen ausgestatteten Absolventen hieß: erfolgreiche Beteiligung am »Beethoven«-Kompositionswettbewerb des Konservatoriums.

Diese Absicht lenkte nicht zuletzt auch die Wahl von Gattung und Form, die angesichts der künftigen Sinfonien einigermaßen befremdet: ihnen gegenüber muß eine »Kantate« als veraltet, als akademische Gebrauchsmusik erscheinen. Aber gerade dies sollte sie auch sein! Mahler hatte – zunächst – wohl kaum anderes im Sinn, als den Anforderungen des Lehrinstituts und dessen überwiegend konservativ gesinnten Professoren Genüge zu tun. Die Parallele dazu in Frankreich bildete der »Rom-Preis« des Pariser Konservatoriums, der den Komponisten von Berlioz (*Herminie*, 1828; *La Mort de Cléopâtre*, 1829) bis Debussy (*Daniel*, 1881; *Hélène*, 1882) und Ravel (*Myrrha*, 1901; *Alcyone*, 1902; *Alyssa*, 1903) ebenfalls »Pflicht«-Kantaten und damit eine stilistische Antiquiertheit abverlangte, die zumal im Falle der letztgenannten Musiker eklatante Stilbrüche zu den »eigentlichen« Werken auslöste.

Entscheidend und mithin eben auch unausweichlich aber war, daß Chormusik mit und ohne Orchester, vom Chorstück a-cappella bis zum Oratorium, nach wie vor in Blüte stand, von den massenhaft verbreiteten Chorvereinigungen verlangt wurde und immer auch ein Stück gesellschaftlicher Selbstdarstellung enthielt, in der vor allem das nach politischem Gewicht strebende Bürgertum heroische Vergangenheit beschwor und seinen Anspruch auf Mitsprache und Mitbestimmung nachdrücklich geltend machte. Die Wahl der Themen und Formen wurde geleitet von dem Wunsch, nur das Größte, Anspruchvollste und Bedeutsamste zur Sprache zu bringen. Wie in der Literatur (*Die Nibelungen* von Friedrich Hebbel, 1855–60; *Ein Kampf um Rom* von Felix Dahn, 1876–78; *Die Ahnen* von Gustav Freytag, 1872–80), in der Malerei (von Anselm Feuerbach bis Anton von Werner) oder in der Architektur – so auch in der Musik: Anerkennung als Komponist konnte nur der erlangen, der sich in den »großen Formen« über »große Themen« zu äußern verstand und der dabei bereits vorgezeichneten Bahnen zu folgen gewillt war. Etwa denen der aus Händels Geist erwachsenen »Groß-Oratorien« von Friedrich Schneider (*Das Weltgericht*, 1816), Bernhard Klein (*David* , 1830), Louis Spohr (*Der Fall Babylons*, 1840) bis zu Max Bruch (*Moses*, 1896) oder jenen des romantischen Oratoriums, das nicht selten mit messianischen Vorstellungen verbunden war – von Mendelssohn (*Paulus*, 1836; *Elias*, 1846), Schumann (*Das Paradies und die Peri*, 1843; *Der Rose Pilgerfahrt*, 1851) bis Brahms (*Ein deutsches Requiem*, 1868) und Liszt (*Legende von der Heiligen Elisabeth*, 1867; *Christus*, 1873).

Das Bemerkenswerte am jugendlichen Mahler ist nun, daß er trotz der geballten konservativen Zwänge ein Stück hervorbrachte, das alle – zweifellos vorhandenen und auch hörbaren – »Vorgaben« vergessen läßt; das von einer Frische und Unmittelbarkeit des Ausdrucks zeugt, die es über das meiste an solchen »Vorbildern« hinausheben. Das aber macht Mahlers Musik sogleich so spannend: selbst und gerade im noch Unfertigen, im Unausgegorenen gibt sich der genialische Zug zu erkennen – den freilich die Öffentlichkeit noch keineswegs zu erkennen vermochte: »Wäre mir von der Konservatoriums-Jury, in der sich auch Brahms, Goldmark, Hanslick und Richter befanden, damals der

Beethoven-Preis von 600 Gulden für das ›Klagende Lied‹ zuerkannt worden, hätte mein ganzes Leben eine andere Wendung genommen. Ich arbeitete eben am ›Rübezahl‹ [einem von mehreren Opernprojekten, die nicht zustande kamen], hätte nicht nach Laibach gehen müssen und wäre damit vielleicht vor der ganzen niederträchtigen Opern-Karriere bewahrt gewesen« (Bauer-Lechner, S. 117).

Mahler meint hier jenen Kreuzweg, an dem er – eben aufgrund des Mißerfolgs beim Kompositionswettbewerb – zur Kapellmeisterlaufbahn und mithin »zum Theater-Höllenleben verdammt« (ebd.) worden sei. Doch die Klage tönt übertrieben. Abgesehen davon, daß Mahler sogleich nach Studienabschluß eine Kapellmeisterstelle angenommen und 1881, zur Zeit des Wettbewerbs, bereits sein zweites Engagement in Laibach angetreten hatte, war es doch wohl undenkbar, daß er als »freischaffender« Komponist – ob mit oder ohne Preis – sein Auskommen gefunden haben könnte. Andererseits ist nicht auszuschließen, daß sich in dieser Klage ein Körnchen Wahrheit ganz anderer Art verbirgt.

Mahler wurde niemals müde, sein Dasein im Theater, als Kapellmeister und Direktor, als eine vom »eigentlichen«, vom kompositorischen Schaffen ablenkende und abhaltende »Galeerenarbeit« zu bezeichnen. Er empfand sich von anfang an zu einem »Ferialkomponisten« verurteilt, dem nur die wenigen theaterfreien Sommermonate für die »schöpferische Phantasie« zur Verfügung stünden. Er vergißt oder auch: er überspielt und verdrängt dabei, daß ihm dieses Theater – von Laibach bis zu den glanzvollen Aufführungen an der Wiener Hofoper – unendlich viele und mannigfaltige Anregungen gab; daß seine Musik ohne dieses Theater kaum vorstellbar ist, zumindest aber einen gänzlich anderen Charakter angenommen haben dürfte. Der »Mahler-Ton« in seiner Verschmelzung von sprachnaher Plastizität und klanglich-struktureller Intensität erwächst in nicht unerheblichem Maße aus praktischen Erfahrungen mit dem Musiktheater (s. S. 21 ff.).

Das klagende Lied nun ist das früheste Dokument solcher Symbiose mit dem musikalischen Drama, mit der Oper, aus welcher eine Facette der für Mahler grundlegenden und fortzeugenden Verflechtung von Vokalem und Instrumentalem, von Szenisch-»Darstellendem« und Orchestral-»Klingendem« hervorgeht. Das Werk, dem Mahler – im Gegensatz zum *Lied von der Erde*, das »eine Sinfonie« sei – keinen Untertitel beifügte, darf wohl am ehesten eine Kantate genannt werden: Soli und Chor tragen einen balladenhaften, in strophische Abschnitte gegliederten Text vor; das Orchester rahmt die »Handlung« durch Vor- und Zwischenspiele, bietet aber auch eine Art »Klangkontinuum«, das sich mittels eines dichten Netzes von leitmotivartigen Gebilden relativ selbständig zu entfalten vermag. D. h., die »Kantate« enthält erhebliche und folgenreiche Elemente der »Oper« wie der »Sinfonie« – letzteres freilich wohl erst nachdrücklich durch die verschiedenen Überarbeitungen.

»Oper« ist das Werk durch die Plastizität der Figuren, aber auch durch den »handelnden« oder »kommentierenden« Chor, welche miteinander die Geschichte vortragen; und opernhaft sind ebenfalls zahlreiche rein instrumentale Effekte – von der Kontrastschärfe einzelner Klangbilder, die leitmotivische Aufgaben übernehmen, bis zu den Einsätzen eines »Fernorchesters«, das die räumliche Dimension der Bühne in den Konzertsaal holt. »Sinfonisch« hingegen erscheint das Stück durch das erwähnte orchestrale Kontinuum: der leitmotivische Beziehungsreichtum der instrumentalen Struktur im Zusammenwirken mit einer marschhaften Grundbewegung, welche von satzartigen lyrischen Passagen unterbrochen wird, gewähren eine Geschlossenheit des lediglich Klingenden, die sich selbst zu tragen vermag: die »Klang-Bilder« erzählen in ihrer »Sprache« die gesungene Geschichte.

Die in solcher Vermischung angelegte stilistische »Unreinheit«, die in schroffem Gegensatz zum akademischen Ideal einer sorgfältigen Trennung der musikalischen Gattungen und der an sie gebundenen Ausdruckstypisierungen stand, brachte nicht nur die Juroren des Beethoven-Preises, sondern offensichtlich auch Mahler selbst in einige Verlegenheit. Er scheint zumindest zum gegebenen Zeitpunkt noch gezweifelt zu haben, ob aus solcher »Unreinheit« (oder auch »Stilpluralismus«) ästhetisch Wertvolles zu gewinnen sei. Einen Anhaltspunkt dafür geben die Umarbeitungen, die freilich nicht mehr in jedem Fall eindeutig datiert oder auch nur klar voneinander abgehoben werden können. Bereits 1888 jedenfalls strich Mahler den 1. Teil, und im Lauf der neunziger Jahre erfolgte die Einarbeitung des »Fernorchesters« aus dem ursprünglichen 3. Teil in die normale Partitur. Der Grund hierfür dürfte unschwer zu erraten sein: das Befremden, das Mahlers musikalische Sprache ohnehin provozierte, sollte durch solche »Extravaganzen« nicht noch mehr angestachelt werden: »Das, wußte ich, würden mir die Herren nie aufführen.« Doch als er wenig später, möglicherweise im Zusammenhang mit der bevorstehenden Drucklegung (1899), die Partitur erneut überarbeitete, »stellte sich sofort heraus, daß es sehr zum Schaden des Werkes geschehen war, das ich nun wieder in die frühere Gestalt zurückbringen muß – mögen sie mir's spielen oder nicht« (Bauer-Lechner, S. 124).

Mahler entschloß sich jedoch zu einem Kompromiß: das *Waldmärchen* fiel endgültig heraus und die »Fernmusik« im jetzigen 2. Teil wurde wiederhergestellt. In dieser zweiteiligen Fassung, die außerdem keine Titel mehr enthielt, kam die Kantate denn auch am 17. Februar 1901 in Wien zur Uraufführung. Natalie Bauer-Lechner war anwesend und erinnerte sich später:

> »Die Stimmung des verzauberten Waldes umwob uns gleich mit allem Grauen und allen Schauern; das Motiv des Spielmanns erklang so unbekümmert, daß man Mahler unfehlbar daran erkannte. Der Chor, der betrachtend und resumierend in fast griechischer Freiheit und Bedeutung zur Anwendung kommt, seine meisterhafte musikalische Behandlung, dann der ungemein dramatische Vorgang und Aufbau des ganzen, das sich wie eine Gewitterwolke immer drohender zusammenzieht, bis zum Schluß ihr zündender Blitz furchtbar niederschlägt: das alles ist von so unmittelbarer Wirkung, daß sich ihr Hörende wie Ausführende nicht entziehen können. Und so ward in zwei vollen Hauptproben und der ziemlich gut besuchten Aufführung Mahlers Werk mit stürmischem Beifall gelohnt« (ebd., S. 183).

Damit war der Jugendkomposition nach über zwanzigjähriger Verborgenheit der Weg in die Öffentlichkeit gebahnt und es folgten weitere Aufführungen, die ihr bald einen festen Platz unter den mit den *Liedern eines fahrenden Gesellen* und der *1. Sinfonie* beginnenden Hauptwerken sicherte. Doch es trat, freilich erst Jahrzehnte nach Mahlers Tod, ein Ereignis ein, das einige Aufmerksamkeit erregte und bis heute nicht verstummende Diskussionen auslöste. Mit der »Mahler-Renaissance« seit den sechziger Jahren erinnerte man sich wieder – ähnlich wie im Fall der Fragmente zur *10. Sinfonie* (s. S. 260 ff.) – an das gestrichene *Waldmärchen*. Dessen Partitur ging einst in den Besitz von Mahlers Schwager Arnold Rosé über, der sie auch einmal – 1934 im Brünner Rundfunk – zur Aufführung brachte. Offensichtlich aber hatte dies keine weiteren Folgen. Der »Durchbruch« geschah erst 1970 mit Pierre Boulez' Schallplatteneinspielung der dreiteiligen Fassung, die nunmehr als »vollständige« oder auch »Originalfassung« ihren allgemein willkommen geheißenen Einzug in die Musikwelt hielt.

Die wohl schwerlich wieder zurückzunehmende Entscheidung, dieser Fassung den Vorzug zu geben, schließt allerdings einige Schwierigkeiten ein. Die geringste scheint dabei noch die zu sein, daß die »Rekonstruktion« dem erklärten Willen des Autors, der nach der Uraufführung der gekürzten Fassung niemals mehr auf das *Waldmärchen* zurückgekommen ist, entgegensteht. Bedenklich erscheint jedoch die Tatsache, daß sich zwischen dem unbearbeiteten, einzig in der Gestalt von 1880 vorliegenden *Waldmärchen* und den mehrfach (!) überarbeiteten Folgeteilen ein erheblicher kompositorischer Niveauunterschied ergeben hat. Dies betrifft vor allem die Formbildung. Der Text weist eine strophische Gliederung mit recht regelmäßigen Refraineinschnitten auf, die auch für die musikalische Form verbindlich sind. Daraus aber ergab sich zunächst eine ganz unsinfonische, eben »kantatenhafte« Aneinanderreihung der Abschnitte, zwischen denen nahezu ausschließlich variative Bezüge – nach dem Prinzip des »variierten Strophenliedes« – für zwar wirkungsvollen, doch auch wiederum lediglich »formalen« Zusammenhang sorgten. Offensichtlich genügte Mahler solch statische, gleichsam »quadratische« Gestaltung bald nicht mehr und er sann auf Lösungen, die mehr der Dramatik des Geschehens als nur dessen Versifizierung entsprachen. Die wichtigste zielte darauf ab, die Strophenstruktur wenn nicht gänzlich aufzuheben, so doch in einem Maße zu verwischen, daß sich geschlossene Ausdruckskomplexe ergeben. Dadurch näherte Mahler die dergestalt überarbeiteten Teile einer sinfonischen Formbildung und mit ihr einem dramatischen »Kontinuum« an, das der ursprünglichen Kantaten-Form noch weitgehend fremd sein mußte.

Im *Spielmann* zeigt sich dies etwa an der Exponierung einer kontrastreichen Themenfolge, wobei allerdings die »schulmäßige« Reihung von »Haupt-« und »Seitenthema« zugunsten einer ineinandergeschobenen, gewissermaßen phasenweisen Entfaltung von motivisch-thematischen Charakteren aufgegeben wird. Und diese Entfaltung geschieht im Rahmen eines gleichmäßig pulsierenden Marschrhythmus, welcher alle melodische Vielfalt einbindet:

Bsp. 91 *Der Spielmann*, T. 3–5, 6–8, 49–52 (Fortsetzung S. 207)

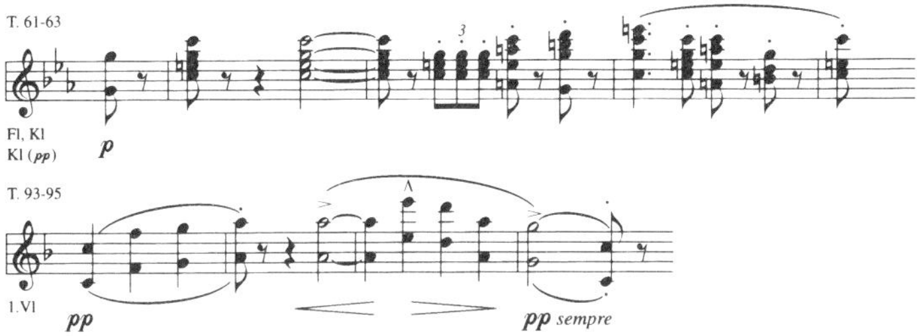

Bsp. 91 *Der Spielmann*, T. 61–63, 93–95

Diese Themen sind der insgesamt 125 Takte umfassenden instrumentalen Einleitung entnommen; und nicht nur die außerordentlich kunstvolle Themenverflechtung, sondern allein schon die gleichsam programmatische Ausführlichkeit dieser »Ouvertüre« legt die Vermutung nahe, daß sie erst während der Überarbeitung(en) ihre endgültige Gestalt angenommen hat. Denn bereits das *Waldmärchen* eröffnet ein fast ebenso langer Instrumentalteil (126 Takte), der jedoch noch weit mehr potpourriartige Züge trägt und nach dem ein weiteres umfangreiches Instrumentalstück – nun als »Zwischenspiel« – die Ausgewogenheit der Form merklich beeinträchtigt. Dies geschieht denn auch in der »rekonstruierten« Fassung: sie erweckt den Eindruck, als ob es mit dem *Spielmann* noch einmal – allerdings ohne erkennbaren Grund – von vorn begänne. Ähnlich widersprüchlich erweisen sich die stilistischen Differenzen zwischen drei- und zweiteiliger Fassung hinsichtlich der Einbeziehung dramatisch-sinfonischer Elemente. Dies betrifft vorrangig die bereits erwähnte Strophen-Refrain-Struktur des Textes und ihre instrumentalmusikalische Umsetzung. Auch hierfür bieten die jeweiligen Gesangseinsätze beredte Beispiele.

Im *Waldmärchen* hebt die Gesangsstimme, obwohl von der instrumentalen Einleitung motivisch vorbereitet, recht unvermittelt an – da sie unverkennbar einen eigenen strophischen Abschnitt eröffnet, der unmittelbar in den chorischen Refrain mündet. Im *Spielmann* hingegen löst sich die Stimme wie ein Instrument aus dem Orchester – so, als ob sie schon längst ertönt wäre. Bestärkt wird dieser Eindruck durch den Wechsel der Melodieführung vom Alt zum Tenor-Solo, an den dann der Refrain (»O Leide!«) zunächst im Duett von Sopran und Alt-Solo, dann durch den Tenor-Solo anschließt. Darauf folgt ein abrupter »Szenenwechsel« mit der Einführung des »Spielmanns« und einer klanglich-dynamischen Steigerung des Orchesters, nach der dann erstmals der Chor einsetzt. Und dieser Chorabschnitt (T. 219 bis 226) erwächst aus einer sorgfältigen orchestralen Vorbereitung (T. 211–218), nimmt das motivische Material der Orchestersteigerung auf, verbindet es mit dem Refrain-Motiv der absteigenden Moll-Skala und geht nahtlos in eine wiederum solistisch vorgetragene Partie über, in der zusammen mit einzelnen Orchesterinstrumenten der Refrain ausklingt. D. h., es wirken hier mehrere Darstellungselemente vokalen und instrumentalen Charakters zusammen, um eine Zäsur im Sinne eines gleichermaßen auffangenden wie weiterleitenden Scharniers zu setzen und um dergestalt einen eher »formalistischen« Stophenabschluß mit nachfolgendem Neuansatz aufzuheben.

Nicht minder interessant mit Blick auf eine sinfonisch-sonatensatzartige Verdichtung von Struktur- und Formbildung sind die anschließenden Partien. Nachdem sich der Musikant die Knochenflöte geschnitzt hat und zum Spielen ansetzt, beginnt mit den Worten »O Wunder, was nun da begann!« (T. 294 ff.) ein in Dynamik und Farbe gänzlich neuer Abschnitt, dessen Kern die klagende Stimme des Ermordeten bildet: »Um ein schönfarbig Blümelein hat mich mein Bruder erschlagen!« Sie schwingt sich zu immer leidenschaftlicherem Ausdruck auf, der zugleich und vehement durchführungsartige Züge annimmt. Dabei nun reißt es die eingeschlossenen Refrainteile endgültig in die sinfonische Bewegung, die dann auch ohne jeden Halt in einen reprisenartigen Abschlußteil stürzt (T. 377).

Solche Annäherung an sinfonische Gestaltung weicht im abschließenden 3. Teil eher einer mehr theatralisch-musikdramatischen Anlage. Gefördert wird dies allein durch den Gang der Handlung, durch die Turbulenz des Hochzeitsfestes, die in den einmontierten »Fernmusiken« (T. 79–111 und 302–316) als Einbruch des Trivialen in die hochgespannte Dynamik der quasi erzählenden »Vordergrund«-Musik auf den Höhepunkt gelangt. Doch trotz solch bildhaft-szenischer Abfolge der textlich-musikalischen Ereignisse gewinnt die strophische Struktur keinen nennenswerten Einfluß, oder anders: die Schärfe der »szenischen« Einschnitte, etwa durch abruptes Verstummen des Chores (T. 130) oder eben durch die »Fernmusiken«, schafft ein dramatisches Kontinuum, das jede Refrain-Wendung in sich hineinreißt und mithin einebnet.

»Von allem Anfang an kommt bei Mahler die musikalische Form vom Epos und vom Roman her. Er erzählt in Musik. In den Fällen, wo der literarische Text dem klingenden Universum als Substrat dient, ist das offensichtlich; aber auch da, wo die Musik auf die poetische Wort-Stütze verzichtet, ist es so. Jenseits von Epos und Roman erweckt das Werk Mahlers zuweilen ein imaginäres Theater mit wirklichen szenischen, auf das Konzert angewendeten Effekten« (Boulez, S. II).

Lieder und Gesänge

Lieder und Gesänge (1880–1889)

Heft 1:

Nr. 1 *Frühlingsmorgen* (R. Leander)
Nr. 2 *Erinnerung* (R. Leander)
Nr. 3 *Hans und Grete* (G. Mahler)
Nr. 4 *Serenade* aus *Don Juan* (Tirso de Molina)
Nr. 5 *Phantasie* aus *Don Juan* (Tirso de Molina)

E: 1880–87

Heft 2 (aus *Des Knaben Wunderhorn*):

Nr. 1 *Um schlimme Kinder artig zu machen*
Nr. 2 *Ich ging mit Lust durch einen grünen Wald*
Nr. 3 *Aus! Aus!*
Nr. 4 *Starke Einbildungskraft*

Heft 3 (aus *Des Knaben Wunderhorn*):

Nr. 1 *Zu Straßburg auf der Schanz'*
Nr. 2 *Ablösung im Sommer*
Nr. 3 *Scheiden und Meiden*
Nr. 4 *Nicht wiedersehen!*
Nr. 5 *Selbstgefühl*

Besetzung: Gesang und Klavier

E: 1888–89
EA: 1892, Schott (Mainz)

Obwohl Mahler 1878 sein Kompositionsstudium abgeschlossen und im darauffolgenden Jahrzehnt eine Reihe von Werken geschrieben hatte (Lieder, *Das klagende Lied*, *1. Sinfonie*, die Sinfonische Dichtung *Todtenfeier*, die nachmals als 1. Satz in die *2. Sinfonie* eingefügt wurde), erfolgte erst Anfang der neunziger Jahre die erste

Lieder und Gesänge. Titelblatt der Erstausgabe

Veröffentlichung. Im Oktober 1891 wandte er sich an den Leiter des Schott-Verlages, Ludwig Strecker, den Mahler bereits 1888 – anläßlich der Leipziger Uraufführung seiner Bearbeitung der Oper *Die drei Pintos* von Carl Maria von Weber – kennengelernt hatte, mit der Bitte, »eine Symphonie – ein großes Märchen für Chor, Orchester und Soli – eine symphonische Dichtung, und ungefähr 20 ausgewählte Lieder« (Martner/Becqué, S. 289) zu drucken.

Strecker zeigte sich nicht abgeneigt, beschränkte sein Interesse jedoch auf die »Lieder«, ohne später auf eines der anderen angebotenen Werke zurückzukommen. Und von den zwanzig Liedern blieben auch nur vierzehn übrig, die im Frühjahr 1892 in drei Heften unter dem Titel **Lieder und Gesänge** erschienen. Die Titelerweiterung *aus der Jugendzeit* kam erst nach 1900 zustande, offensichtlich bei Übernahme der Ausgabe durch die Universal-Edition. Sie dürfte auch nicht von Mahler stammen, sondern vom neuen Verleger, der die Lieder – dies freilich wohl mit Mahlers Einverständnis – von den jüngeren (*Gesänge aus Des Knaben Wunderhorn*) und jüngsten (*Kindertotenlieder*) aus Vertriebsgründen abzuheben wünschte.

Daß Mahler »ungefähr 20 ausgewählte [!] Lieder« anbieten konnte, scheint insofern nicht übertrieben, als in und unmittelbar nach der Studienzeit – neben Kammer- und Orchestermusik und Opernplänen – eine Vielzahl solistischer Gesangsstücke entstanden sein dürfte, von denen allerdings nur eines als Komposition und von zwei weiteren die selbstverfaßten Texte (*Im Lenz*, *Winterlied*, datiert: 19. bzw. 27. Februar 1880) erhalten sind. Bei der Komposition handelt es sich um *Maientanz im Grünen*, datiert mit »5.3.1880«, ein Lied, das dann unter dem Titel *Hans und Grete* die Nr. 3 des ersten Heftes der *Lieder und Gesänge* bildete. Die ersten Lieder dieses Heftes, *Frühlingsmorgen* und *Erinnerung* nach Gedichten von Rudolf Leander, entstanden im Herbst 1882, die restlichen beiden, *Serenade* und *Phantasie* aus *Don Juan* von Tirso de Molina, wahrscheinlich im Oktober/November 1887. Es wird vermutet, daß Mahler zu diesen Liedkompositionen durch einen »Wiederbelebungsversuch« (Martner/Becqué, S. 288) von Molinas Theaterstück angeregt wurde, der zum genannten Zeitpunkt und also während Mahlers Engagement in Leipzig stattgefunden hatte. Die Lieder des 2. und 3. Heftes, deren Texte ausschließlich aus *Des Knaben Wunderhorn* stammen, wurden 1888 und 1889 komponiert. Mit wachsender Wahrscheinlichkeit (Schmierer, S. 86) und entgegen zahlreichen früheren Annahmen und Spekulationen hat Mahler die für ihn so bedeutsame volkstümliche Liedersammlung erst in diesen Leipziger Jahren kennengelernt (s. S. 222).

Der Titel *Lieder und Gesänge* gibt offensichtlich einen Hinweis darauf, daß dem Komponisten wie auch seinem Verleger die gattungsgeschichtliche Zuordnung der Stücke nicht recht gewiß erschien und daß die Unterscheidung, was »Lied« im Sinne der Goethe-Schubert-Epoche und was »Gesang« mit dem Erfahrungshintergrund von Richard Wagners Musikdrama und Hugo Wolfs psychologisierender Lyrik sei, ihre Spur quer durch Mahlers Sammlung zieht. Merkmale des »Liedes« – strophische Anlage, enger Bezug der Melodie auf den Vers und daraus sich ergebende »Einheit der Stimmung« – prägen vor allem die Stücke des ersten Heftes, also jene, in denen Mahler einigermaßen traditionell geformte Poesie vertont – eingeschlossen das selbstgedichtete *Hans und Grete*, dessen volkstümliches Vokabular allerdings schon ganz unspekulativ das *Wunderhorn* gleichsam vorausempfindet.

Doch auch einige der *Wunderhorn*-Lieder selbst wie *Um schlimme Kinder artig zu machen*, *Starke Einbildungskraft* oder *Selbstgefühl* halten an diesen Merkmalen weitgehend fest – im Gegensatz zur durchkomponierten *Erinnerung* aus dem ersten Heft und allen übrigen *Wunderhorn*-Liedern. Sie sind oder nähern sich zumindest eher dem, was unter »Gesang« hier zu verstehen ist: variable, den Wechsel von quasi rezitativischen und ariosen Partien einbeziehende Formgestaltung; gesteigertes Eigengewicht des musikalischen Ausdrucks und – in engstem Zusammenhang mit solcher »Uneinheitlichkeit der Stimmung« – eine offene oder latente Dialogstruktur der Texte mit entsprechender vokaler »Rollenverteilung«.

Somit deutet sich denn in diesen frühen Stücken und über den ambivalenten Titel hinaus etwas an, das Mahlers Musik auch künftighin kennzeichnen und sie auf ihren charakteristischen »Ton« einstimmen wird: jene rätselvolle Vermischung von »alt« und »neu«, gar von »Archaischem« und »Futuristischem«, in der die nachmals ebenso faszinierende wie provozierende Suggestivität der Mahlerschen Musiksprache gründet. »Alt« klingt etwa die *Serenade* – in ihrer strophischen Geschlossenheit und durch einen Klaviersatz in meist enger Lage, der mit seinen weichen harmonischen Übergängen geradezu stilzitathaft an Robert Schumann erinnert. Andererseits jedoch geht der Blick zugleich in die Zukunft: der Text ähnelt in seiner »Ansprache« des Partners (»Ist's dein Wille, süße Maid«) einem imaginären Dialog, den die knappen, zweitaktigen Ritornelle kaum unterbrechen; und die Melodie wird nicht von der Verszeile geformt, sondern entfaltet sich in unablässiger Verwandlung und Ausschöpfung ihrer intervallischen wie harmonischen Möglichkeiten. Die Melodie resultiert gewissermaßen aus der abwandelnden Umspielung zweier Melodie-»Kerne«, deren kennzeichnendes Moment nicht so sehr darin besteht, daß eine erste, ursprüngliche »Fassung« die Vorgaben für nachziehende Variierung liefert. Vielmehr hat es den Anschein, als ob lediglich die Umrisse von Tonhöhenverlauf und Dauernfolge vorgegeben sind und mithin sowohl die eröffnende wie sämtliche anschließenden Melodie-»Fassungen« gleichwertige »Varianten« dieser Umrisse darstellen. Unter der Hülle von regelmäßiger Strophenbildung und einheitlichem Tonsatz verbirgt sich also eine »Variantentechnik«, die Mahlers kompositorische Erfindung in stets wachsendem Maße lenken und vertiefen wird.

Ähnliches geschieht in *Erinnerung*, einem Lied, dessen strophische Gliederung weitgehend zugunsten einer Durchkomposition des Textes aufgegeben wird. So sehr dies auch an traditionelles Gestaltungsvokabular gebunden bleibt (fallende kleine und große Sekundintervalle in der Melodieführung als Ausdruck der »Klage«; bohrende Triolenketten in den Unterstimmen der Klavierbegleitung als Ausdruck von »Rastlosigkeit« und »Ausweglosigkeit«): alle diese Elemente und vorrangig die Melodik leitet variantentechnische Flexibilität, die hier – im früheren Lied! – sich noch rigoroser geltend macht als in der *Serenade*. Das musikalische Geschehen ist nahezu in jedem Moment, in jedem Detail auf den Varianten-»Kern« fixiert und erhält dadurch erst jene drängende, geradezu panisch wirkende Gehetztheit, welche den »Liebesklagen«, von denen die Rede ist, eine sinnlich erfüllte und nachvollziehbare Klanggestalt gibt. Zum Drängenden, Gehetzten trägt dann auch noch der lang hingezogene und deshalb einigermaßen irritierende Wechsel der harmonischen Ebenen bei: die Ausgangstonart g-Moll berührt bereits im 10. Takt a-Moll, das dann – inmitten der Ausbreitung des dynamischen Höhepunkts ab Takt 32 – die Oberhand gewinnt und das Stück in einer gewissermaßen verfremdeten Perspektive (»morendo«) verhallen läßt. Es hat einen »Weg« zurückgelegt, auf dem die »Rückkehr« verwehrt wird.

Der Untertitel »Volkslied« für *Hans und Grete* erscheint auf den ersten Blick unproblematisch: ein Tanzlied »im gemächlichen Walzertempo« mit einfachem akkordischem Klaviersatz, dessen Oberstimme zumeist parallel zur Singstimme verläuft, mit klarer Strophengliederung und deutlich abgesetzten, kaum variierten Ritornellen. Und doch mutet das Ganze merkwürdig an. Der Gesang wirkt wie hinzugefügt, oder anders: das Instrumentale, der Klaviersatz in seiner formalen wie melodischen Geschlossenheit trägt das Stück, das vom Vokalen, von Text und Gesang, lediglich ausgelöst wird. Dieses auslösende Moment macht sich vor allem in der Verselbständigung des Klaviersatzes bemerkbar – das »Lied« ist eigentlich ein »Lied ohne Worte«, also als »Klavierstück« darstellbar.

Das einzige auffällige harmonische Ereignis, eine Modulation von F- nach As-Dur (T. 27–29 bzw. 68–70), kann gleichermaßen als reinmusikalische Farbnuancierung und als Anspielung auf den Text (»So suche dir ein's« bzw. »Wie er rennet zum Tanz!«) gehört werden. Noch stärker wirkt die instrumentale Verselbständigung durch die Ritornelle, zumal in den Schlußtakten, in denen sich das »Ringel Reih'n!« der Singstimme als reine Lautwirkung dem Klaviersatz anverwandelt. Und diese Anverwandlung scheint denn auch Mahler bewogen zu haben, das musikalische Material des Liedes im Scherzo der *1. Sinfonie* aufzunehmen und gewissermaßen den bisher latent abgelaufenen Instrumentalisierungsprozeß zum Abschluß zu bringen:

Bsp. 92 a *Hans und Grete*, T. 1–6

Bsp. 92 b *1. Sinfonie*, 2. Satz, T. 1–5

So es zutrifft, daß die Nr. 1 (*Wenn mein Schatz Hochzeit macht*) aus den *Liedern eines fahrenden Gesellen* erst Anfang der neunziger Jahre entstanden ist (s. S. 228), stellten die Stücke des 2. und 3. Heftes der *Lieder und Gesänge* die ersten *Wunderhorn*-Vertonungen Mahlers dar. Dem braucht keineswegs zu widersprechen, daß in früheren Texten wie eben in den *Gesellen*-Liedern oder dem *Klagenden Lied* verblüffende Ähnlichkeiten und gelegentlich sogar wörtliche Entsprechungen zum Vokabular und dessen poetischer Behandlung in der von Achim von Arnim und Clemens von Brentano herausgegebenen Sammlung deutscher volkstümlicher »Lieder« begegnen. Offensichtlich war Mahler vom Anbeginn seines für »gültig« erklärten Komponierens auf einen bestimmten Poesiebegriff fixiert, der so gut wie nichts mit der gleichsam professionellen klassisch-romantischen Lyrik zu tun hat. Ungeachtet eines lebenslang zu beobachtenden leidenschaftlichen Interesses für Literatur, das etwa hinsichtlich Goethes, Hölderlins, E. T. A. Hoffmanns, Jean Pauls oder zahlreicher neuerer Schriftsteller profunde Kennerschaft einschloß, war Mahlers schöpferische Beziehung zum dichterischen Wort vor allem von musikalischen Vorstellungen, von der Eigengesetzlichkeit seiner kompositorischen Darstellungsweise geleitet.

Anders als Robert Schumann oder Hugo Wolf, deren Klangphantasie sich an hochartifiziellen poetischen Bildern entzündete und die wahrlich in Tönen »dichteten«, bedurfte Mahler des Wortes als einer Art biegsamen Rohstoffes, welcher in der klanglichen Gestaltung gewissermaßen aufging. So blieb denn auch von vornherein die »hohe« Lyrik ausgeschlossen – sie hätte kraft ihrer künstlerischen Eigenbedeutung die Entfaltung der Musik in eine nicht von dieser selbst vorgezeichnete Bahn gelenkt. Statt dessen fühlte sich der Musiker Mahler von Dichtungen angezogen, denen poetisches Verweilen beim Detail ebenso fremd ist wie die kunstreiche Ausführung eines wechselvollen Geschehens. Die von Mahler verwendeten Texte neigen zu spruchartiger Kürze, die durch Dialogstrukturen und einem unverkennbaren Hang zu poesiefremder »Sachlichkeit« noch betont wird. Es bliebe dies doch wohl einigermaßen unverständlich, wenn der Grund für solche Textwahl nicht unmittelbar im Musikalischen läge – bei einem Musiker hoher literarischer Bildung, der auch – wenn es darauf ankam – wortreiche, geradezu schwärmerische Briefe zu schreiben vermochte.

Diese zielbewußte Ausrichtung der Textwahl führte Mahler zweifellos zum *Wunderhorn*, wobei die zuvor entstandenen eigenen Texte in einer Art vorausnehmender Übereinstimmung als »Wegweiser« gewirkt haben dürften. Er habe »bis zu meinem 40. Lebensjahr meine Texte – sofern ich sie nicht selbst verfaßte (und auch dann gehören sie in gewissem Sinne dazu) – ausschließlich aus dieser Sammlung gewählt«. Dieser Poesie, »die sich von jeder anderen Art ›Literaturpoesie‹ wesentlich unterscheidet und beinahe mehr Natur und Leben – also die Quellen aller Poesie – als Kunst genannt werden könnte«, habe er sich »mit Haut und Haar verschrieben« (Briefe, S. 299).

»Natur und Leben« statt »Kunst« darf in der Tat als grundlegende Formel für Mahlers *Wunderhorn*-Lieder angesehen werden. Erinnern Schumanns oder Wolfs Lieder an kunstvolle Miniaturen, an virtuos entworfene, nuancenreiche Pastellbilder, so lassen diejenigen Mahlers eher an die ausdrucksstarke Linienführung, an die kräftigen Schwarz-Weiß-Kontraste von Holzschnitten denken. In *Ich ging mit Lust durch einen grünen Wald* hebt sich eine permanent umspielte, aufwärts gerichtete Dreiklangsfigur in den Strophenabschnitten von der illustrativen Ritornellfigur ab (»Ich hört' die Vöglein singen«) – und zugleich erscheinen die gegensätzlichen Figuren durch einen gemeinsamen Rhythmus aufeinander bezogen. Solch »vermittelter«, durch einfache motivische Bausteine erzielter Kontrast geht wohl vor allem wiederum von der Dialogstruktur des Textes aus, die in diesem Lied sogar noch eine dritte Person, die eines »Erzählers«, einbezieht. Beginnend in der »Ich«-Form (Strophe 1 und 2), wechselt die Darstellung mit der 3. Strophe zunächst zum »Erzähler« (»Der Tag verging«), dann zum männlichen »Partner-Ich« (»Ei, schläfst du oder wachst, mein Kind?«). Und diese Strophe nimmt zugleich einen kontrastierenden, die Grundtonart (D-Dur) nach G-Dur verlassenden Mittelteil ein, der freilich in den letzten Verszeilen den punktierten Rhythmus aufgreift und somit nahtlos ins Ritornell mündet. Die abschließende Strophe überläßt ganz dem »Erzähler« das Wort, der sich nun aber direkt an das »Ich« wendet (»Nimm dich in Acht!«). Die Aufsplitterung der »Ich-Person«, die Einschübe des »Erzählers«, der zugleich auch »Kommentator« ist; die rohstoffartige Beschaffenheit des musikalischen wie des textlichen Materials, das nirgends, nach dem Vorbild romantischer Liedlyrik, auf eine geheimnisvoll-entrückte Bahn des Ausdrucks gesetzt wird – all dies macht Mahlers Komposition zu einem merkwürdig ambivalenten »Gesang«. Die Ambivalenz liegt wohl vor allem darin, daß das »gesangliche« Moment vom Vokalen wie vom Instrumentalen ausgeht und – darüberhinaus – das Vokale sich dem Instrumentalen unterordnend anverwandelt. Es resultiert eine »Klangrede«, die zumindest mit dem traditionellen Verständnis von Lied kaum noch etwas zu tun hat.

Noch deutlicher als in *Ich ging mit Lust* wird dies in *Aus! Aus!*, dessen ursprünglicher Titel *Starke Einbildungskraft* lautet. Das Lied, in »keckem Marschtempo« vorzutragen, greift unmißverständlich der rund ein Jahrzehnt später entstandenen *Revelge* vor – mit seinen orchestral wirkenden Klavierpassagen, einer verhältnismäßig komplizierten Formbildung und einer die Dialog-Ebenen (Soldat,

Geliebte) durch gewissermaßen verfremdende Kontraste absetzenden Harmonik.

Da wendet sich die erste Strophe des Soldaten von der Ausgangs- und Zieltonart Es-Dur abrupt-befremdlich nach a-Moll. Auf die mit starken Akzenten versehenen neuen Tonika-Akkorde und die vorausgehende, stark verkürzte Modulation fallen die Worte »Thor hin-aus! Aus!«, wobei das parodistisch-echohafte »Aus!« einen geradezu surrealen Eindruck macht. Nicht minder befremdlich erscheint dann die Fortsetzung des Mädchens (»kläglich, mit Parodie«, wie Mahler anmerkt), die in ein unsicheres g-Moll umschlägt, um dann doch zum »vorgegebenen« a-Moll mit ebenso unsicheren Schritten zurückzukehren. Wenn dann wieder wie mit einem Schnitt, ohne jegliche modulatorische Verbindung, der Soldat in »seiner« Tonart anhebt, so kann die Beziehungslosigkeit, das einander Nicht-Verstehen kaum drastischer ausgedrückt werden: der Soldat »zieht hinaus«, marschiert blind über die Geliebte hinweg ins »Aus« – in den Tod.

Der Mittelteil, quasi ein Trio in H-Dur, das sich bald aber wieder der Marschdiktion zuwendet, wirkt mit seinem wie beiseite gesprochenen Trostversuch des Soldaten (»Trink' du ein Gläschen Wein«) als flüchtige Retardierung, die auch schroff von der Wiederaufnahme der Eingangsstrophe abgebrochen wird. Die erneute »Klage« des Mädchens hält sich nun zwar im engeren Tonartbereich des Soldaten (Es-Dur – as-Moll), erzielt aber jetzt ihren unfreiwillig parodistischen Effekt aus plärrend-chromatischen Figuren, die sowohl die Gesangsstimme wie den Akkordaufbau durchsetzen. Diese Vermischung erscheint noch gesteigert, da der gesamte Formabschnitt aus Elementen vorausgegangener Strophen besteht und dergestalt fast »flickenhaft« anmutet. Danach aber klingt denn auch die abschließende, auf Wiederherstellung der »Normalität« abzielende Schlußstrophe gänzlich falsch. Hatte es eingangs geheißen: »Heute marschieren wir«, so heißt es nun und recht unverständlich: »Morgen marschieren wir«, und das wiederum echohafte »Aus!«, das diesmal die Zeile »Die Lieb' ist noch nicht aus!« verdreht, findet eine mehrmalige, geradezu eselhaft herausgeschriene Wiederholung.

Formieren sich in diesem Marschlied wesentliche Züge der parodistischen Musiksprache Mahlers, gebunden an einen Ton von »Uneigentlichkeit«, dessen Ambivalenz das rein Närrische ebenso einschließt wie dessen plötzlichen Umschlag in todbringende Gefahr, so überläßt sich ein anderes Marschlied, *Zu Straßburg auf der Schanz'*, ganz dem Ausdruck hoffnungsloser Trauer. Es ist ein Monolog, instrumental eröffnet von einer »Schalmei«, die ein Militärsignal erklingen läßt. Auf seinem letzten, verhallenden Ton setzt die Singstimme ein, begleitet von konduktartigen Akkorden:

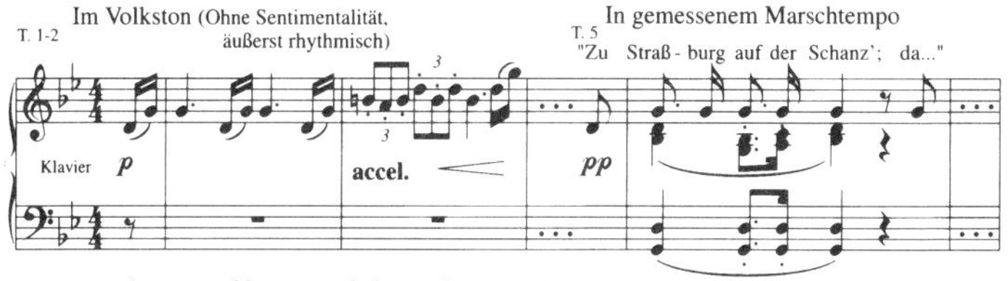

Bsp. 93 *Zu Straßburg auf der Schanz'*, T. 1–2, 5

Darauf überlagern sich Instrumentalsignal und Singstimme:

Bsp. 94 *Zu Straßburg auf der Schanz'*, T. 7–8

Kaum zwingender und zugleich ungezwungener vermag sich wohl das Ineinander von Vokalem und Instrumentalem zu äußern, und mit ihm, in ihm das Gestaltwerden einer daraus resultierenden »Klang-Rede«. Dann erst, so vorbereitet, nimmt der Trauermarsch festere Form an, führt jedoch den Gesang mit der Oberstimme des Klaviersatzes. Und dabei nimmt dieser Satz immer stärker orchestrale Züge an, mit rollenden Baßauftakten, blechbläserhafter Kompaktheit und schließlich, in der vorletzten Strophe, mit einer geradezu traumentrückten Oberstimmenmelodik, in der »Schalmei« und Gesang gleichsam ununterscheidbar werden. Wie ein Fazit wirkt da das Wiedererklingen des solistischen Signals: der Ausdruck von Trauer verwandelt sich in reines Tönen.

Die Eigenart der frühen Lieder gründet offenkundig weder darin, daß Mahler mit ihnen einen bestimmten Liedtypus im Gefolge der Tradition zu entfalten suchte (Schubert, Loewe), noch sich von zeitgenössischen Entwicklungen (Brahms, Wolf) dezidiert abzuheben bestrebt war. Vielmehr hat es den Anschein, als ob er – und dies angesichts überwältigender Originalität einzelner Stücke – das Lied zum Erkundungsfeld für ein musiksprachliches Vokabular machte, das dann auf das Instrumentale als eine Art Fundus klanglicher »Beredtheit« übertragen werden konnte.

Lieder eines fahrenden Gesellen

Nr. 1 *Wenn mein Schatz Hochzeit macht*
Nr. 2 *Ging heut' morgen übers Feld*
Nr. 3 *Ich hab ein glühend Messer*
Nr. 4 *Die zwei blauen Augen*

Besetzung: Picc, 2 Fl, 2 Ob, EH, 2 Kl in B, B-Kl, 2 Fg, 4 Hr, 2 Tp, 2 Pos, B-Tb, Pk, Schlgz (gr. Trommel, Becken, Triangel, Glockenspiel, Tamtam), Hf, Streicher
Singstimme (Bariton)

E: 1883–85
EA: 1897, Weinberger (Wien)

»Ich habe einen Zyklus Lieder geschrieben, vorderhand sechs [...]. Das Schlußlied will ich mitschicken, obwohl die dürftigen Worte nicht einmal einen kleinen Teil geben können. – Die Lieder sind so zusammengedacht, als ob ein fahrender Gesell, der ein Schicksal gehabt, nun in die Welt hinauszieht, und so vor sich hin wandert« (Briefe, S. 35).

Diese früheste Erwähnung der **Lieder eines fahrenden Gesellen** vom 1. Januar 1885 hat – zusammen mit dem Umstand, daß eine autographe Erstfassung aus dieser Zeit, die »älteste Partitur«, von der Paul Stefan noch 1920 spricht (Stefan, S. 101), bislang nicht aufgetaucht ist – über die Entstehung des Werkes einige Dunkelheit gelegt. Die überlieferten Fassungen für Singstimme und Klavier bzw. Orchester stammen sämtlich aus den neunziger Jahren. Doch es scheint einigermaßen gesichert, daß die Klavierkomposition einer freilich nicht zweifelsfrei auszumachenden Zahl von Liedern, die zum »Zyklus« gehören, 1884/1885 (mit Betonung wohl von »85«) geschrieben worden ist. Erhalten haben sich allerdings aus diesem Zeitraum nur zwei Texte, der des nachmaligen 4. (*Die zwei blauen Augen*, datiert »15.12.84«) und des 3. Liedes (*Ich hab ein glühend Messer*, datiert »19.12.84«), die hier noch mit »I« und »II« bezeichnet sind. Da Mahler nun in späteren Briefen die Klavierfassung stets als »Klavierauszug« erwähnt, mußte man annehmen, daß dem eine ursprüngliche Orchesterfassung – eben die von Stefan genannte »älteste Partitur« – vorausging.

Doch dies und vor allem die Annahme, daß Mahler bis zum Brief vom 1. Januar 1885 einen »Zyklus [von sechs] Liedern geschrieben«, d.h. *komponiert* habe, scheint immer zweifelhafter zu sein. Mit dem Begriff »Lied« kann, wiederum entsprechend dem Lyrikverständnis der Goethe-Schubert-Zeit, lediglich ein »Text« gemeint sein, worauf sich denn auch und wohl recht eindeutig die Briefpassage »Das Schlußlied will ich mitschicken, obwohl die dürftigen Worte nicht einmal einen kleinen Teil geben können« bezieht. Hätte Mahler eine Komposition geschickt, dann wäre der Hinweis auf die »dürftigen Worte« ziemlich abwegig und im Grunde unverständlich: die Musik hätte – und hat ja auch in der Tat und wohl im Lauf des Jahres 1885 – die »Dürftigkeit« in erfüllte Klanggestalt verwandelt. Ob Mahler dann von den sechs nur vier »Lieder« vertonte oder ob er irgendwann den sechsteiligen zum vierteiligen Zyklus verkürzte, wonach die beiden ausgeschiedenen Lieder entweder verloren gingen oder ins zweite und/oder dritte Heft der *Lieder und Gesänge* aufgenommen wurden, läßt sich bisher nicht entscheiden.

Bleiben die Fragen nach der Entstehung der Orchesterfassung sowie nach der ebenso offensichtlichen wie merkwürdigen Übereinstimmung des ersten *Gesellen*-Textes mit einem »Lied« aus *Des Knaben Wunderhorn*. Geht man davon aus, daß Mahlers Bezeichnung »Klavierauszug« für die Klavierfassung nicht auf eine verschollene »älteste Partitur« hindeutet, sondern lediglich die Absicht anzeigt, eine solche Partitur nach dem gewissermaßen vorweggenommenen »Auszug« anzufertigen, so müßte das nach 1891 und wahrscheinlich bereits bis 1892/93 abgeschlossene, von Mahlers Freund Hermann Behn als »ältere autographe Partitur« betitelte Manuskript als erste Orchestrierung angesehen werden, an die sich bis zur Veröffentlichung im Jahre 1897 verschiedene Überarbeitungen anschlossen. Der Komparativ »ältere« braucht keineswegs den Superlativ »älteste« vorauszusetzen, sondern könnte sich schlicht auf die zeitliche Distanz zur veröffentlichten, eben der »neuen« Partitur beziehen.

Für die erstmalige Orchestrierung der *Gesellen-Lieder* zu Beginn der neunziger Jahre spricht auch, daß Mahler zu diesem Zeitpunkt, mit der Komposition der ersten, zunächst als »Humoresken« bezeichneten *Gesänge aus des Knaben Wunderhorn*, den Typus »Klavierlied« aufgibt und von nun an ausschließlich genuine »Orchesterlieder« schreibt (Schmierer, S. 83 f.), deren nachträgliche Klavierfassungen nurmehr – und nicht anders als diejenigen der Sinfonien – zu Studienzwecken angefertigte reduzierte Bearbeitungen bzw. Übertragungen darstellen.

Vor diesem Hintergrund wäre es schließlich auch durchaus denkbar, daß das erste Lied mit seinem wörtlichen *Wunderhorn*-Bezug sogar erst in dieser Zeit – und eben sogleich als Orchesterlied – komponiert worden ist; nach der in Leipzig um 1887 erfolgten Begegnung mit der für Mahler so wichtigen, die eigene Anschauungs- und dichterische Darstellungsweise entfaltenden *Sammlung altdeutscher Volkspoesie*. Träfe dies zu, dann brauchten nicht länger vage Einflüsse in den Studienjahren (durch den Jugendfreund und Literaturwissenschaftler Josef Steiner) oder gar »unbewußte« Vorausnahmen bemüht zu werden, um Mahlers »irrtümliche« Angabe, er habe das *Wunderhorn* erst 1887 in Leipzig kennengelernt, zu erklären.

Die Popularität der *Lieder eines fahrenden Gesellen* gründet wohl vor allem darin, daß sie unüberhörbar an die überreiche Tradition deutscher Gesangslyrik anknüpfen, zumal an Schuberts *Die schöne Müllerin* und *Die Winterreise*. Gleich Schuberts »Wanderer«, der »ein Schicksal gehabt«, geriet auch der Mahlersche »Geselle« durch unerwiderte Liebe in eine unglückliche Lebenssituation, der er vergebens zu entrinnen sucht. Doch es bestehen über das Textliche hinaus auch unmittelbar musikalische Bindungen: neben dem zyklischen Zusammenschluß der Lieder ist es vor allem der Rhythmus des Wanderns, einer unaufhörlich wirkenden, über weite Strecken gleichmäßig pulsierenden Bewegung, worin sich Suche als Hoffnung auf Erfüllung und Flucht als Reaktion auf erfahrenes Leid unentwirrbar verschränken. Das Wandern wiederum ist an den Marsch gebunden, der sämtliche Stücke des Zyklus leitet – das letzte formt den Abschied zum Trauermarsch.

Allerdings mutet solch offenkundiger Bezug zugleich merkwürdig an, fällt er doch recht deutlich aus dem heraus, was die Liedkomposition zur Mahler-Zeit kennzeichnet. Dies betrifft insbesondere den zyklischen Charakter der Liedfolge, von dem sich bereits Brahms (die *Magelonen*-Romanzen bilden unverkennbar eine Ausnahme), dann aber auch Hugo Wolf, Hans Pfitzner oder Richard Strauss abwandten. Die Gründe hierfür hat man einerseits in aufführungspraktischen Veränderungen zu suchen: indem auch der Liedgesang – nicht anders als die unterschiedlichen kammermusikalischen Musizierformen – immer stärker seinen privaten Charakter verlor und fester Bestandteil des öffentlichen Konzertierens wurde, blieb ihm nurmehr der relativ beschränkte Raum einer oder mehrerer Programm-»Nummern« vorbehalten, die meist noch durch ganz verschiedenartig besetzte Stücke wie Sinfonie(satz), Solo-Konzert, Kammermusik u. a. getrennt wurden. Und erst um die Jahrhundertwende begannen sich spezielle »Lieder-Abende« durchzusetzen, welche die Gelegenheit boten, umfangreichere Zyklen vorzutragen.

Andererseits aber kollidierte auch der Zyklus als »Sammelwerk« mit dem Interesse der Komponisten, das einzelne Lied als eigenständiges, gewichtiges und in sich geschlossenes Kunstwerk gemäß der ihm jeweils zugrunde liegenden subjektiven Ausdrucksintention vorzuführen. Die zunehmend druckvoller werdende, von den »großen« Formen Sinfonie, Oper und Oratorium ausgehende Tendenz, jedes Werk als »Ideenkunstwerk« zu gestalten und dem Hörer zu übermitteln, erstreckte sich allmählich und unaufhaltsam auch auf die »kleinen« Formen wie das Klavierstück oder das Lied.

Dennoch erscheint auch in dieser Tendenz die Gattungscharakteristik der *Gesellen-Lieder* keineswegs eindeutig: sie sind gewissermaßen »Schubert-Lieder« in sinfonisch-orchestralem Gewand. D. h., ihre Struktur und Form, ihr »Ton« sind durchaus »schubertisch«, erhalten jedoch durch die Orchestergestalt ein dynamisches Klangvolumen, welches die Brücke zum zeitgemäßen »Orchester-Gesang« (und damit auch zum eigentlichen »Mahler-Ton«) schlägt. Eine Brücke, wohlgemerkt; denn die Lieder – darauf verweist nicht zuletzt die praktisch von Beginn an verwendete Bezeichnung »Klavierauszug« – finden zwar erst mit dem Orchester zu musikalisch sinnerfüllter Darstellung, sind aber freilich in der Klavierfassung nicht nur als reduzierte »Bearbeitungen« anzusehen. Die Lieder stehen wahrlich in der Mitte zwischen klavieristischer und orchestraler Ausführung, zwischen dem Beharren auf solistischer »Begleitung« und dem Aufbruch zu einem sinfonischen Denken, das »Gesang« und »Begleitung« zu einer einheitlichen, das Vokale wie das Instrumentale in sich aufnehmenden Struktur verschweißt. Und von dieser gleichsam gerichteten Bewegung, in der sich ein »Nicht mehr« des Schubert-Liedes und ein »Noch nicht« des Orchester-Gesangs überlagern, geht wohl auch und keineswegs zuletzt die anhaltende Anziehungskraft dieses Mahlerschen Werkes aus.

Die Lieder erzählen die Geschichte, das »Schicksal« des Gesellen auf eine merkwürdige, die Zeitebenen wechselnde und ineinanderschiebende Weise. Das erste (*Wenn mein Schatz Hochzeit macht*) gleicht einer Exposition, in deren drei Teilen verstörende Erwartung (»Wenn ...«), das Wunsch- und Traumbild beglückender Naturszenerie als Gleichnis ungetrübten Lebensgefühls (»Ach! Wie ist die Welt so schön!«) und erfahrenes, also bereits zurückliegendes Leid (»Alles Singen ist nun aus!«) hart aneinanderstoßen. Und dies, die zeitliche Verstrebung des Geschehens von einem imaginären Punkt aus in die Zukunft wie in die Vergangenheit, prägt die gesamte Werkstruktur. Grundlegend dabei sind schroff kontrastierende Charaktere des musikalischen Materials, die sich gleichermaßen deutlich in Form, Thematik, Rhythmik, Tempo, Dynamik und Klangbild bemerkbar machen.

Einleitend erklingt eine Art Tanzmusik mit thematisch führendem Klarinettenpaar im mezzo-forte, das Triangel und Harfe im piano bzw. fortissimo abstützen. Der federnde, eben tänzerische Rhythmus ergibt sich sowohl aus den verhaltenen Stauimpulsen der eingeschalteten Triolen in den Oberstimmen als auch aus den synkopisch wirkenden Auftakten der Harfe. Eine Fermate trennt diese Einleitung vom Einsatz der Singstimme, die zusammen mit der Begleitung gleichsam eine Augmentation der »Tanzweise« bildet. Dabei jedoch vollzieht sich im Orchester ein vollständiger Klangwechsel: registerhaft heben die Streicher an, unisono zur Singstimme geführt die 1. Violinen, die 2. parallel in der Unterterz; die Viola mit einem einzigen liegenden Ton, die Celli mit einer wiederholt angespielten, durch einen Sekundvorhalt eingefärbten, bordunartigen Quinte. Den dergestalt reliefartig herausgetriebenen Kontrast zwischen diesen beiden Passagen vollendet gewissermaßen eine »schnellere« bzw. »langsamere« Temponahme, wobei die Vagheit des Komparativs auch und gerade künftighin zu den aus praktischer Erfahrung gewonnenen, die Spieler gleichsam zum richtigen Tempo »überlistenden« Bezeichnungsweisen Mahlers gehört. »Schneller« und »Langsamer« meint nicht »Schneller als ...« und »Langsamer als ...«, sondern zielt auf den psychologischen Effekt, beide Tempi verhalten, »moderat« zu nehmen – das »schnellere« nicht zu schnell, das »langsamere« nicht zu langsam.

Dieser Kontrastwechsel erstreckt sich über den gesamten Eröffnungsabschnitt, bis Takt 43, wobei sich in wachsendem Maße eine Durchdringung der Instrumentengruppen abzeichnet. Beginnend mit der Koppelung von Baß-Klarinette und Celli Takt 14–16 über die Pizzicato-Verstärkung der Bläser Takt 28/29 ergibt sich schließlich im letzten »Tanz-Ritornell« eine Art begrenzter Tutti-Wirkung, die anzeigt, daß der ursprüngliche Kontrast zugunsten des Ritornells aufgehoben wurde. Oder anders: Die anfänglich dem Sänger vorbehaltenen, seinem trauernden Sinn Klang gebenden Instrumente werden ihm Schritt für Schritt und unnachgiebig entzogen, worin sich wohl unmißverständlich das ihm beschiedene, ausweglose Verlassen-Sein andeutet – die »Hochzeit« beansprucht die ganze Musik.

Da eröffnet sich, wie ein rettender Ausblick, eine Traumvision ungetrübter Natur: »Ach! Wie ist die Welt so schön!« Und dieser Mittelteil (T. 44–63) nimmt zwar den Klangkontrast der Rahmenteile auf, glättet ihn jedoch zu einem »sanft bewegt[en]« Reigen, der den vorausgegangenen Klang-»Entzug« zurücknimmt: alle Instrumente verlieren ihren scharfen Akzent und »singen« mit dem Gesellen – bis in diese Idylle, verdeckt durch Anpassung an die Vogelstimmenfiguration, die leiernde Tanzweise wieder einbricht und den Traum zerstört. »Drängend im Tempo« werden die Stimmen derart angespannt, daß sie gleichsam abreißen und in einzelnen Figuren zerrinnen. Der Kontrast erscheint hier somit als ein doppelter: einerseits im Durchbruch der Traumvision, deren Helligkeit das bisherige Dunkel zunächst überstrahlt; andererseits als aufsprengende Einwürfe der »Hochzeits«-Musik, welche die hoffnungsvolle Helligkeit alsbald verschatten und schließlich vertreiben. Die nachfolgende verkürzte Reprise des Eröffnungsabschnitts läßt noch einmal den »realen«, gewissermaßen programmatischen Wandel der Instrumentenzuordnung ablaufen und macht ihrerseits und nunmehr endgültig – »Bis zum Erlöschen des Tones« (T. 96) – klar: »Alles Singen ist nun aus!«

Hinter solch verzweigter, das Verbale unmittelbar in musikalische Form- und Strukturbildung »übersetzender« Gestaltung bleiben die folgenden Stücke merklich zurück. Und dies wäre denn auch ein Anhaltspunkt dafür, daß das Eröffnungsstück erst später komponiert worden ist. Die folgenden halten, ungeachtet der differenzierten und vielschichtigen Satzperiodik im zweiten oder des dramatischen Aufschwungs im dritten, noch weitgehend am Lied-Charakter fest. Darauf deutet vor allem der Verzicht auf ebenso minutiöse wie »sprechende« Kontrastsetzungen hin, auf permanente Brechung der musikalischen Bewegung zugunsten eines liedhaften Kontinuums, dessen Formbildung zumal von der Strophengliederung des Textes vorgezeichnet wird.

Lied Nr. 2 (*Ging heut' morgen übers Feld*) entfaltet in drei Strophen-Varianten mit einer gleichsam angehängten vierten als Coda die Vorgeschichte des »Gesellen«: die blühende, von Vogelstimmen be-

Lieder eines fahrenden Gesellen. Titelblatt der Erstausgabe

lebte Natur läßt eine »schöne Welt« erwarten, deren »Funkeln im Sonnenschein« einen recht illustrativen Harmoniewechsel von D-Dur zum weichen, dunkel-leuchtenden H-Dur der 3. Strophe auslöst. Doch die »Verzauberung« enthüllt sich schnell als Trug: das »Glück« wird dem Gesellen – er ahnt es – »nimmer blühen«. Und diese erahnte Verweigerung findet zu einem musikalischen »Bild«, das – wie zuvor die Kontrastschichtung – charakteristisch für Mahler werden sollte: zum offenen Schluß. Die codaartige 4. Strophe mit banger Frage (»Nun fängt auch mein Glück wohl an?!«) und sanfter, doch bereits entschiedener Verneinung bleibt in einer Dominant-Schwebe (Fis-Dur), die auch durch Wiederholung der Frage auf der Tonika (H-Dur) keine Festigkeit erhält. Die an- und abschließende Verneinung ist mit einer quasi umwegigen Modulation verbunden, in deren Endphase die Singstimme auf einem Doppel-Dominant-Klang (Cis-Dur mit Sept und None, T. 122) und danach die Instrumente auf der Dominante verlöschen. Der »offene Schluß« erscheint hier um so wirkungsvoller, als diese Dominante durch Doppel-Dominante und nur flüchtiger Berührung der ursprünglichen Tonika (H-Dur) ihrerseits in eine freilich unsichere, eben schwebende Andeutung einer neuerlichen Tonika mündet.

Wurde der Kontrast als grundlegender Ausdrucksimpuls im ersten Stück gewissermaßen eingelagert, so ergibt er sich nun – und auch darin liegt ein traditionelles Moment – aus dem harten Aneinanderstoßen der Lied-Charaktere. Der lyrisch-naturhaften Szenerie von Nr. 2 folgt nunmehr schroff (»stürmisch, wild«) ein aggressiver Ausbruch mit bohrenden Triolen-Ketten, scharfen Bläser-Akkorden und gleichsam sich windenden chromatischen Figurationen (*Ich hab ein glühend Messer in meiner Brust*). Die Strophengliederung wird, obgleich noch vernehmbar, von einem zweimaligen dynamischen Aufschwung überlagert, der jeweils ermattet verlischt. Insbesondere der zweite und abschließende Aufschwung, der mit einer äußerst verhaltenen, die Naturszenerie augenblickshaft in Erinnerung bringenden Geste anhebt (»Wenn ich in den Himmel seh«, T. 45 ff.), entfesselt eine Gewalt, die einerseits die Grenzen des Liedes zur Operndramatik hin durchstößt, andererseits die gewissermaßen expressionistischen Kulminationen späterer Werke – etwa des *Liedes von der Erde* – vorausnimmt.

Einen dramatischen Akzent setzt auch die Wahl der jeweiligen Tonart-Ebenen in den Liedern. Lied Nr. 1 beginnt in d-Moll und schließt in g-Moll, worauf Nr. 2 mit D-Dur folgt, das sich nach H-Dur wendet und, wie erwähnt, auf einem merkwürdigen, zwischen Dominante und Tonika schwankenden Fis-Dur endet. Mit Nr. 3 scheint das Spiel wieder von vorn zu beginnen. Doch nun rücken die dem anfänglichen d-Moll folgenden Ebenen chromatisch aufwärts, beginnend mit es-Moll auf dem Höhepunkt des zweiten Aufschwungs und fortgesetzt von e- und f-Moll, mit dem Nr. 4 einsetzt bzw. schließt: die Absicht, durch »Ansteigen« der Tonarten eine weitere Steigerung des Ausdrucks zu erzielen, ist unverkennbar.

Trotz der Einbeziehung in solche »progressive Tonalität« weist das letzte Stück (*Die zwei blauen Augen*) wohl die am deutlichsten rückwärts gewandten Züge auf. Der »Mahler-Ton« klingt hier noch nahezu unverstellt »schubertisch«, mit seinen schwermütig-schleppenden Marschrhythmen, weichen Terz- und Sext-Parallelen und über weite Strecken unisono geführten Gesangs- und Instrumentalstimmen. Die Strophengliederung tritt klar hervor, ab der dritten Strophe sorgen Variantenbildung für farbliche Nuancierung bei Wahrung der verhaltenen, traumhaft entrückten Grundstimmung. Die letzte Strophe (»Auf der Straße stand ein Lindenbaum«) hebt sich wiederum soweit ab, daß sie wie eine Coda wirkt, deren auskomponiertes Verstummen durch echohaften Nachklang der Eröffnungsfigur vollendet wird. Auch hier deutet sich ein Vorgriff an, und zwar auf das Finale der *4. Sinfonie*, die ebenfalls nicht zu schließen, sondern im Unhörbaren zu vergehen scheint (s. S. 101).

Bekanntlich hat Mahler Teile des 2. und des 4. Liedes im Kopfsatz bzw. im Trio des zwielichtigen *Todtenmarsches in Callot's Manier* der *1. Sinfonie* verwendet. Weniger interessant ist dabei wohl die Frage, ob diese in den späteren achtziger Jahren erfolgte Übernahme zugleich die erste Orchesterfassung der Liedteile darstellt, oder ob es außerdem – wie oben erwähnt – eine vorausgegangene, doch bislang verschollene Instrumentierung der Lieder gegeben hat. Bemerkenswert ist vielmehr die Tatsache, daß Mahler jene Lieder heranzog, die in jeder Hinsicht noch am stärksten in der Lied-Tradition gründen und erst durch die instrumentale Transformation sinfonische Dimension erlangen. Nr. 1 hingegen scheint dafür zumindest weniger geeignet gewesen zu sein, da dieses Lied selbst bereits ausgeprägte sinfonische Elemente enthält, die mit der andersartigen Werkkonzeption der *1. Sinfonie* (zu der nicht zuletzt wiederum das Liedhafte als fest umrissener und durch »Lieder« auch vertretener Ausdrucksbereich gehört) kollidiert haben könnten. Aber vielleicht spricht die Tatsache der Nichtübernahme auch nur dafür, daß das Lied wirklich erst anfangs der neunziger Jahre und mithin einige Zeit nach Abschluß der *1. Sinfonie* (1888) komponiert worden ist.

Gesänge aus Des Knaben Wunderhorn

Nr. 1 *Der Schildwache Nachtlied*
Nr. 2 *Verlor'ne Müh'*
Nr. 3 *Trost im Unglück*
Nr. 4 *Wer hat das Liedlein erdacht?*
Nr. 5 *Das irdische Leben*
Nr. 6 *Des Antonius von Padua Fischpredigt*
Nr. 7 *Rheinlegendchen*
Nr. 8 *Lied des Verfolgten im Turm*
Nr. 9 *Wo die schönen Trompeten blasen*
Nr. 10 *Lob des hohen Verstandes*
Nr. 11 *Es sungen drei Engel*
Nr. 12 *Urlicht*
Nr. 13 *Das himmlische Leben*

Besetzung: Picc, 2 Fl, 2 Ob, EH, 2 Kl, 2 Fg, K-Fg, 4 Hr, 2 Tp, Pos, B-Tb, Pk, Schlgz (kl. und gr. Trommel, Becken, Triangel), Hf, Streicher
Solo-Stimme

E: 1892–98
EA: 1899, Weinberger (Wien)

Revelge

Besetzung: 2 Fl, 2 Ob, 2 Kl in B, 2 Fg, K-Fg, 2 Hr, 2 Tp, 3 Pos, Pk, Schlgz (kl. und gr. Trommel, Becken, Triangel, Tam-tam), Streicher
Solo-Stimme

E: 1899
EA: 1905, Kahnt (Leipzig)

Der Tamboursg'sell

Besetzung: 2 Ob, 2 Kl in B, 2 Fg, K-Fg, 2 Hr, B-Tb, Pk, Schlgz (kl. und gr. Trommel, Tam-tam), Vc, Kb
Solo-Stimme

E: 1901
EA: 1905, Kahnt (Leipzig)

Im Oktober 1893 kündigt Mahler dem Berliner Kritiker Gustav (?) Davidsohn an, daß in Hamburg ein Konzert stattfinde, »in welchem außer einem großen Orchesterwerk [*1. Sinfonie*] auch noch sechs der Ihnen bekannten Humoresken [...] gesungen werden (Blaukopf/Roman, S. 198). In der Konzertanzeige hingegen ist von »Balladen und Humoresken aus *Des Knaben Wunderhorn*« zu lesen (Martner, S. 32), und im Konzertprogramm schließlich erscheinen die Stücke wie folgt (ebd., S. 33):

»*3 Humoresken aus Des Knaben Wunderhorn*:
Das himmlische Leben
Verlorene Mühe
Wer hat dies Liedlein erdacht

Aus Des Knaben Wunderhorn:
Der Schildwache Nachtlied (eine Scene aus dem Lagerleben)
Trost im Unglück (aus dem Leben der Landsknechte)
Rheinlegendchen«.

Obwohl Mahlers schwankende Benennung der Lieder nicht überinterpretiert werden darf, verwundert hier doch die schwerlich ohne Wissen des dirigierenden Komponisten vorgenommene Trennung von »Humoresken« und nicht näher bezeichneten Stücken »Aus *Des Knaben Wunderhorn*«, zumal sie im zitierten Brief und auch an anderer Stelle allesamt als »Humoresken« oder als »Balladen« (Unbekannte Briefe, S. 123) Erwähnung finden. Spätestens nach deren Veröffentlichung als **Gesänge aus Des Knaben Wunderhorn** (1899) verzichtete Mahler freilich auf jede nähere, eine Gattungszugehörigkeit zumindest andeutende Bezeichnung und beließ es bei dem offenen und recht unverbindlichen Begriff »Gesang«. Das anfängliche Schwanken allerdings scheint der kompositorisch-künstlerischen Situation Mahlers während der Entstehungszeit der Lieder zuzuschreiben zu sein.

1888 hatte er die *1. Sinfonie* abgeschlossen und sogleich jenen mit *Todtenfeier* betitelten Satz geschrieben, der nachmals den ersten der *2. Sinfonie* bilden sollte. Ehe im Sommer 1893 die Arbeit an dieser Sinfonie wieder aufgenommen wurde (und im Juli 1894 beendet werden konnte), komponierte Mahler zwischen Januar und April 1892 und in eben dem Sommer 1893 die im Hamburger Konzert vom Oktober desselben Jahres aufgeführten »Humoresken«, nebst *Des Antonius von Padua Fischpredigt* und *Das irdische Leben*. Die übrigen *Wunderhorn-Gesänge* folgten im Lauf der neunziger Jahre, also im Umfeld der *3.* und *4. Sinfonie*: *Lob des hohen Verstandes* (Juni 1896), *Lied des Verfolgten im Turm* und *Wo die schönen Trompeten blasen* (Juli 1898), *Revelge* (Juli 1899) und – gleichsam als Nachzügler – *Der Tamboursg'sell* (August 1901).

Die besondere Situation Mahlers um 1892/93 lag wohl vor allem darin, daß er zum einen um die Bewältigung einer sinfonischen Konzeption – um die der *2. Sinfonie* – rang, deren klar erkennbare Andersartigkeit und Neuheit mit Blick zurück auf die *1. Sinfonie* ungeahnte Darstellungsschwierigkeiten bereiteten (s. S. 65 ff.). Zugleich und kaum davon zu trennen wandte sich Mahler mit der in diesen Zeitraum fallenden Instrumentierung der *Lieder eines fahrenden Gesellen* und mit den »Humoresken« dem Orchestergesang zu, und zwar, wie erwähnt, in einer gewissermaßen »unumkehrbaren« Weise: sämtliche bis hin zum *Lied von der Erde* noch folgenden solistischen Gesangsstücke sind genuine Orchesterkompositionen. D. h., obwohl Mahler auch und gerade die »Humoresken« zu seinen »Hauptwerken« (Briefe, S. 183) zählte, waren sie einbezogen in die aufreibende, von Werk zu Werk neu ansetzende Bewältigung sinfonischer Darstellung. Diese Einbeziehung ereignete sich gleichzeitig auf verschiedenen Gestaltungsebenen.

Zum einen etwa auf der Ebene sinfonischer Formbildung, welcher Stücke wie *Der Schildwache Nachtlied* und dann vor allem und geradezu überdeutlich die späteren »Orchester-Lied-Sätze« *Wo die schönen Trompeten blasen*, *Revelge* und *Der Tamboursg'sell* die kühn einzuschlagenden Wege bahnen. So weist *Revelge* unüberhörbar voraus auf den Eröffnungssatz der *6. Sinfonie* – und die Komplexität solcher Wegbahnung deutet sich wohl darin an, daß das Lied seinerseits – wie aus bisher nicht veröffentlichten Aufzeichnungen Natalie Bauer-Lechners hervorgeht – den riesenhaften 1. Satz der *3. Sinfonie* als »rhythmische Studie« zur Voraussetzung habe. Eng verflochten mit der Formbildung erscheint dabei die Ausforschung von Klangcharakteren, im Lyrischen etwa durch Lieder wie *Verlorene Müh'* oder *Rheinlegendchen*; im Skurril-Gebrochenen durch *Das irdische Leben*, das über die *5.* und *6. Sinfonie* bis in die Fragmente zur *Zehnten* hineintönt; im Aggressiv-Appellatorischen neben *Revelge* etwa das *Lied des Verfolgten im Turm*, das gleichsam die Brücke von der *3.* zur *5. Sinfonie* schlägt usw.

Freilich scheint die wichtigste, die entscheidende Rolle der Lieder darin zu bestehen, einen musikalischen Sprachcharakter zu entfalten, in dem das Vokale und das Instrumentale, der ans Wort gebundene Laut und der an das Instrument gebundene Klang ineinanderfließen. Es führt dies hin zu einer Art »Klangrede«, zu einer »Sprachähnlichkeit« (Adorno, *Mahler*, S. 34 f.) der Musik, die deren unverwechselbaren, suggestiven und nach wie vor rätselhaften »Ton« – den »Mahler-Ton« – begründet (s. S. 85, 201, 203).

Dies soll und darf aber nicht den Eindruck erwecken, als erschöpften sich die Lieder darin, den Sprachcharakteren der Instrumentalmusik die Wege zu bahnen. Sie sind immer auch Kompositionen sui generis, ziehen gewissermaßen zu bildhafter Prägnanz zusammen, was sich parallel und später in sinfonischen Panoramen entfaltet. Für das »sui generis« spricht dabei nicht zuletzt, daß die *Gesänge* keinen Zyklus, sondern eine Sammlung bilden, aus der in der Regel für jeweils konkrete Aufführungsbedingungen eine entsprechende Auswahl getroffen bzw. bei Gesamtaufführungen zumeist eine veränderte, von den Intentionen der Interpreten geleitete Reihenfolge vorgenommen wird.

Allerdings lassen die *Gesänge* eine Gruppierung nach inhaltlichen Gesichtspunkten erkennen, welche gleichermaßen und untrennbar von textlichen wie von kompositorischen Gegebenheiten ausgeht. Eine erste Gruppe umfaßt jene Lieder, in denen volksmusikalisch-tänzerische Züge vorherrschen und die diese Charaktere auch relativ geschlossen – als »Grundton« oder als eine Art »Einheitsablauf« – ausstellen: *Verlor'ne Müh'*, *Trost im Unglück*, *Wer hat dies Liedlein erdacht* und *Rheinlegendchen*, denen noch *Es sungen drei Engel* – der 5. (Chor-)Satz aus der *3. Sinfonie*, den Mahler auch in solistischer Liedfassung veröffentlichte – zuzurechnen ist.

Eine zweite Gruppe zeichnet sich mit jenen Liedern ab, die zwar ebenfalls geschlossene Ausdruckscharaktere aufweisen, diese jedoch mit scharf voneinander abgesetzter, fokusartig konzentrierter Thematik verbinden. Es sind »Ernstfälle« kritischen Einspruchs oder bekenntnishaften Mahnens, deren Bedeutung sich nicht zuletzt daran ermessen läßt, daß sie sämtlich in unmittelbarer Beziehung zu Sinfonien stehen: *Das irdische Leben* (ursprünglich als 2. Satz der *4. Sinfonie* vorgesehen), *Des Antonius von Padua Fischpredigt* (Vorlage für den 3. Satz der *2. Sinfonie*), *Lob des hohen Verstandes* (thematische Beziehung zum 5. Satz der *5. Sinfonie*), zu denen außerdem die »originalen« Sinfoniesätze *Das himmlische Leben* (4. Satz der *4. Sinfonie*) und *Urlicht* (4. Satz der *2. Sinfonie*) gehören.

Eine dritte Gruppe schließlich bilden Lieder, die vom Schicksal der »Erniedrigten und Beleidigten« handeln, von den mit Tod bedrohten Verfolgten, Gefangenen und vor allem den Soldaten: *Der Schildwache Nachtlied*, *Lied des Verfolgten im Turm*, *Wo die schönen Trompeten blasen*, *Revelge* und *Der Tamboursg'sell.*

Aus der ersten Gruppe sei *Verlor'ne Müh'* etwas eingehender betrachtet. Wie auch in den übrigen Liedern legt allein der intimere, persönlichere Charakter dessen, wovon hier gesungen wird, eine im Klangbild kammermusikalische Gestaltung nahe, welche nicht zuletzt auch im Melodischen eine weitgehende Annäherung an den romantischen Begriff »Im Volkston« nach sich zieht. Nur ein einziges Mal – und bezeichnenderweise erst mit der Schlußwendung, durch die die endgültige Zurückweisung von wiederholten werbenden Angeboten eines Mädchens an sein geliebtes »Büberle« nunmehr auch im Instrumentalen schroff und ebenso endgültig bestätigt wird – rauscht die Musik orchestral auf, führt sie die zuvor stets abgestuft eingesetzten Instrumente und Instrumentengruppen zum freilich »hellen« Vollklang zusammen.

Denn es fehlen außer den stets weich intonierenden Hörnern alle Blechbläser und von den Schlaginstrumenten verwendet Mahler lediglich das zart färbende Triangel. Außerdem werden die doppelt besetzten (»Standard«-)Holzbläser fast nur solistisch bzw. alternierend eingesetzt. Wie »unnaiv« und allem bieder-besinnlichen »Volkton« entgegengesetzt allerdings diese Musik erscheint, geht selbst noch aus relativ unauffälligen Details hervor, welche sich des im Text vorgetragenen Konflikts annehmen und ihn ironisch »deuten«: ein Mädchen will etwas von einem Knaben, der jedoch nichts von ihm. Sie kommen also nicht zusammen – was mit den ersten beiden erklingenden Tönen auch bereits klar ist: der akzentuierte Initialton e" setzt in der Oboe quasi synkopisch auf dem 3. (Auftakt-)Achtel ein, während das Horn diesen nach unten oktavierten, ebenso akzentuierten Ton auf dem 1. Achtel des folgenden Volltaktes bringt:

Bsp. 95 *Verlor'ne Müh'*, T. 1–3

Diese gewissermaßen entgleitende rhythmische Verschiebung findet nun sogleich im Harmonischen eine ebenso einfache wie wirkungsvolle Verstärkung, und zwar durch den Wechsel von Dur zu Moll, der – wie stets bei Mahler – eine Art »Zurücknahme« von etwas »Gesetztem« anzeigt. Die den Initialton fortsetzende Figur der Oboe wird mit der echohaften Verschiebung nach Moll gewendet – und von dort durch den Einsatz der 1. Violinen sofort wieder zum Dur umgeleitet. Mit dem wiegenden Aufschwung der Singstimme (»Büble ...

wir!«) scheint rhythmisch alles ins Lot gekommen zu sein – doch ein erneuter Dur-Moll-Wechsel (T. 7/8) macht klar, daß von »wir« keine Rede sein kann. Und die harmonischen Ebenen bleiben auch weiterhin unversöhnlich geschieden, indem das Mädchen zunächst vergißt, seine schmeichelnde Rede nach Dur zurückzuholen, und sie auf dem »abweisenden« Moll des Knaben vorträgt ...

Mit dem Beginn der 2. Strophe werden die Bitten des Mädchens zudringlicher: statt »ausgehen« und »Lämmer besehen« heißt es nun rundheraus »Gelt! Komm'!« Sie verläßt ihr ursprüngliches Aufschwung-Motiv, um es den Violinen in der Mollvariante zu überlassen und für sich selbst nun den gehaltenen Initialton mit gleichsam »lokkendem« Sekund-Vorschlag zu beanspruchen. Doch außer dem »verräterischen« Moll der Streicher steht dieser anzüglich auftrumpfenden Geste noch stärker ein freilich nur mild, doch auch wiederum unmißverständlich dissonierender Bläserklang entgegen, der wie eine Vorausnahme des nun erstmals anhebenden mürrisch-schroffen Einspruchs des »Büberle« erscheint: »Närrisches Dinterle, ich mag dich halt nit« (T. 26–33).

Diese Schroffheit löst einige Irritation aus, die sich musikalisch in einer einigermaßen konfus wirkenden Harmoniefolge niederschlägt (T. 34–36) und die nur durch die recht gewaltsam aufgerufene Initialfigur beendet und in schon bekannte Bahnen zurückgeleitet werden kann. Das Spiel wiederholt sich mit wachsender Intensität in den noch folgenden Strophen, wobei die Bitten des Mädchens bald einen hysterischen Ton annehmen, der vor allem durch immer stärkere Chromatisierung der Melodik sowie durch schnellere, gehetzt wirkende Harmoniewechsel entsteht und welche dann nur noch entschiedenere Zurückweisungen auslösen. Die stets ironisch gebrochene Dramatik findet dann durch eine coda-artige Zäsur (5. und 6. Strophe) zu einem abschließenden Höhepunkt, der in die bereits erwähnte, den Konflikt im Sinne des Angeflehten lösende orchestrale Zusammenfassung mündet.

Der Titel *Das irdische Leben* – wie auch einige weitere Titel seiner *Wunderhorn*-Lieder – stammt von Mahler. Welch tiefgreifende Bedeutung er dem Lied beimaß, zeigt allein schon an, daß es in einem undatierten, in den späteren neunziger Jahren entstandenen Entwurf zur *4. Sinfonie* als deren 2. Satz vorgesehen war. Mithin sollte es das Gegenstück zum Lied *Das himmlische Leben* bilden, das die Sinfonie beschließt. Daß Mahler diesen Plan bald wieder aufgab und nur *Das himmlische Leben* als Finale der Sinfonie beließ, schmälert keineswegs den ideellen Stellenwert des *irdischen Lebens* in Mahlers Œuvre. Abgesehen davon, daß das Lied gleichsam den Prototyp jenes Gestaltungs- und Ausdrucksbereichs darstellt, der treffend mit »(schlechtem) Weltlauf« (Adorno, *Mahler*, S. 14 passim) benannt worden ist, kehrt es in Mahlers letztem Werkprojekt, den Fragmenten zur *10. Sinfonie*, als eine Art Folie für dessen 3. Satz (*Purgatorio*; s. S. 261) wieder. Es hat den Anschein, daß sich hier über die Jahre hinweg ein Kreislauf vollendet, der eine zentrale weltanschauliche Idee zur Entfaltung bringt.

Nicht anders als bei *Des heiligen Antonius Fischpredigt* oder *Lob des hohen Verstandes* drängt sich die Metapher »Weltlauf« für *Das irdische Leben* allein schon aufgrund einer durchlaufenden, ebenso »geschäftig« wie »atemlos« wirkenden Sechzehntelbewegung auf. Sie steht für Verhalten und Handeln von Menschen, die einem schicksalhaften Zwang ausgeliefert zu sein scheinen und dabei gleichsam in rituell anmutender Weise auf ihre Katastrophe zusteuern – wie eine Formel kehrt die das Lied eröffnende flehentliche Bitte des Kindes wieder: »Mutter, ach Mutter, es hungert mich! Gib mir Brot, sonst sterbe ich.« Dem vermag die Mutter jedoch nur eine Vertröstung auf den kommenden Tag entgegenzusetzen: es muß erst noch das Korn geerntet, gedroschen und schließlich gebacken werden. Doch als dies alles getan war, »lag das Kind auf der Totenbahr«. Die Erzählebene in direkter Rede von Kind und Mutter wird ergänzt durch die indirekte eines fiktiven Erzählers, der auch – »als das Brot gebacken war« – das tödliche Ende verkündet.

Diesen Erzählebenen gibt Mahler nun – vor dem Hintergrund der durchgehenden »Weltlauf«-Bewegung – scharf voneinander abgehobene musikalische Charaktere. Die stets gleichlautenden Zeilen des Kindes sind zunächst an eine sich chromatisch abwärts windende Wechselnotenfigur, dann an chromatisch versetzte Oktavsprünge gebunden, in denen ein Echo barocker Ausdrucksfiguration nachhallt:

Bsp. 96 *Das irdische Leben*, T. 7–14

Diesem entschiedenen Ton, der jede Milderung von vornherein aussichtslos erscheinen läßt, hat die Mutter – und hierin klingt ihre ganze tragische Hilflosigkeit an – nur eine gebetsmühlenhaft wiederholte melodische Wendung entgegenzusetzen:

Bsp. 97 *Das irdische Leben*, T. 19–22

Die schmerzlich-bohrende Chromatik des Kindes weicht einer dreiklang- und diatonikgestützten Melodieführung, in der sich Trostversuch und tieferliegende Einsicht in die Vergeblichkeit aller Versprechungen ununterscheidbar vermischen. Für diese Vergeblichkeit steht auch die starre Wiederholung der Melodiezeile von Strophe zu Strophe, während der Schmerz des Kindes zu immer schärferen musikalischen Varianten treibt. In seinem letzten Ausbruch ergreift es gewissermaßen die Ausdruckselemente der Mutter, nimmt ihnen freilich nicht nur alles Besänftigende, sondern preßt aus der diatonisch-dreiklangsmäßig umgebauten Variante und zusammen mit der nachfolgenden Erweiterung des Oktavüberschlags zur Dezime ein Höchstmaß an Intensität:

Bsp. 98 *Das irdische Leben*, T. 75–82

Wie zur Bestätigung, daß solche Konsequenz nicht mehr zu steigern ist, übernimmt in der Schlußstrophe der fiktive Erzähler nun die chromatische Wendung des Kindes, der er eine in rhythmische Vergrößerung mündende, den letzten Aufschrei artikulierende Dezimensprung-Variante folgen läßt.

Obwohl dem Stück ein einfacher, im Hinblick auf die Liedkunst des späten 19. Jahrhunderts geradezu archaisch wirkender Aufbau eigen ist, hat die Formbildung doch einige verblüffend neuartige Züge. Neben oder gewissermaßen unterhalb der Strophengliederung, die an keiner Stelle verunklart oder gar in Frage gestellt wird, sorgt die »Rollenbindung« von Text und der ihm jeweils zugeordneten Musik für eine Art »zweiter Formebene«, welche als eigentlicher Sinnträger und -vermittler wirkt. Dies bekräftigt außerdem die Tatsache, daß durch die Übernahme des chromatischen »Klagegesangs« durch den Erzähler eine »Reprise« angedeutet wird – wodurch zugleich die vorausgegangenen Abschnitte als »Expositions«- und »Durchführungs«-Partien erscheinen. D. h., noch in den bescheidenen Dimensionen eines solchen Liedes findet die für Mahlers musikalische Sprache so charakteristische und unablässig angesteuerte Durchdringung von vokaler und instrumentaler Gestaltung Raum. Und dies gibt diesem Lied – über alle »archaischen« Momente hinweg – jenes stringente Gepräge, das selbst noch das Ornamentale (die durchgehende Sechzehntelbewegung als »Begleitfigur«) und die Ausdruckstypisierung (»Klagegesang«) in einen »reinen« Ton, in »absolutes« Tönen verwandelt – und dergestalt zu existenziellem Ausdruck steigert. Das Anekdotische, das ja auch in dieser todtraurigen Geschichte steckt, geht in einem Klang von Leid auf, der erst als ein solcher »absoluter« Klang seine ganze expressive Gewalt zu entfalten vermag.

Das Lied *Revelge* (1899) nimmt insofern einen besonderen Platz in Mahlers Werk ein, als es nicht nur den Prozeß der Durchdringung von vokalen und instrumentalen »Sprachelementen« beispielhaft und in kaum mehr zu überbietender Intensität hörbar macht, sondern darüber hinaus als Bezugspunkt für ganze sinfonische Konzeptionen erscheint. Zum einen geht dem Lied, wie bereits erwähnt, der 1896 entstandene 1. Satz der *3. Sinfonie* als »rhythmische Studie« voraus – mithin zeichnet also ein Instrumentalstück von rund 40 Minuten Dauer einem weitaus kürzeren, wenn auch freilich kaum minder ausdrucksintensiven Vokalstück die Bahn vor. Zum anderen – doch eben von dieser vorausnehmenden Bindung nicht zu trennen – findet mit *Revelge* ein Ausdruckscharakter in einem Maße zu definitiver Gestalt, daß alle künftigen Realisierungen dieses Charakters als deren Varianten erscheinen. Gemeint ist der Marsch als Großform, herausgehoben aus seinem allgemein verbreiteten Genreverständnis im Rahmen von Militär- und Unterhaltungsmusik.

Dennoch knüpft Mahler hier zweifellos an eine spezifisch österreichische Tradition innerhalb der Instrumentalmusik des 19. Jahrhunderts an, welche im wesentlichen von Schubert begründet und von Bruckner weitergeleitet worden ist: die Übertragung von Marschcharakteren auf die Dimensionen sinfonischer Sätze mit dem Effekt

– und darin besteht der grundlegende Unterschied zu Beethovens Marschtypus vom langsamen Satz der *Eroica* bis zum Finale der *9. Sinfonie* oder dem *Agnus Dei* der *Missa solemnis* – einer allmählichen, doch zielstrebigen Aufgabe sonatensatzhafter bzw. sinfonisch-zyklischer Entwicklungsdramaturgie. In diesem Sinne spannt sich ein Bogen etwa von Schuberts *9. Sinfonie* oder *Wanderer-Phantasie* über Bruckners *1. Sinfonie* (welche dessen Sinfonie-»Typus« auch und wohl nicht zuletzt durch marschartige Grundrhythmik ausprägt) zu Mahlers vokal-instrumentalem »Doppelansatz« der *Lieder eines fahrenden Gesellen* und der *1. Sinfonie* – mit dem *Klagenden Lied* als einer Art »zwitterhaftem« Präludium.

Diese hier gelegte Spur von Marschcharakteren hat Mahler nicht mehr verlassen, sondern immer stärker ausgebaut – über die *2. Sinfonie* und die *Wunderhorn-Gesänge* zur *3. Sinfonie*, deren Kopfsatz dann alles bisherige Maß an »nicht-normierter« Gestaltenfülle und darin einbegriffen an »unberechenbarer« Ausdrucksflexibilität übertrifft. Dergestalt wurde dieser Satz zum Experimentierfeld, zu jener »rhythmischen Studie«, aus der *Revelge* hervorging als vokale Ausweitung dessen, was zuvor im Instrumentalen durchgespielt worden ist. Das ästhetische Niveau der mit diesem Lied erreichten vokal-instrumentalen Synthese oder auch: Symbiose eröffnete nunmehr geradezu bestürzend neue Wege musiksprachlichen Ausdrucks, welche Mahler dann mit den »rein instrumentalen« Sinfonien, der *Fünften* bis *Siebten*, beschritt. In diesem Sinne erscheinen etwa Kopf- und Finalsatz der *6. Sinfonie* als neuerliche, ins Überdimensionale getriebene Paraphrasen von *Revelge*.

Es mutet einigermaßen problematisch, wenn nicht gar abwegig an, dieses Stück Musik als »Lied« oder als »Gesang« bezeichnen zu wollen – obwohl oder gerade weil seine strophische Gliederung klar zu erkennen und gewissermaßen an der Oberfläche angesiedelt ist. Doch die Formbildung hält sich kaum mehr an strophische Einschnitte bzw. nimmt sie nur insofern noch wahr, als sie sich in übergreifende Formkomponenten einpassen. Diese Komponenten verweisen auf nichts anderes als auf die Sonatenform mit »Exposition« (T. 1–71, Strophe 1 bis 4), »Durchführung« (T. 72–139, Strophe 5–7) und verkürzter »Reprise« (T. 140–171, Strophe 8). Die Exposition verfügt ganz deutlich über ein kontrastierendes Themenpaar mit einem aggressiv zupackenden »Hauptgedanken« (T. 8 ff.) und einem verhalteneren »Seitengedanken« (T. 32 ff.), deren Absetzung durch »Rollenverteilung« unterstützt wird: das 1. Thema übernimmt der tödlich verwundete, um

Hilfe flehende Trommler, das 2. ein vorüberziehender und nicht minder tödlich bedrängter Soldat (»die Feinde haben uns geschlagen«), der den Trommler deshalb auch im Stich lassen muß. Allerdings bestehen zwischen den Themenkomplexen einige wirkungsvolle Verbindungen, voran durch eine refrainartige Schlußwendung (»Trallali«, T. 24 ff. bzw. 41 ff.), dann aber auch durch die Tatsache, daß die Wiederaufnahme der instrumentalen Vorbereitung des ersten Themas nach dem zweiten nicht zu jenem führt, sondern an dessen Stelle eine Variante des zweiten anschließt. Dergestalt ergibt sich zwischen den Themenkomplexen nicht zuletzt auch eine geradezu quadratisch anmutende Ausgewogenheit: beide erscheinen als Doppelstrophe, wobei von der letzten der Weg unmittelbar in die »Durchführung« mündet.

Doch nicht allein die strophische Gliederung – das Gesungene, das Verbale selbst wirkt auf eine seltsame, durchaus geheimnisvolle Weise »uneigentlich«, so, als ob die Worte – ungeachtet aller in ihnen enthaltenen Trauer und Verzweiflung – den Tönen, dem Klingenden nur aufgesetzt wären. Dies scheint mit dem Charakter des Melodischen insgesamt zu tun zu haben. Es handelt sich hier offenkundig weniger um Gesangs- als vielmehr um Instrumental-Melodik. Das erste Thema erinnert nicht nur an eine Trompetenmelodie – es ist eine solche; wie der Duktus des zweiten den Ton eines Horns aufruft. Bestärkt wird diese Übereinstimmung durch die Wahl der »begleitenden« Instrumente: dem ersten Thema bieten die Trompeten im scharf rhythmisierten Akkordsatz einen klingenden Hintergrund, dergestalt der »führenden« Trompetenstimme – eben dem Gesang – das Feld überlassend:

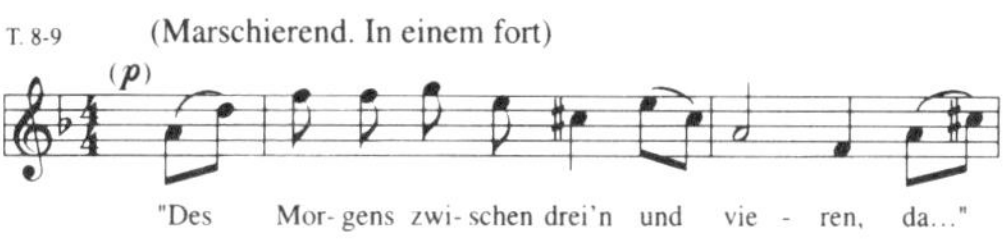

Bsp. 99 *Revelge*, T. 8–9

Und beim zweiten Thema schweigen die Hörner zunächst, da ja die »führende« Hornstimme agiert – erst im Übergang zum Refrain werden die »eigentlichen« Hörner gleichsam unauffällig einbezogen:

Bsp. 100 *Revelge*, T. 32–34

Das Kernstück des Liedes ist zweifellos die mittlere Partie der 5. bis 7. Strophe, in denen der instrumentale Duktus des Satzes jene niederreißende Gewalt annimmt, die Mahlers sinfonische Durchführungen seit der *2. Sinfonie* kennzeichnet. Den Ausgangspunkt bildet eine im Tonumfang merkwürdig beschnittene Variante des ersten Themas (T. 77 ff.), die noch dazu eng an die Linienführung der begleitenden Instrumente gebunden wird – es ist, als ob der auf dem Schlachtfeld herumirrende Trommler einen Halt braucht angesichts des Grauenvollen, das ihm da zu Gesicht kommt: »Die Brüder dick gesät, sie liegen wie gemäht.« Der zweite Halbsatz löst denn auch die Katastrophe aus: die Singstimme greift eine Dreiklangsbrechung auf, die bislang (T. 39 und 65) nur im Hintergrund als auflockernde Spielfigur aufgetaucht war. Doch bereits in der instrumentalen Vorbereitung der Durchführung (T. 73 und 75) nimmt sie einen drohenderen Ton an, der sich stufenweise verschärft (T. 79 und 83 ff.) und mit der Kopplung von Sing- und Instrumentalstimmen jenen schneidenden Ton anstimmt, der dann die gesamte Passage einfärbt:

Bsp. 101 *Revelge*, T. 87–89

Dieser kompakte Fanfarenstoß, zu dem sich die Holzbläser von den Flöten bis zu den Fagotten, die vier Hörner und die Singstimme zusammenschließen, gibt das Signal zu einem musikalischen Ausbruch, durch den der Tonsatz an den Rand des Zerbrechens gerät: über einer ostinaten, »so schnell wie möglich« auszuführenden Vorschlagfigur der Streicher und Militärtrommel, deren »Urbild« vom Beginn des Liedes sich nunmehr in ein peitschendes Geräusch verwandelt, ertönen schreiartig herausgeschleuderte Wiederholungen des Fanfarenstoßes, hin- und hergeworfen zwischen verschiedenen Kombinationen der Bläser. Die »Pausen« zwischen den Registerwechseln füllen jeweils Fagott und Kontrafagott durch Einstimmen in die Vorschlagsfigur, die mit dem Übergang zur 6. Strophe den dynamischen Höhepunkt des gesamten Stückes markiert. Aus dem Gewusel der instrumentalen Stimmen schält sich überraschend und »sehr laut« die Singstimme heraus, der es angesichts solchen infernalischen Getöses im wahrsten Sinne des Wortes »die Stimme verschlagen« hatte. Doch sie erscheint merkwürdig ermattet, nahezu gestammelt, braucht und erhält die Abstützung unisono mitgeführter Bläser, bis ein »Fiebertraumgesicht« die scharfen Töne mildert: »sie ziehen vor Schätzeleins Haus, trallali!«

Dieses »Trallali!«, das laut Partituranweisung »geschrien« werden muß, wird wiederum zum Signal, nun jedoch für eine nicht minder breit angelegte Auflösungspassage, in der zunächst erneut die Instrumente den Ton angeben und der Gesang verstummt: der flüchtige Traum vom friedvollen Leben ist das letzte Lebenszeichen des Trommlers. Die musikalische Dynamik sinkt ins Pianissimo einer Reprise, die nur noch vom Tod kündet: »Des Morgens stehen da die Gebeine in Reih' und Glied, sie steh'n wie Leichensteine«. Indes: der Traum nimmt noch einmal Gestalt an, wie ein Winken des bereits Abgeschiedenen, der das Bild der Geliebten ins Grab zu nehmen sucht – »mit Verzweiflung« ist die letzte Gesangsphrase vorzutragen. Nochmals ertönt die herausgeschleuderte Fanfare – doch die musikalische Bewegung bleibt in einzelnen Gesten stecken, die schließlich im leeren Schall durcheinanderfahrender Signalmotive verhallen.

Diese relativ ausführliche Verlaufsbeschreibung will lediglich andeuten, auf welche Weise Mahler jede überkommene Formbildung eines Liedes vernachlässigt und an deren Stelle zu einer musikalischen Entfaltung vordringt, in der Instrumentales und Vokales, Klingen und Singen zu einem »Tönen« verschmelzen, das sich seine gestalterisch-strukturellen Elemente unmittelbar aus dem veränderten »Aggregatzustand« des Materials heraus schafft. Es ist dies bereits etwas, das in der Sache mit dem zu tun hat, was Adorno Jahrzehnte später als »musique informelle« bezeichnen wird – eine von jedem kanonisierten Form-»Gesetz« abgelöste Formbildung, die ihre Wege in den inneren Bedingungen des jeweiligen Werkes findet und aus ihnen entfaltet. Und es hat dies mit jenem »Musikstil der Freiheit« zu tun, der Ferruccio Busoni vorschwebte und den Schönberg mit seinen ersten atonalen Kompositionen gefunden zu haben glaubte. Bei Mahler geschieht dies hingegen in einer – wie immer auch erweiterten – Tonalität; und eben die Tatsache, solche »informelle« Flexibilität auch und gerade auf dem anscheinend restlos ausgeforschten Feld klassisch-romantischer Harmonik zu verwirklichen (gewissermaßen im Rahmen einer »ausdifferenzierten« Tonalität), dürfte entscheidend zur Ausbildung seiner suggestiven Ton-Sprache beigetragen haben. In diesem Sinne zumal sind die Lieder direkt und unmißverständlich als Wegbereiter und zugleich als Wegbegleiter der Sinfonien anzusehen.

Fünf Lieder (Friedrich Rückert)

Nr. 1 *Blicke mir nicht in die Lieder*
Nr. 2 *Ich atmet' einen linden Duft*
Nr. 3 *Ich bin der Welt abhanden gekommen*
Nr. 4 *Um Mitternacht*
Nr. 5 *Liebst du um Schönheit*

Besetzung: 2 Fl, 2 Ob, Oboe d'amore, EH, 2 Kl, 2 Fg, K-Fg, 4 Hr, 2 Tp, 3 Pos, B-Tb, Pk, Hf, Celesta, Klavier, Streicher
Solo-Stimme

E: 1901–04
EA: 1905, Kahnt (Leipzig)

Noch immer trifft man auf Darstellungen des Mahlerschen Gesamtwerkes, denen zufolge sich nach der *4. Sinfonie*, der letzten *Wunderhorn*-Sinfonie, ein Bruch ereignet habe, der zum Ansatzpunkt, ja zu einer Art Neubeginn für die rein instrumentalen Sinfonien, die *Fünfte* bis *Siebte*, geworden sei. Obwohl diese Feststellung zumindest relativiert werden mußte, bleibt die Tatsache bestehen, daß um und nach der Jahrhundertwende ein schöpferischer Aufschwung einsetzt, in dem in mancher Hinsicht recht unterschiedliche Werke Gestalt annehmen. Dies vermittelt allein schon eine tabellarische Zusammenstellung von Entstehungsdaten:

Sommer 1899:	*Revelge*
1899/1900:	*4. Sinfonie*
Sommer 1901:	*Der Tamboursg'sell*
	Vier Lieder (Rückert)
	Kindertotenlieder Nr. 1, 3 und 4 (Rückert)
	5. Sinfonie, 1. und 2. Satz
Sommer/Herbst 1902:	*5. Sinfonie*, 3.–5. Satz
	Liebst du um Schönheit (Rückert)
1903/1904:	*6. Sinfonie*
Sommer 1904:	*Kindertotenlieder* Nr. 2 und 5 (Rückert)

Auf den ersten Blick erkennt man, daß hier keineswegs verschiedene Werk-»Sphären« einander ablösen, sondern daß sie sich gewissermaßen ineinanderschieben: die *Wunderhorn*-Sphäre mit den beiden letzten *Wunderhorn-Gesängen* und der *4. Sinfonie* bildet den Untergrund für eine »Instrumental-Sphäre« (die *5.–7. Sinfonie*), welche die frühere nicht nur aufnimmt und umformt (*6. Sinfonie*), sondern auch in das Spätwerk überleitet – Mahler empfand, seine *9. Sinfonie* sei, wenn auch »ganz anders«, so doch »am ehesten der 4. an die Seite zu stellen« (Briefe, S. 368). Und die Lieder wirkten dabei wie Klammern, die ungeachtet erheblicher stilistischer Differenzen einen bedeutenden Anteil an der »Transformation« der Werk-Sphären nähmen. Waren die »Groß-Gesänge« aus dem *Wunderhorn* oftmals auch Wegbereiter ausladender sinfonischer Konzeptionen, so wendet sich Mahler mit den **Rückert-Liedern** unverkennbar einer kammermusikalisch reduzierten Orchestersprache zu – welche freilich längst und am deutlichsten in der *4. Sinfonie* angebahnt worden ist. Führt Mahler in den Liedern – und gegen alle Unterstellung eines stilistischen »Bruchs« – entschieden weiter, was die Entfaltung seiner musikalischen Sprache offensichtlich erforderte, so liegen die Differenzen eben nicht an der klanglichen Oberfläche, sondern vor allem im Verständnis von kompositorischer Struktur mit dem Kernpunkt der Stimmengestaltung.

Dieses dezidiert instrumental-musikalische Problem sollte denn auch sogleich die in zahlreichen Varianten immer wieder geäußerte Verwunderung oder auch das Befremden darüber entkräften, daß Mahler, nachdem er bisher nahezu ausschließlich Texte aus *Des Knaben Wunderhorn* vertont hatte, nun mit derselben Ausschließlichkeit sich der doch recht andersgearteten und nicht zuletzt auch von der literarischen Fachschaft kritisch betrachteten Lyrik Friedrich Rückerts (1788–1866) zuwandte. Waren Mahler bis dahin Texte vor allem als »Naturstoff« wichtig, die der Musik als Sinngeber gleichsam aufmontiert wurden und wozu sich eben die *Wunderhorn*-Verse in ihrer Mischung aus Realistik und Phantastik vorzüglich eigneten, so sucht der Komponist nunmehr Dichtungen auf, die kraft eigener Musikalität musikalische Sinngebung vermitteln. Es geht um die Ablösung eines illustrativen bzw. psychologisch ausdeutenden Verhältnisses zwischen Wort und Ton zugunsten einer Musik mit latenten Texten, mit latentem Sprachcharakter.

Welche Lyrik schien da geeigneter als die des romantischen Sprachartisten Friedrich Rückert? Dessen geniehaften Aufstieg hatte noch Goethe gefördert, bis sich ihm die dichterische Virtuosität als eklektischer Selbstzweck enthüllte, auf welchen mit verblüffender Genauigkeit seine Definition von Epigonentum zuträfe: »Wenn eine gewisse Epoche hindurch in einer Sprache viel geschrieben und in derselben von vorzüglichen Talenten der lebendig vorhandene Kreis menschlicher Gefühle und Schicksale durchgearbeitet worden, so ist der Zeitgehalt erschöpft und die Sprache zugleich, so daß nun jedes mäßige

Talent sich der vorliegenden Ausdrücke als gegebener Phrasen mit Bequemlichkeit bedienen kann« (zit. nach: Gerlach, S. 35).

Ein Musterbeispiel für Rückerts gleichermaßen artistische wie preziöse Sprachmusikalität bietet das Gedicht *Dank für den Lindenzweig*, dessen Titel Mahler durch die Anfangszeile *Ich atmet' einen linden Duft* ersetzt und dessen zweite Strophe lautet:

»Wie lieblich ist der Lindenduft,
das Lindenreis brachst du gelinde!
Ich atme leis im Duft der Linde
der Liebe linden Duft.«

Solche Wort/Klang-Vibrationen müssen Mahlers musikalische Phantasie angezogen haben – und deshalb auch fühlte er sich keineswegs von Rückerts nicht selten dem Kitsch verfallenden Reimkunst irritiert: »Nach des *Knaben Wunderhorn* kann ich nur mehr Rückert machen – das ist Lyrik aus erster Hand, alles andere ist Lyrik aus zweiter Hand« (zit. nach: Moldenhauer, S. 65). Dem ausgezeichneten Literaturkenner Mahler unterläuft hier kein Fehlurteil – er hat vielmehr und ausschließlich das Moment der Musikalität im Blick, das ihm ein Synonym für Lyrik ist. Deshalb auch »verbessert«, sprich: übersteigert er noch die Vorlage, indem er die ursprüngliche und etwas biedere Schlußzeile des zitierten Gedichts: »der Herzensfreundschaft linden Duft« durch die einfachere und zugleich raffiniertere Wendung: »der Liebe linden Duft« ersetzt.

Die Musikalisierung der Sprache, voran mittels Alliteration, findet nicht nur vergleichbare, sondern auch ästhetisch gleichrangige Entsprechungen in der kompositorischen Strukturierung. Das ist denn auch der entscheidende Grund dafür, daß Übernahmen vom vokalen in den instrumentalen Bereich gewaltlos geschehen können: die Übernahmen erfolgen gewissermaßen als Materialaustausch innerhalb eines relativ geschlossenen Materialfundus. Und zugleich machen sie die Einfügung von Vokalteilen in die Sinfonien überflüssig – sie sind nunmehr in deren latentem Vokalcharakter aufgehoben.

Legten die »naturhaften«, balladesken *Wunderhorn*-Texte eine nach distanzierender Objektivität strebende Vertonung nahe, so fordern hingegen die entschieden ich-bezogenen Rückert-Verse die subjektive Gestaltungskraft des Musikers geradezu heraus. Nach Mahlers eigenen Worten gehören die *Rückert-Lieder* zu seinen persönlichsten Schöpfungen. Das erste, *Blicke mir nicht in die Lieder*, sei für ihn, obwohl er es von allen am wenigsten schätzte, »so charakteristisch, als hätte er es selbst gedichtet«. In *Ich atmet' einen linden Duft* stecke »die verhaltene glückliche Empfindung, wie wenn man in der Gegenwart eines lieben Menschen weilt, dessen man ganz sicher ist, ohne daß es auch nur eines Wortes zwischen den beiden Seelen bedürfte« – 1901 lernte Mahler Alma Schindler kennen. Und schließlich: *Ich bin der Welt abhanden gekommen* – »das sei er selbst« (Bauer-Lechner, S. 194).

Die gesteigerte Subjektivität zeigt sich aber auch unmittelbar im Kompositorischen, sei es, daß Mahler trotz eines seltsam hartnäckig wirkenden Festhaltens an der Strophenstruktur ein Höchstmaß an Phantasie aufbietet, um dennoch »reguläre« Formbildungen allenthalben zu durchbrechen; sei es, daß der Zusammenklang der Instrumente einen genuin kammermusikalischen Charakter erhält und dabei jenes zerbrechliche Timbre gewinnt, das oftmals – und wohl nicht zu unrecht – mit Einflüssen des Jugendstils in Verbindung gebracht wird. Hier noch von »Orchester« zu sprechen, das klangliche Geschlossenheit und nicht zuletzt auch Kompaktheit, wenn nicht gar Massivität mitschwingen läßt, erscheint einigermaßen abwegig. Denn kompositorisch tragend ist – mit einer Ausnahme – ein Tonsatz aus prinzipiell gleichwertigen und mithin gleichgewichtigen Stimmen, der kaum mehr etwas mit einem akkordisch-klavierartigen Begleitsatz zu tun hat und deshalb von vornherein die Realisierung durch ein (variables) solistisches Ensemble erfordert: »Bei Mahler [wird] der Tonsatz zur Funktion der Instrumentation, die zur Differenzierung der Gesamtstruktur beiträgt« (Schmierer, S. 196).

Dies zeigt sich beispielhaft in dem Lied *Ich atmet' einen linden Duft*. Das Instrumentalensemble (das gewissermaßen nur noch optisch ein »Orchester« darstellt!) besteht aus einfach besetzten hohen Holzbläsern (Flöte, Oboe, Klarinette), zwei Fagotten, drei Hörnern, Celesta, Harfe sowie sordinierten Violinen und (nicht-sordinierten) Violen – es fehlen also sowohl das »strahlende« wie das »schwere« Blech (Trompete bzw. Posaune und Tuba) und die gesamten tiefen Streicher. Dies wirkt sich nun unmittelbar auf den Tonsatz aus: die Stimmen entfalten sich zumeist als Solostimmen, die als Folge von Ton-»Punkten« eine koloristische Wirkung erzielen oder – im Falle der Violinen – eine in Takt 4 einsetzende und bis zwei Takte vor Schluß andauernde figurative, pentatonisch gefärbte Ton-»Kette« bilden (die nur in den T. 23–25 und 32 alternativ von den Violen übernommen wird). Recht eigentlich jedoch reicht diese »Kette« vom ersten bis zum letzten Takt, denn den Violinen geht ein ähnlich strukturiertes Arpeggio von Celesta und Harfe im Wechsel mit einer den Violineinsatz wörtlich, aber oktavverschoben vorzeichnenden »Ketten-Figur« der Klarinette voraus. Außerdem schiebt sich in dieses Vorspiel noch die erste Zeile der Singstimme ein, welche die Instrumentalfigur nicht nur in Vergrößerung (Viertel statt Achtel), sondern auch in einer Verbindung von »Umkehrung« und »Grundgestalt« bringt:

Bsp. 102 *Ich atmet' einen linden Duft*, T. 2–4

Diese Takte enthalten eine Art Vorspiel, das in seiner figurativen Gedrängtheit an eine Ornament-Initiale erinnert – es kehrt nicht mehr wieder, sondern gibt den Anstoß zum Ablauf der ersten Strophe (T. 5–17). Diese Strophe wird nahezu ausschließlich vom Duett der Singstimme und der Achtel-»Kettenfigur« der Violinen getragen, zu dem weitere Instrumente (Harfe, Hörner, Violen) lediglich harmoniebildendende Töne beisteuern. Mit der zweiten Strophe erweitert sich das Duett zum Trio: zu Singstimme und Violinen tritt die Oboe (ab T. 17) bzw. das erste Horn (ab T. 26). Und in den Schlußtakten, nach einer kurzen, mehr harmonisch gewichteten klanglichen Ausdehnung des Satzes (T. 29–32), bleibt – gewissermaßen als Ausschwingen des Gesangs – ein Duett von Flöte und Violinen übrig, das in einen schwebenden Sixt-ajouté-Klang von Flöte, Oboe, Klarinette, Fagotten, Celesta und Harfe mündet.

Die knappe Verlaufsbeschreibung will eigentlich nur andeuten, daß in diesem Lied das Vokale und das Instrumentale derart durchlässig füreinander sind, daß die Artikulationsebenen verschwimmen und gleichsam einem reinen, schwebenden »Tönen« Raum geben. Die kompositionstechnischen Mittel hierzu gewinnt Mahler etwa aus der durchlaufenden »Kettenfigur«, die beständig jene Töne als »Tonvorrat« umspielt, die im Umkreis eines bestimmten Ton-»Ortes« von der Singstimme und den hinzutretenden Instrumenten verwendet werden. Beispielhaft läßt sich dies am Beginn der zweiten Strophe erkennen:

Bsp. 103 *Ich atmet' einen linden Duft*, T. 17–19

Die Einsatzfigur der Oboe wird sukzessiv, gleichsam als »freier« Kanon von der Singstimme aufgenommen. Dabei entwickelt sich ein Miteinander zweier geschmeidiger Ton-Linien, die sich beständig einander annähern und wieder voneinander abrücken. Und alle erklingenden Töne sind in der »Kettenfigur« – eben wie in einem »Vorratsraum« oder auch wie in einem fortlaufenden Klangband – enthalten. Der Text spielt nur insofern eine Rolle – das zeigt die rein musikalisch ausgerichtete Artikulation der einzelnen Worte –, als das in ihm enthaltene Bild eines »lieblichen Lindenduftes« das stimmungsmäßige Äquivalent für das »reine Klingen« darstellt, in welchem eben nicht nur der Ton, sondern auch das Verbale aufgeht: es entsteht eine Art »Laut-Komposition«, in der der Eindruck von Zuständlichkeit jedes Moment von situationsbedingtem Ablauf erfaßt und letztlich aufhebt.

Darin gibt sich zugleich ein außerordentlich »modernes«, ja »avantgardistisches« Verständnis nicht nur des Liedes, sondern des Komponierens überhaupt zu erkennen. Wie Mahler mit den kammermusikalischen Passagen in der *4. Sinfonie* unüberhörbar den klanglichen und formalen Verdichtungen der anbrechenden atonal-expressionistischen Phase vorarbeitet (Schönbergs *Kammersinfonie op.9* und *Orchesterstücke op.16*, Weberns *Orchesterstücke op.6* u.a.), so werfen gerade die *Rückert-Lieder* bereits ein Licht auf jene reduziert-komprimierten Vokalstücke, die etwa Igor Strawinsky (*Trois poèmes de la lyrique japonaise*; *Pribaoutki*), Maurice Ravel (*Chansons madécasses*) oder Schönberg (*Pierrot lunaire*) nur wenige Jahre später schreiben werden. Ein solcher Vorgriff wirkt um so überzeugender, als er im Umkreis von Mahlers eigenem Werk auf einigermaßen andere Ziele gerichtet ist. Für Mahler ging es offensichtlich darum, den Semantisierungsprozeß innerhalb seiner musikalischen Sprache weiterzutreiben, aus ihm die Mittel zu gewinnen, welche geeignet schienen, auch noch die Reste von »sprachfremden« Elementen aus dem Material und seiner kompositionstechnischen Behandlungsweise zu filtern – den Blick auf jenen »Musikstil der Freiheit« richtend, der, indem er die formalisierten Bahnen des traditionellen Kompositionsverständnisses hinter sich läßt, einem uneingeschränkten »Selbstausdruck« die Wege bereitet.

Es war von einer Ausnahme unter den *Rückert-Liedern* die Rede – gemeint ist damit *Um Mitternacht*, ein sonderbares, auf den ersten Blick recht uneinheitliches und in jedem Fall ein außerordentlich problematisches Tongebilde. Es beginnt wie einer jener lyrisch-verinnerlichten Bekenntnisgesänge im Gefolge von *Urlicht*, mit dem es nicht zuletzt die Besetzung ohne Streicher (jedoch mit Pauken, Harfe und Klavier) gemein hat, und endet im pathetischen Aufschwung eines sinfonisch ausladenden, choralartig dröhnenden Hymnus, der jede liedhafte Intimität verdrängt. Der oder die Gründe für solche Uneinheitlichkeit lassen sich wohl nur schwer benennen. Vielleicht ist sie an die Grundsituation des Textes gebunden: an das Bild eines »mitternächtigen Himmels«, der trotz »Sterngewimmels« zur Metapher für Stillstand, für die Unverrückbarkeit des Unendlichen wird, angesichts dessen der Mensch »Wache hält«, in seinem Innern »die Schlacht, o Menscheit, deiner Leiden« kämpft, um dennoch und letztlich »die Macht« in die Hand des »Herrn über Tod und Leben« zu geben. Es handelte sich hier demnach um »Verwandlung des Unwandelbaren«, wofür eine Musik einsteht, welche ihre zeitlich bemessene Bewegung zu verhüllen sucht, um statt dessen durch raumgreifende (Klang-)Körperlichkeit Kontur zu gewinnen.

Es ändert sich gleichsam der Aggregatzustand der Musik – von floskelhafter Starre einzelner Intervallkombinationen und Tonlinien zur weich aufrauschenden, dann lautstarken Fülle von Klanggebilden, in der die Starre jedoch nicht aufgehoben, sondern lediglich einen Schein von Bewegung eben den einer aggregathaften Klangveränderung – erhält. Die motivisch-thematischen Ausgangspunkte des Liedes sind dementsprechend lapidar und knapp gefaßt: ein punktierter Rhythmus, verbunden mit leicht variierten Intervallkombinationen (Terz-Sekund = Element »a« bzw. »a'«), in die sogleich eine abwärts gerichtete, phrygisch gefärbte Skala (= Element »b«) einhakt:

Bsp. 104 *Um Mitternacht*, T. 1–6

Die Singstimme nimmt nun sogleich den Skalengang auf, jedoch quasi in der Umkehrung und mithin in direktem illustrativem Bezug zum »Aufblicken zum Himmel«, von dem im Text die Rede ist. Das mit dem Ende dieser ersten Strophe verbundene Zurücksinken der musikalischen Bewegung erhält insofern einen bemerkenswerten Akzent, als die Häufung der nunmehr wieder abwärts gerichteten Linien eine plötzliche und einigermaßen grelle Unterstreichung durch Glissandi von Oboe d'amore und Klarinetten erfährt – das Klangbild der Bewegungslosigkeit erhält einen ersten »Riß«, welcher sich in der anschließenden chromatischen Figur des 4. Horns noch fortsetzt, dann jedoch von den gleichsam wiederhergestellten und in die 2. Strophe überleitenden Ausgangs-»Elementen« aufgefangen wird. Das Echo der »Störung« wirkt allerdings weiter, treibt nunmehr den Tonsatz in ein aufgefächertes Linienspiel der Instrumente, zu dem die Singstimme sich in kurvenreicher Kantabilität entfaltet. Dennoch läßt sich nicht überhören, daß die Vertonung der 3. und 4. Strophe eher darauf bedacht ist, zum Klangbild von Stillstand und Unverrückbarkeit zurückzukehren, den Satz wieder auszudünnen und die aufblühende Kantabilität zugunsten der formelhaften Ausgangselemente zurückzunehmen.

Dem stellt sich nun aber eine weitere »Störung« in den Weg, die offensichtlich das bedeutungsschwere Wort von der »Schlacht« auslöst, die um der »Menschheit Leiden« zu kämpfen ist: »nicht konnt' ich sie entscheiden« lautet die »mit großem Ausdruck« zu singende Zeile, bei der die Singstimme den höchsten Ton des gesamten Liedes (g") und damit eine Situation erreicht, aus der heraus sich ein mitreißender, die lyrische Grundstimmung der bisherigen Strophen völlig verändernder »Durchbruch« ankündigt. Und ein solcher »Durchbruch« folgt in der Tat mit der fünften und abschließenden Strophe, die alle zurückliegende Ausgewogenheit wie in einem Handstreich außer Kraft setzt und einen Ton des Gelingens, des Sieges anstimmt, der das Lied in eine Opernszene verwandelt. Schmetternde Trompetenfanfaren und Hornstöße, rauschende Glissandi von Klavier und Harfe, dazu choralartig gedehnte Töne der Singstimme und nicht zuletzt eine starke Betonung des Dur-Charakters des Tonsatzes – worin wohl bereits das »Über-Dur« der *7. Sinfonie* anklingt (s. S. 149) – führen, ohne nochmals nachzugeben, in die abschließende Kadenzierung der – dann freilich abschwellenden – Grundtonart A-Dur.

Kollidiert hier das musikalische Bild von Stillstand und Unverrückbarkeit, das die ersten Strophen leitet, mit dem eines geradezu veränderungswütigen »Durchbruchs« in der letzten? Ja und nein. Ja, weil sich auf den ersten Eindruck hin eine eklatante Unausgewogenheit der kompositorischen Gestaltung ergibt – das Stück beginnt als kammermusikalisch verhaltenes Lied und endet, nach einem kaum vorbereiteten »Bruch« zwischen 4. und 5. Strophe, als lärmende Opernszene. Anderseits könnte dieser Eindruck täuschen, indem nämlich der »Bruch« trotz aller instrumentatorischer Verwandlung eine zu den elementaren Ausgangspunkten hin lediglich »gespielte« Bewegung auslöst, gleichsam Bewegung suggeriert, wo nach wie vor Starre und Unwandelbarkeit herrschen.

Es scheint, daß hier – und zwar sofort in drastischer, ja überzeichneter Weise – jener Ton von »Uneigentlichkeit« erklingt, der zumal für Mahlers spätere Kompositionen so charakteristisch werden sollte. Das Moment des »Uneigentlichen«, das den Charakter des Erklingenden ins Gegenteil verkehrt, ist allerdings in diesem Lied noch ausschließlich an die Geste des Triumphs gebunden – daran läßt sich wohl erkennen, daß Mahler mit solcher »Doppelbödigkeit« des Ausdrucks noch gewissermaßen experimentiert und ihm der Kontrast dabei in recht unbeholfen, wenn nicht gar klobig wirkende Unausgewogenheit entgleitet. Doch dieser Ansatz geht nicht mehr verloren, er wird vielmehr ausgebaut, um dann beispielhaft etwa in der *7. Sinfonie* weitere und zumal die »tonangebenden« Ausdruckscharaktere zu erfassen und zu verwandeln. Wiederum aber liegt die Wurzel für solche, späterhin vornehmlich instrumental genutzte kompositorische Darstellungsweise im Lied.

Kindertotenlieder (Friedrich Rückert)

Nr. 1 *Nun will die Sonn' so hell aufgeh'n*
Nr. 2 *Nun seh' ich wohl, warum so dunkle Flammen*
Nr. 3 *Wenn dein Mütterlein*
Nr. 4 *Oft denk' ich, sie sind nur ausgegangen*
Nr. 5 *In diesem Wetter, in diesem Braus*

Besetzung: Picc, 2 Fl, 2 Ob, EH, 2 Kl in A und B, B-Kl, 2 Fg, K-Fg, 4 Hr, Pk, Schlgz (Glockenspiel, Glöckchen, Tam-tam), Hf, Celesta, Streicher
Solo-Stimme

E: 1901–04
EA: 1905, Kahnt (Leipzig)

Die **Kindertotenlieder** reihen sich ein in die ebenso bedeutende wie weitläufige Tradition des deutschen Liedes, insbesondere des Lied-Zyklus; eine Tradition, die mit Beethovens *An die ferne Geliebte* begonnen, mit Schuberts *Schöner Müllerin* und *Winterreise* ihren ersten Höhepunkt erreicht, mit den Zyklen von Robert Schumann (*Dichterliebe*, *Frauenliebe und -leben*) und Hugo Wolf (*Italienisches* und *Spanisches Liederbuch*) ihre anspruchsvolle Weiterführung gefunden hat und von Arnold Schönberg (*15 Gedichte aus dem ›Buch der hängenden Gärten‹*) bis ins 20. Jahrhundert hinein fortgesetzt worden ist. Für eine zyklische Bindung zwischen den Mahler-Liedern spricht die geschlossene inhaltliche Thematik, welche die einzelnen Stücke in Varianten oder Facetten aufnehmen: Leid und Trauer über den frühen Tod nahestehender Menschen.

Außerdem weist die Tonartenfolge der Lieder eine Art Bogenform auf: das anfängliche d-Moll wird, nachdem zwei Lieder in c-Moll und eines in Es-Dur erklungen sind, vom Schlußstück wieder aufgegriffen und in die codahafte Dur-Variante gewendet. Gleichwohl gibt es einige Merkmale, die Mahlers Lieder von dieser Tradition abheben: etwa die balladisch-erzählende Darstellungsweise, welche zwar auf ein lyrisches »Ich« bezogen ist, zu ihm jedoch auch immer wieder durch Objektivierung der dargestellten Sachverhalte Distanz hält. Oder die Verwendung eines Instrumentariums, das anstelle des Klaviers als begleitendem »Partner-Ich« eine Skala von kammermusikalischer bis sinfonisch-orchestraler Klanglichkeit entfaltet.

Es wurden immer wieder – und zwar ausgehend von entsprechenden Äußerungen in Alma Mahlers Erinnerungsbuch *Mein Leben* – biographische Aspekte als Anlaß für die Komposition geltend gemacht: Mahlers verstörende Jugenderlebnisse mit der grassierenden Kindersterblichkeit, der auch sein Lieblingsbruder Ernst im Alter von dreizehn Jahren zum Opfer fiel; dann vor allem die ins Mystisch-Spekulative führende Konstruktion eines Zusammenhangs mit dem erschütternden Tod von Mahlers ältester Tochter Maria Anna im Jahre 1907, den er – getrieben von unheildrohenden Zukunftsahnungen – künstlerisch gewissermaßen vorausnehmend betrauert habe. Es empfiehlt sich, zumal dem letzteren keine allzu große Aufmerksamkeit zu schenken – so sehr solche und weitere schlimme Erfahrungen Mahlers Lebensgang begleiteten und, wie eben im Fall des Todes seiner Tochter, einschneidend veränderten.

Denn auch wenn sie in die Sphäre kompositorischer Erfindung und Gestaltung vordrangen, so wurden sie hier allemal in künstlerischen Ausdruck verwandelt, der sich notwendigerweise, als Verallgemeinerung des Ausdrucks im Werk, von der Selbstdarstellung – und sei dieser auch bewußt angesteuert, also »programmatisch« – ablöst. Die nicht recht eindeutige Zuordnung der fünf Lieder in die Gattung des Lied-Zyklus wird noch dadurch unterstrichen, daß es mit dem erwähnten balladisch-erzählenden Charakter eine besondere Bewandtnis hat: es wird nur bedingt eine »Geschichte« erzählt, von Kindern, welche die Mutter »in diesem Wetter, in diesem Braus« hinausgelassen hat und die in dem Unwetter zugrunde gegangen sind. Davon erfahren wir im letzten Lied, das deshalb noch am ehesten einer Erzählung nahekommt und für die denn auch eine verhältnismäßig weitläufige Formbildung spricht – das Abschlußlied ist gegenüber jedem der vorausgehenden etwa doppelt so lang.

Haben wir es erneut mit einer merkwürdigen »Unausgewogenheit« zu tun, die letztlich auf musikalische Gründe zurückzuführen und also lediglich eine scheinbare ist? In der Tat bewirkt solche Unausgewogenheit der erzählende, mithin »umwegige« Gestus des letzten Liedes, dem gegenüber die Lieder Nr. 1 bis 4 wie Bilder der Reflexion, des leidvollen Nachsinnens über das erscheinen, was unwiderruflich geschehen ist. Ähnlich den *Liedern eines fahrenden Gesellen* deutet sich in den *Kindertotenliedern* wiederum – wenn auch nicht so strikt – eine Verschiebung der Zeitebenen an: zunächst ertönen Gesänge der Trauer und des Trauerns über ein Ereignis, das erst im abschließenden Gesang beim vollen Namen genannt wird. Und diese Verlagerung der Aussage gibt dem letzten Lied unüberhörbar Final-Charakter: neben der formalen Ausdehnung fällt insbesondere die stark erweiterte instrumentale Besetzung auf (hinzu kommen Piccoloflöte, Kontrafagott, zwei weitere Hörner, Tam-tam und Celesta), deren sinfonisch-orchestrale Wirkung im klaren Gegensatz zum durchweg kammermusikalischen Ton der übrigen Lieder steht. Außerdem verbindet sich dieses Sinfonische in verblüffend unauffälliger, aber dennoch durchgreifender Weise mit der zugrunde liegenden Strophenstruktur, beginnend mit einer relativ ausgedehnten Introduktion, die mit ihrer unzweideutig opernmäßig-ouvertürenhaften Impulsivität zu allem zuvor Erklungenen sogleich Distanz schafft.

Diese »Ouvertüre« erweckt zugleich den Eindruck einer – rein instrumental vorgetragenen – Eröffnungsstrophe, in der eine Reihe »leitmotivischer« Elemente aus der Gesangsmelodik in gewissermaßen noch unentwickelt-keimhaftem Stadium vorausgenommen werden. So etwa der melodische Anstieg innerhalb der Oktave d' – d"; in der Oboe (T. 3–5), an den sich absteigende chromatische Wendungen als weiteres »Leit-Material« anschließen; dann die heftig »aufbegehrenden«, scharf akzentuierten, Chromatik und weiten Intervallsprung verbindenden Figuren von Oboe und 1. Violinen Takt 9–11. Dergestalt mutet die eigentliche 1. (Vokal-)Strophe (T. 18 ff.) bereits wie eine nahtlose Fortsetzung an. Da nun die folgenden drei Strophen das motivisch-thematische Grundmaterial unablässig verändern, sich also – und nicht anders und nicht weniger stringent als bereits die instrumentale Eröffnungsstrophe – als relativ geschlossene Varianten dieses Materials zu erkennen geben, wäre es kaum abwegig, diese Eröffnungsstrophe ohne Vorbehalt als gleichrangige 1. Strophe wahrzunehmen. Zumal dann auch in den vokalen Strophen – und zwar sogleich in der ersten! – immer wieder stimmführende instrumentale Partien auftauchen, unüberhörbar in jenem Sinne, den Mahler im Lied Nr. 2 (allerdings nur im vom Komponisten selbst angefertigten Klavierauszug) mit der Anweisung »den Gesang fortsetzend« angezeigt hat.

Die Gleichrangigkeit der Instrumentalstrophe unterstreicht schließlich noch die reprisenhafte Wirkung, welche durch den verstärkten Einsatz des Orchesterapparats zu Beginn der 4. Strophe erzielt wird – und worin sich zugleich die Tatsache bemerkbar macht, daß der Variantenbildung in der Strophenfolge ein sonatensatzartiges – mithin ganz und gar instrumentales – Formverständnis zugrunde liegt. Die Singstimme wird dabei, ähnlich wie in *Revelge*, zum Instrument, das in die Klangfluten der Orchesterstimmen eintaucht und die Trennung von singendem Solisten und klingendem Begleitapparat endgültig aufhebt. Die an- und abschließende, in »lichtes« Dur verwandelte Coda der »leise bis zum Schluß« und »langsam, wie ein Wiegenlied« zu gestaltenden 5. Strophe gibt denn auch nur noch ein gewissermaßen in sich kreisendes Klang-Bild, aus dem sich die Singstimme nahezu unmerklich ausblendet bzw. ihre melodische Linie ein letztes Mal auf die Instrumente überträgt (1. Horn, T. 125, dann Celli, T. 129), auf das diese (»gänzlich verklingend«) im Unhörbaren verhallen.

Unter den vorausgehenden vier Liedern, die – im Unterschied zum ausgreifenden Finale – als Bilder der Reflexion bezeichnet worden sind, sei das zweite, *Nun seh' ich wohl, warum so dunkle Flammen*, etwas ausführlicher betrachtet. Eröffnet wird das Lied von einem Motiv in den Celli, das sich mittels »entwickelnder Variation« über die gesamte Struktur des Tonsatzes ausbreitet und außerdem die Herausbildung strophischer und gegen-strophischer Gebilde bewirkt:

Bsp. 105 *Nun seh' ich wohl, warum so dunkle Flammen*, T. 1–2

Dieses Fünfton-Motiv wird sogleich »entwickelt«, und zwar zu einer nach oben versetzten, gleichsam diminuierten Variante des Motivs, woraus sich insgesamt zunächst nichts anderes als eine harmonische Mollskala ergibt – welche die Takt 5 einsetzende Singstimme mit dem Tonvorrat des Eröffnungsmotivs in derselben Richtung fortführt und damit den Spitzenton (es") der ganzen melodischen Passage erreicht:

Bsp. 106 *Nun seh' ich wohl, warum so dunkle Flammen*, T. 1–6

Die Lapidarität der melodischen Entfaltung steht nun in merklichem Kontrast zur harmonischen Komplexität, die einiges Irritierende bereithält: der Tonsatz des in c-Moll stehenden Liedes bewegt sich nämlich zunächst in der g-Moll-Region, die allerdings erst mit der Motiv-Variante Takt 3/4 kadenzartig bestätigt wird. Im ersten Anlauf Takt 1/2 treibt es die melodische Bewegung über den Konsonanzton d' der Tonika hinaus zum leicht neapolitanisch gefärbten es', das durch die oktavversetzte Wiederholung in der Motiv-Variante der Singstimme Takt 6 über einer Dissonanz von As-Dur und Grundton g erklingt und in dieser Dissonanz gewissermaßen nun einen »c-Moll-gefärbten« Charakter annimmt. Auch die Fortsetzung hält die eigentliche Tonika auf Distanz, weicht Takt 8 einer sich durchaus anbietenden Wendung zum Dominant-Sept-Akkord von c-Moll zugunsten einer Stärkung der g-Moll-Region aus, um am Ende der Passage (T. 10 ff.) in die Dominanten (B bzw. Des) der Es-Dur- und Ges-Dur-Regionen vorzudringen. Die Lösung dieses kleinen harmonischen Labyrinths erfolgt über einen chromatischen Gang der Violinen und Celli Takt 14 nach C-Dur, womit eine neuerliche, nun rein diatonische Variante des ursprünglichen Motivs anhebt.

Freilich bleibt die Diatonik nur kurzzeitig ungetrübt: nach wenigen Takten schalten sich weitere chromatisch akzentuierte Varianten ein, welche die »Lösung« wiederum mit Fragezeichen versehen. Der Anstoß zu solch »labyrinthischer« harmonischer Folge geht vielleicht vom Text aus: die Lichtstrahlen der »Augen«, die dem lyrischen Subjekt Nähe und Bleiben zu versprechen schienen, enthüllen sich in Wahrheit als der Abglanz von Sternen, die in kosmische Ferne entweichen:

»Wir möchten nah dir bleiben gerne,
doch ist uns das vom Schicksal abgeschlagen.«

In der 2. Strophe findet dieses Spiel von Anziehung und Abstoßung der harmonischen Ebenen eine recht geradlinige Fortsetzung, vor allem wohl deshalb, weil das gesamte Gedicht mit seinen sprachlich-poetischen Mitteln darin vorangeht. Es ergibt sich eine Art »Gegen-Strophe«, da deren Beginn – unter Einbeziehung einer Umkehrungsvariante des Eröffnungsmotivs – eine Klärung des harmonischen Zieles c-Moll herbeizuführen scheint. Doch die melodische Absenkung g – f – es über der Dominante G-Dur entweicht in den Trugschluß As-Dur, von dem aus immer entfernter liegende Regionen berührt werden.

Auf das Stichwort »Entfernung« weist auch der reprisenhafte Beginn der 3. Strophe, der nicht nur die ursprüngliche Moll-Skala, sondern auch die unter ihr gebildeten Klänge chromatisiert und dergestalt die Verbindungswege zwischen den einzelnen »fremden« Akkorden drastisch verkürzt. Und wiederum werden auch die nachfolgenden diatonischen Auflösungen des Satzes von chromatischen Varianten des Eröffnungsmotivs verunsichert und in stets andere harmonische Bahnen geleitet. Die Coda erscheint denn auch wie eine Zusammenfassung des harmonischen »Problems«, das dem Lied das musikalische Gepräge gibt. Das Fünfton-Motiv schickt sich an, aus der vorausgehenden C-Dur-Region in ein abschließendes c-Moll überzuleiten.

Doch die klare melodische Linie der Moll-Skala es' – es" wird »untersetzt« durch die einigermaßen abwegigen Akkorde Des 7 (T. 70) und As 7 (T. 72), welche die am Ende ertönende Terz es–c als Relikt der Tonika und mithin recht verloren erscheinen lassen. Dieser Gang der harmonischen Entfaltung aber entspräche durchaus dem, was die mehr oder weniger verschlüsselten Text-Bilder anschaulich machen; diese nimmt Mahler weit über eine lediglich illustrierende Ausdeutung hinweg zum Anlaß, um Flexibilitäten des instrumentalen Satzes zu erkunden. Am deutlichsten wird dies ab der dritten Strophe, deren erwähnter Reprisencharakter vor allem darin zum Ausdruck kommt, daß vordem textierte melodische Gebilde bis hin zu geschlossenen Phrasen nunmehr rein instrumental-solistisch wiederkehren. So etwa in den Takten 49 ff., in denen die Horn-Stimme die Gesangs-Stimme der Takte 9/10 aufgreift. Gleiches geschieht in der Oboenstimme der Takte 58 ff., die sich auf die Vokalpassage Takt 26 ff. bezieht und somit in »Klang-Rede« verwandelt, was zuvor als Gesang vorgetragen worden ist.

Fragmentarische Werke

Klavierquartettsatz a-Moll

Besetzung: Klavier, Vl, Va, Vc

E: 1876 [?]
EA: 1973, Sikorski (Hamburg)

Auch wenn Gustav Mahler erst ab 1877, also in seinen beiden letzten Jahren am Wiener Konservatorium, Komposition als Hauptfach studierte, so hat er sich doch von Beginn (1875) neben dem Klavierspiel und dem Unterricht in Musiktheorie der kompositorischen Arbeit zugewendet. Es entstand eine Reihe vorrangig kammermusikalischer Stücke, von denen jedoch nur wenige Fragmente erhalten sind. Die Unklarheit über diese Stücke wird noch durch den Umstand erhöht, daß sich nicht in jedem Falle ausmachen läßt, inwieweit sie überhaupt vollendet worden sind. Es könnte sein, daß Mahler entsprechend einer gegebenen Aufgabenstellung sich mit der Komposition eines Satzes (»Sonatensatz«, »Scherzo«) begnügte, ohne dies bei Erwähnung des betreffenden Werkes (»Klavierquartett«, »Quintett«) stets zu berücksichtigen. So bringen denn auch Mahlers zwei Jahrzehnte später festgehaltene Erinnerungen kaum einen näheren Aufschluß:

»Mahler und ich [sprachen] von seinen Jugendkompositionen, mit denen er so leichtsinnig umging, daß kaum mehr etwas davon vorhanden war. ›Das Beste davon war ein Klavierquartett [. . .], welches am Schluß der vierjährigen Konservatoriumszeit entstand und das großes Gefallen erregte [. . .]‹. Ein Klavierquintett und zwei Sinfonien sowie ein Vorspiel zu den ›Argonauten‹, das er früher gemacht, und eine preisgekrönte Violinsonate hat er nie ganz zu Papier gebracht. ›Das war mir damals zu umständlich und mein Geist hatte sich noch zu wenig beruhigt und gesetzt. Ich schritt von Entwurf zu Entwurf und führte das meiste nur im Kopf aus; da wußte ich aber jede Note, daß ich es allezeit vorspielen konnte – bis ich es eines schönen Tages vergessen hatte. Drei Sätze existieren von einer A-Moll-Sinfonie; der vierte war ganz fertig, doch eben nur in meinem Kopf, das heißt auf dem Klavier, an dem ich damals noch alles komponierte‹« (Bauer-Lechner, S. 55).

Was die Kammermusik betrifft, die ja bis heute aus leicht verständlichen Gründen (Überschaubarkeit und Aufführbarkeit) zu den bevorzugten Studiengattungen gehört, so hat Mahler zwischen 1876 und 1878 offensichtlich mehrere Klavierquartette bzw. -quintette geschrieben, die sich allerdings – unabhängig vom Grad ihrer »Vollendung« – nicht immer eindeutig voneinander abgrenzen lassen. Der bisher einzig bekannt gewordene vollständige Satz eines »Klavierquartetts« in a-Moll trägt zwar auf dem Titelblatt die Jahreszahl »1876«, könnte aber auch später komponiert und identisch sein mit jenem ebenfalls in a-Moll stehenden »Klavierquartett«, das Mahler oben erwähnt und das mithin auf 1878 zu datieren wäre. Doch die Diskussion hierüber erscheint müßig, da sie lediglich anhand von Werktiteln erfolgt, denen die dazugehörigen Werke verlorengegangen sind.

Der **Klavierquartettsatz** wurde von Peter Ruzicka in den USA gefunden und 1973 veröffentlicht. Obgleich das Stück in mancherlei Hinsicht Züge einer Studienarbeit aufweist, verrät es doch auch – ohne daß das Wissen um die Autorschaft unbedingt zu liebevoller Überschätzung verleiten muß – einen erstaunlich eigenwilligen Charakter. Gewiß verweisen der schwärmerisch-leidenschaftliche Grundton, die weichen, farbigen harmonischen Übergänge und das Mit- und Ineinander von akkordischer Vollstimmigkeit und polyphonem Linienspiel auf Kammermusik insbesondere Schuberts, Schumanns und Mendelssohns. Andererseits begegnen zumal in der Formulierung von Themen und Motiven sowie in deren formbildender Folge und Verflechtung merkwürdig »unakademisch« wirkende Lösungen, die wohl kaum nur kompositionstechnischer Unerfahrenheit geschuldet sein dürften. Das betrifft zum einen die Exposition des scheinbar unproblematisch der Sonatenform sich anvertrauenden Satzes. Das Anfangstempo des Hauptthemas (»Nicht zu schnell«) steigert sich zu »Sehr leidenschaftlich« (T. 26 ff.) und mündet in einen Abschnitt, der mit »Entschlossen« (T. 42 ff.) bezeichnet ist. Bestimmten bis dahin

Halbe und Viertel das Tempo, so sind es nun für das zu erwartende Seitenthema die Achtel – d. h., es erfolgt eine auskomponierte Tempobeschleunigung. Doch diese kontrastreich anhebende Passage erinnert eher an ein Zwischenspiel, dem erst im nächsten Abschnitt das eigentliche, »singende« Thema folgt. Dieses Thema aber tauchte bereits im Ausschwingen des ersten auf (T. 32 ff.), woraus sich eine unkonventionell-mehrschichtige Formbildung ergibt, welche irgendwie »genialisch« wirkt, jedoch auch zwischen »unakademisch« und »unprofessionell« noch nicht recht unterscheiden läßt.

Die Durchführung hält sich zunächst an Haupt- und Seitenthema und »verarbeitet« sie in recht konventioneller Manier – der Studiencharakter des Satzes ist hier unschwer zu vernehmen. Doch dann (T. 92 ff.) löst eine sich gewissermaßen verselbständigende Variante des Hauptthemas eine »Dramatisierung« des Geschehens aus, die immer nachdrücklicher ein signalhaftes Motiv (punktierter Intervallsprung) heraushebt – und darüber alle regelgerechte Sorgfalt des »Durchführens« zu vergessen scheint. So zerrinnt denn auch die Bewegung nach dem dynamischen Höhepunkt (T. 132) recht unmotiviert – es ist, als ob Mahler sich erst wieder besinnen müßte, wohin ihn seine Phantasie verschlagen und wie er nun »ordnungsgemäß« fortzufahren habe. Die Lösung besteht in einer knappen und auch wohl etwas ungelenken, von beiden Hauptthemen zehrenden Überleitung zur Reprise. Bleibt diese Reprise trotz einiger Variierung im Rahmen des Üblichen, so sorgt Mahler zum Schluß noch für Überraschung: eine »ungemein rubato« und »leidenschaftlich« zu spielende Kadenz der Violine leitet eine Coda ein, die – »morendo ritenuto« – mit geradezu tonlos gehauchten Pizzicati verlischt.

10. Sinfonie

1. Satz: Andante/Adagio
2. Satz: Scherzo. Schnelle Viertel
3. Satz: Purgatorio. Allegretto moderato. Nicht zu schnell
4. Satz: Scherzo II
5. Satz: Finale. Allegro moderato

Besetzung (1. Satz): 3 Fl (3. auch Picc), 3 Ob, 3 Kl in B und A, 3 Fg, 4 Hr, 4 Tp, 3 Pos, B-Tb, Hf, Streicher

E: 1910

EA: 1924, U.E. (Wien) als Faksimile; 1951, Associated Music Publishers (New York) als Druck des 1. und 3. Satzes

Gustav Mahler starb am 18. Mai 1911. Er hinterließ zwei vollendete Werke, die er nicht mehr – wie alle früheren – zur Uraufführung bringen konnte: *Das Lied von der Erde* und die *9. Sinfonie*. Außerdem enthielt der Nachlaß Fragmente und Entwürfe zu einer **10. Sinfonie**, die Mahler noch in den letzten Lebenstagen beschäftigten. Den Vorarbeiten nach sollte die Sinfonie fünf Sätze umfassen, die sich zu einer Art »Bogenform« gruppieren – zwei Ecksätze in langsamem Grundtempo umschließen drei schnellere Sätze, die pyramidenhaft angeordnet sind: Der 2. und 4. Satz sind Scherzi, der 3. als »Drehpunkt« ein intermezzoartiges Charakterstück, dem Mahler den Titel »Purgatorio« (»Fegefeuer«) gab. Der 1. und 2. Satz sowie die ersten 30 Takte des Purgatorio liegen im Partiturentwurf vor, d. h. in jenem Stadium, dem sich eine erste Partiturreinschrift angeschlossen hätte, welche dann als »Erstfassung« für die Aufführung bzw. Drucklegung bestimmt gewesen wäre. Man muß diese »Stadien« so genau und mithin etwas umständlich beschreiben, da insbesondere der letztere Schritt stets zu erheblichen, über Detailkorrekturen oftmals weit hinausgehenden Änderungen geführt hat – und die auch zweifellos bei der *10. Sinfonie* vorgenommen worden wären. Am Rande sei nur vermerkt, daß dies in geringerem Maß auch für *Das Lied von der Erde* und die *9. Sinfonie* zutrifft.

Immerhin vermitteln jene Teile der *10. Sinfonie*, die bis zu Partiturentwürfen gelangt sind, zumindest einen plastischen Eindruck von Intention und Verlauf des Werkes. Neben den Partiturentwürfen gibt es zu den ersten beiden Sätzen noch Particell-Fassungen, d. h., auf vier bis fünf Notenzeilen niedergeschriebene Verlaufsskizzen, die vor allem die Struktur umreißen, Harmonik, Rhythmik, Klang und Dynamik jedoch – wenn überhaupt – nur in flüchtigen Andeutungen festhalten. Mit dem 30. Takt des 3. Satzes endet der Partiturentwurf. Alles weitere bis zum Schluß des 5. Satzes liegt lediglich im Particell vor, das außerdem und im Unterschied zum 1. und 2. Satz über weite Strecken nur noch in Andeutungen den Verlauf, die motivische Abfolge und/oder die rhythmische Organisation erkennen läßt. Instrumentatorische Angaben finden sich nur vereinzelt, und die durch Variantentechnik gesteuerte Entfaltung des motivisch-thematischen Materials, mithin dessen kompositorische »Tiefenperspektive«, bleiben noch gänzlich ausgespart.

Dem Konvolut von Vorarbeiten zur *10. Sinfonie*, die Mahler im Mai 1910 begonnen hatte, war ein wechselvolles Schicksal beschieden. Eine Reihe von verbalen Eintragungen in das Material wie »Du allein weißt, was es bedeutet. Ach! Ach! Ach! Leb' wol mein Saitenspiel! Leb wol. Leb wol. Leb wol« (im 4. Satz) oder: »für dich leben! für dich sterben! Almschi!« (5. Satz) sind Echo einer latenten Ehekrise, die Mahlers letzte Lebensjahre überschattete. Alma Mahler glaubte

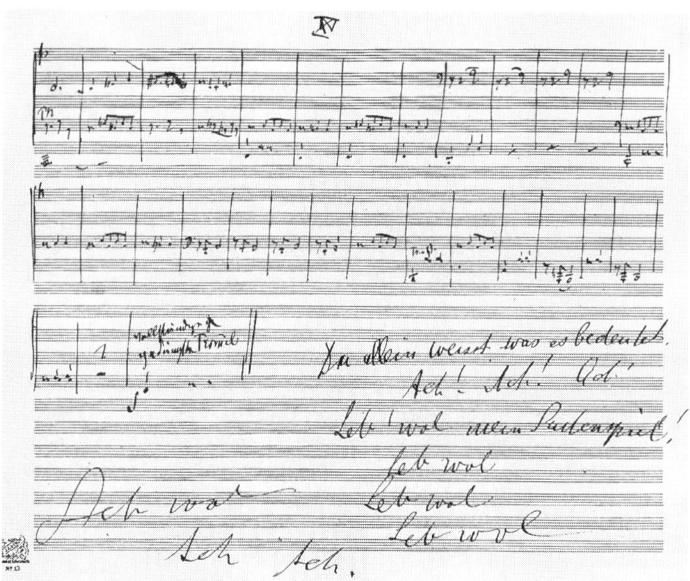

10. Sinfonie, 4. Satz. Particell

wohl nicht zu unrecht, auch im Sinne ihres Mannes zu handeln, wenn sie nach dessen Tod den intimen Konflikt vor der Öffentlichkeit zu verbergen und deshalb auch jedem Außenstehenden die Einsicht in das fragmentarisch hinterlassene Werk zu verweigern suchte. Freilich hielt sie sich nicht konsequent an diesen Entschluß, gewährte sie denn doch einigen Freunden Einblick, so daß bereits kurze Zeit nach Mahlers Tod die merkwürdigsten Gerüchte über die postume, von geheimnisvollen programmatischen Anspielungen durchwobene Sinfonie in Umlauf kamen.

Bereits im Mai 1912, in einer »Gedenkrede« über Mahler, erwähnte Arnold Schönberg das Werk in diesem Sinne und mit befremdlich mystifzierendem Unterton: »Was seine Zehnte, zu der, wie auch bei Beethoven, Skizzen vorliegen, sagen sollte, das werden wir so wenig erfahren wie bei Beethoven und Bruckner. Es scheint, die Neunte ist eine Grenze. Wer darüber hinaus will, muß fort. Es sieht so aus, als ob uns in der Zehnten etwas gesagt werden könnte, was wir noch nicht wissen sollen, wofür wir noch nicht reif sind. Die eine Neunte geschrieben haben, standen dem Jenseits zu nahe. Vielleicht wären die Rätsel dieser Welt gelöst, wenn einer von denen, die sie wissen, die Zehnte schriebe. Und das soll wohl nicht so sein. Wir sollen noch weiter in dem Dunkel bleiben, das nur gelegentlich durch das Licht des Genies erleuchtet wird. Wir sollen noch weiter kämpfen und ringen, sehnen und wünschen« (Schönberg, *Mahler*, S. 23 f.).

Richard Specht äußerte in der 1913 erschienen ersten Auflage seiner Mahler-Monographie die bemerkenswerte Erkenntnis:

> »Dieses Werk, das jetzt die Zehnte Sinfonie heißen müßte, wird niemals zum Erklingen gelangen. Mahler forderte, daß es nach seinem Tode verbrannt werde. Dazu konnte sich seine Witwe nicht entschließen; aber es mag völlig unmöglich gelten, daß aus seinen stummen Zeichen ein andrer – und wäre er noch so innig vertraut mit Mahlers Geist und Wissen – die Partitur gestalte. Es wird ruhen bleiben – und manchem ein seltsames Gefühl geben, daß irgendwo, gleichsam lebendig begraben, vollkommen zum Dasein gerüstet und doch zum Nichterwachen verdammt, ein ganz ausgetragenes Werk von Mahlers Hand in der Welt sei; in Siegeln, die wohl zu entziffern, aber von keinem mehr zu sprechendem Ausdruck zu lösen sind« (Specht, S. 355 f.).

Der Erste Weltkrieg und die ihm folgenden politischen und kulturellen Umwälzungen ließen Mahlers fragmentarisches Werk zunächst wieder in Vergessenheit geraten. Erst um die Mitte der zwanziger Jahre regte sich neues Interesse, erneut ausgelöst durch Alma Mahler selbst, die 1924 einen Großteil der Manuskripte – übrigens in drucktechnisch glänzender Form – als Faksimile veröffentlichte. Zugleich wandte sie sich an Ernst Krenek mit der Bitte, den nunmehr vorliegenden »vollständigen Entwurf«, wie es stets heißt, zu ergänzen und eine aufführbare Partiturfassung der Sinfonie herzustellen. Krenek suchte – nach einigem Zögern – behutsam vorzugehen und größere Risiken zu vermeiden, indem er seine Übertragung und die dabei erforderlichen Eingriffe in den Text im wesentlichen auf den ersten, das »Adagio«, und den dritten Satz beschränkte. Diese »Fassung« war es auch, die als »10. Sinfonie« am 12., 13. und 14. Oktober 1924 in Wien unter der Leitung Franz Schalks aufgeführt wurde. Schalk, seit 1918 Wiener Operndirektor und mithin einer der Nachfolger Gustav Mahlers, sowie Alexander von Zemlinsky, der in Prag ebenfalls die ergänzten Fragmente aus der Sinfonie zu Gehör brachte, griffen nun ihrerseits in den Notentext ein. Schließlich interessierte sich für das Unternehmen auch Alban Berg, Schönbergs Schüler und sicher einer der besten Kenner des Mahlerschen Werkes. Doch Berg scheint sich darauf beschränkt zu haben, das Autograph fehlerfrei zu übertragen und dabei zahlreiche Lesefehler bzw. stilwidrige Hinzufügungen in der »Fassung« von Krenek-Schalk-Zemlinsky zu tilgen.

In den späteren zwanziger und in den dreißiger Jahren gab es nur wenige Aufführungen von Mahlers »10. Sinfonie« – wahrscheinlich haben die zweifelhaften Eingriffe ihrer Bearbeiter oder »Rekonstrukteure« alle jene bestärkt, die, wie etwa Bruno Walter und Theodor W. Adorno, sich energisch gegen solche Versuche aussprachen. Doch Alma Mahler ließ nun nicht mehr von dem Gedanken ab, einen namhaften Komponisten zu gewinnen. 1942, während des Weltkrieges, suchte sie durch Vermittlung des amerikanischen Musikologen Jack Diether Dmitri Schostakowitsch zu interessieren, der den ehrenvollen Auftrag jedoch höflich, aber bestimmt ablehnte. 1949 war es dann Arnold Schönberg, dem Alma die Aufgabe anvertrauen wollte. Doch Schönberg, den Alter und Krankheit daran hinderten, eigene, vor Jahrzehnten bereits begonnene große Werke wie *Die Jakobsleiter* und *Moses und Aron* abzuschließen, sagte ebenfalls ab.

Führten diese Ansätze zu keinem Erfolg, so häuften sich andererseits nach 1945, vor allem dann seit den Mahler-Gedenkjahren 1960 und 1961, die Aufführungen der Fragmente, zumal des 1. Satzes, des »Adagio«. Es wurde bald zur Gewohnheit, das Werk unter dem Titel »10. Sinfonie –

Adagio« in die Konzertprogramme aufzunehmen. Und dies hatte und hat noch immer bedenkliche, ja prekäre Folgen. Denn nicht nur wird hier suggeriert, daß Mahlers letztes Wort als Komponist eine »einsätzige« Sinfonie im geheimnisvoll-verklärenden Tempo »Adagio« bildet, sondern auch und mehr noch, daß im Fragmentarischen gewissermaßen eine »höhere« Form von Vollendung vernehmbar wird, die sich als eine Art künstlerisches Testament deuten läßt.

Dem nun entgegenzuwirken und die sich verdichtenden Schleier über dem tatsächlich Vorhandenen zu lüften, war für den ersten Herausgeber der Mahler-Gesamtausgabe, Erwin Ratz, Grund genug, das »Adagio« in korrekter Übertragung des Autographs im Rahmen dieser Ausgabe zu veröffentlichen. Das geschah 1964. Drei Jahre später gab Ratz außerdem das gesamte, ihm zur Verfügung stehende autographe Material als Faksimile heraus – eindeutig in der Absicht, den inzwischen geradezu wuchernden »ergänzten« oder »rekonstruierten« Fassungen das wirklich Überlieferte unverfälscht entgegenzusetzen. Seit den späten fünfziger Jahren arbeiteten nämlich – weitgehend unabhängig voneinander und doch von einem verbindenden »Geist der Zeit« geleitet – verschiedene Autoren an neuerlichen »Fassungen«: Joe Wheeler und Deryck Cooke in England, Clinton Carpenter und Remo Mazzetti in den USA und Hans Wollschläger in Deutschland. 1959 hatte Deryck Cooke damit begonnen, eine sogenannte »Konzertfassung des Entwurfs der 10. Sinfonie« anzufertigen – sie sollte die bislang erfolgreichste werden.

Cookes »Konzertfassung«, die nahezu in jeder Hinsicht den Bemühungen von Alban Berg bis Erwin Ratz um Authentizität zuwiderläuft, wurde in mehreren Etappen erarbeitet. Die entscheidende war 1964 mit den Aufführungen durch das London Symphony Orchestra unter Leitung Berthold Goldschmidts und durch das Philadelphia Symphonic Orchestra unter Eugene Ormandy markiert. Ihnen schloß sich 1976 als Gemeinschaftspublikation der amerikanischen Associated Music Publishers und von Faber Music LTD London die Veröffentlichung einer sogenannten »endgültigen Version« an, deren »Endgültigkeit« wohl nichts besser ausweisen kann als die Tatsache, daß diese Partitur seither als Grundlage für unzählige nachfolgende »Überarbeitungen«, »Verbesserungen« usw. dient ...

Inzwischen hat die »Konzertfassung« der *10. Sinfonie* weltweite Resonanz gefunden, und es wäre sinnlos, sie nicht zur Kenntnis nehmen zu wollen. Doch es wäre gleichermaßen irreführend und unverantwortlich, wenn der bloße Erfolg vergessen machte, daß jede »Fassung« des Werkes den Sinn, den Mahler ihm als vollendete Komposition gegeben hätte, nur bedingt – also in jedem Falle unzulänglich – zum Ausdruck bringen kann.

Cooke fügte seiner »Konzertfassung« ein Vorwort bei, in dem es heißt:

> »Die vorliegende Partitur will in keiner Weise als eine ›Vollendung‹ oder ›Rekonstruktion‹ betrachtet werden. Erstens war im eigentlichen Sinne keine ›Vollendung‹ erforderlich, d. h. freie Komposition zur Ausfüllung von Lücken in der *Struktur*, wie etwa in Süßmayrs Bearbeitung von Mozarts Requiem. Mahlers Entwurf läuft ohne Unterbrechung von Anfang bis Ende, wenn auch an einigen Stellen die Kontinuität nur spärlich gewahrt wird. Eine ›wahre Vollendung‹ ist aber letzten Endes unerreichbar. Mahler selbst hätte vor einer endgültigen Fassung seinen Entwurf revidiert und bereichert, hätte ihn in tausend Einzelheiten verfeinert und vervollkommnet; auch würde er zweifellos hie und da eine Phrase erweitert, verkürzt, umgestellt, hinzugefügt oder weggelassen haben [...]; und selbstverständlich hätte er schließlich das Ganze durch seine unvergleichliche Instrumentation eingekleidet. Alles in allem – nur er allein hätte dieses tun können und die Idee, irgendjemand sonst könne dieses Verfahren nachholen, bleibt reine Illusion« (Cooke, S. XXXVIII).

In diesen Worten gehen Wahres und Falsches nahtlos ineinander über, begründet in dem Dilemma, daß ein »wahrer Inhalt«, wie Cooke im folgenden schreibt, daß eine gültige Aussage einem noch Ungültigen, Unfertigen gewissermaßen unterschoben wird. Einerseits sei es Illusion, eine »wahre Vollendung« des Werkes erreichen zu wollen, andererseits vermittle die »Konzertfassung« durchaus eine adäquate Vorstellung dessen, was Mahler darzustellen beabsichtigt hätte. Die Grundlage für Cookes Argumentation ist die Feststellung, daß Mahlers *10. Sinfonie* eine »in der Skizze ganz fertiggestellte Arbeit« bilde, eine Äußerung, der um so größeres Gewicht beigemessen wird, als sie von Mahler selbst stammen soll (Cooke, S. XXXVII). Doch dieser Satz wird zum Widerhaken in der Sache, wenn man ihn mit falscher Betonung liest: das entscheidende Wort ist nicht »fertiggestellt«, sondern »Skizze«. Denn dieses Wort zielt auf einen für Mahler umfangreichen und differenzierten Arbeitsvorgang, durch den die Projizierung des motivischen Materials, das in der Skizze gegeben ist, zur Kompositionsstruktur erfolgt – zu dem, woraus sich erst der musikalische Sprachcharakter, der »Ton« von Mahlers Musik entfaltet. Oder anders: Der Weg von der »Skizze« zum »Werk« verlangt kein geringeres Maß an Kompositionsarbeit, somit an gewissermaßen »ungehemmter« Phantasietätigkeit, als von den ersten, oftmals sich überstürzenden Einfällen zu deren vorläufiger, flüchtiger Notierung – eben zur Skizze.

Die Ergänzungen von Cooke und der ihm folgenden, ihn aber auch »korrigierenden« Musiker (in der Regel sind es bezeichnenderweise Dirigenten und Musikwissenschaftler, nicht Komponisten) müssen sich, da der Kompositionsakt prinzipiell ausgeschlossen bleibt, mit Verstärkungen, mit Verdopplungen des gegebenen Skizzenmaterials begnügen. Sie »vervielfältigen« das zu einer Partitur, was für den Autor lediglich Ausgangspunkt für die Entfaltung des Materials bedeutet hätte. Doch damit nicht genug: die »eindimensionalen« Ergänzungen können nur auf dem aufbauen, was an kompositionstechnischen Ergebnissen in Mahlers vorausgegangenen Werken zu erfassen ist – d. h., es bleibt alles ausgeschlossen, wohin Mahlers musikalische Imagination in der vollendeten *10. Sinfonie* gelangt wäre. Wie läßt sich allein die Tatsache, daß nur »bewährte« Mittel oder auch: daß nur Cookes und anderer Erfahrungen mit Mahler angewendet werden können, mit der Behauptung vereinbaren, die »Konzertfassung« gäbe einen Einblick in den »wahren Inhalt« des Werkes? Die »Konzertfassung« beruht auf dem Irrtum, daß in der Skizze das Wesentliche bereits »gesagt« sei und daß es nur einer »nachhelfenden« Aufbereitung des Materials bedürfe, um ein gültiges Werk Mahlers zum Leben zu erwecken.

Besonders kritisch wird die Sachlage, sobald die lautere Intention des Bearbeiters, bewußt oder unbewußt, in Mystifikation umschlägt. Durch die praktischen Aufführungen gewinnt das Fragment den Schein der Vollendung, der Authentizität. Dieser falsche Eindruck entsteht vor allem dadurch, daß das Fragmentarische, wie bereits angedeutet, allmählich nicht länger mehr als solches aufgenommen wird; daß das aus biologischen Gründen von Mahler nicht mehr Geleistete – die Entfaltung kompositorischer Fülle und Substanz – zu weiser Beschränkung, zur Rückkehr zum Einfachen, Geradlinigen usw. stilisiert wird. Hier erfolge eine »harmonische« Lösung dessen, was in der *9. Sinfonie* noch im Gebrochenen verblieb. Dafür liefert Cooke selbst eine Interpretation, wenn er glaubt feststellen zu müssen, daß »Mahler in der X. die Hoffnungslosigkeit überwunden hat, die aus der IX. spricht«. Er sei vom »Valedicere« zum »Benedicere« gelangt und »es ist dieser seelische Aufschwung gewesen, welcher im letzten Satz zum

Durchbruch gelangt, der ihn [Cooke] veranlaßt hat, die X. Sinfonie aus den Skizzen zu rekonstruieren, damit das Bild der künstlerischen Erscheinung Mahlers aus seinem Werk die endgültige Prägung erfährt« (Cooke, S. XXXVIII).

Damit ist der eigentliche und am schwersten wiegende Grund dafür ausgesprochen, daß in der »Konzertfassung« nicht der Geist waltet, den Mahler in einer durch ihn vollendeten *10. Sinfonie* zum Ausdruck gebracht hätte, sondern jener von wohlmeinenden Nachfahren, die letztlich doch als »Mahler« ausgeben, was ihnen an den Fragmenten unter gänzlich verschiedenen individuellen und geschichtlichen Voraussetzungen aufgegangen ist. In diesem Zusammenhang sei noch daran erinnert, daß die Bemühungen um die Sinfonie *vor* 1960 relativ unauffällig blieben – daß man sich im Wesentlichen mit der Aufführung des 1. Satzes begnügte und das Konvolut von Entwürfen in den Faksimile-Ausgaben von 1924 bzw. 1967 studierte. *Nach* 1960, mit der sogenannten »Mahler-Renaissance«, änderte sich die Situation. Mahler avancierte in kurzer Zeit zum »Klassiker« in jenem konservativ gestimmten Sinne, der sich immer auch als Gegenpol zur »gescheiterten Moderne« glaubt artikulieren zu müssen. In Mahlers Musik, so resümierte dies Carl Dahlhaus 1977, treffen »Fin de siècle und Mitte des 20. Jahrhunderts [...] jäh und überraschend, wie durch einen intellektuellen Handstreich, zusammen [...], so daß der Hörer einerseits zu Recht den Eindruck ›innerer Gleichzeitigkeit‹ mit Mahlers Musik hat, ohne sich andererseits von den musikalischen Gewohnheiten des 19. Jahrhunderts [...] allzu abrupt trennen zu müssen« (Dahlhaus, S. 8). Genau diesen Effekt machen sich die Bearbeiter der »10. Sinfonie« zunutze – sie setzen auf ein willkommenes »Benedicere«, das den Stürmen des Neuen widerstanden und zu bewährter (»klassischer«) Verständlichkeit zurückgefunden hätte.

Wenn die »Konzertfassung« ein – wie man so sagt – fester Bestandteil des Musiklebens werden konnte, so gilt es gerade deshalb unablässig davor zu warnen, in dieser »Fassung« mehr erkennen zu wollen als die Nachbildung eines Torsos, von dem niemand mehr erfahren wird, was sein Schöpfer aus ihm herausgemeißelt hätte. Dieser Torso ist kein »letztes Wort«, das an die *9. Sinfonie* unmittelbar und gewissermaßen »klärend« anschließt – das »letzte Wort« behält eben die *9. Sinfonie*. Die »Konzertfassung« vermag dem Verständnis Mahlers nur zu dienen, wenn sie behutsame und flexible Überlegungen darüber anregte, welche Möglichkeiten musikalischer Darstellung hier für immer und jeden verschlossen sind.

Bearbeitungen fremder Werke

Mahlers Bearbeitungen lassen sich in drei Gruppen gliedern:

1. Ergänzung fragmentarisch überlieferter Kompositionen,
2. Einrichtung vollständiger Kompositionen zu bestimmten Aufführungszwecken,
3. Überarbeitung vollständiger Kompositionen als Anpassung an neue aufführungspraktische Gegebenheiten.

Zur ersten Gruppe gehört allein Carl Maria von Webers komische Oper *Die drei Pintos*, zur zweiten Bühnenwerke von Wolfgang Amadeus Mozart (*Figaros Hochzeit*), Weber (*Euryanthe* und *Oberon*), Giacomo Meyerbeer (*Die Hugenotten*) oder Richard Wagner (u. a. *Die Meistersinger von Nürnberg*). Die dritte Gruppe enthält Mahlers sämtliche Bearbeitungen von Sinfonien Ludwig van Beethovens, Franz Schuberts und Robert Schumanns, der *Coriolan-Ouvertüre* von Beethoven, der *Manfred-Ouvertüre* von Schumann u. a. sowie die Einrichtung des *Streichquartetts f-Moll op. 95* von Beethoven und des *Streichquartetts d-Moll* von Schubert für Streichorchester. Während die Zusammenstellung von Sätzen aus den *Orchestersuiten Nr. 2* und *Nr. 3* von Johann Sebastian Bach zu einer *Suite aus den Orchesterwerken J. S. Bachs* eine Art Kuriosum bildet, das vielleicht der zweiten Gruppe zugeordnet werden könnte, stehen die Bearbeitungen von Sinfonien Anton Bruckners (*4.*, *5.* und *6. Sinfonie*) insofern außerhalb, als Mahler mit ihnen in auffälliger Weise den Gepflogenheiten seiner (und noch späterer) Zeit folgt: neben durchaus untergeordneten Ergänzungen in Dynamik und Artikulation finden sich vor allem Kürzungen, deren »dramaturgische« Begründung – wie jede anderslautende – inzwischen als unhaltbar anzusehen ist.

»Als schaffender Künstler trat ich zum ersten Male mit der Ausarbeitung und Vollendung der ›drei Pintos‹ von Weber vor die Öffentlichkeit« (Briefe, S. 179). Dieser unauffällige Satz enthält bei näherer Betrachtung durchaus etwas Ungewöhnliches. Mahler hatte diese »Ausarbeitung« 1887, im zweiten Jahr seines Engagements am Leipziger Stadttheater vorgenommen. An eigenen Kompositionen lagen zu dem Zeitpunkt neben einer Reihe von Liedern mit Klavierbegleitung die Kantate *Das klagende Lied* und die *Lieder eines fahrenden Gesellen* vor. Außerdem hatte er 1884 die *1. Sinfonie* begonnen. Für keines der abgeschlossenen Werke jedoch gab es bisher weder eine Aufführungs- noch Druckmöglichkeit, weshalb sich vielleicht auch die Arbeit an der Sinfonie merklich hinzog. Mit der Opernbearbeitung, die gewissermaßen einem konkreten, aufführungsbezogenen Auftrag entsprang, verband Mahler die berechtigte Hoffnung, seiner Nicht-Präsenz als Komponist ein Ende zu bereiten – zumal er ohnehin alle interpretatorische Arbeit, im Theater und im Konzertsaal, als leidigen »Broterwerb« empfand, der so bald wie möglich von der »eigentlichen«, der Kompositionsarbeit, abgelöst werden sollte.

Dies erklärt wohl auch den bemerkenswerten Eifer, mit dem sich Mahler der Sache annahm. Begonnen hatte sie damit, daß Theaterdirektor Max Staegemann Mahler in Kontakt mit einem in Leipzig ansässigen Enkel Webers, Carl von Weber, brachte, woraus sich bald ein freundschaftlicher, auch die Familie Webers einbeziehender Umgang ergab. In deren Besitz befand sich der recht umfangreiche Nachlaß des berühmten Großvaters, darunter zahlreiche unveröffentlichte Stücke und Fragmente. Eines davon war die komische Oper *Die drei Pintos*, die Weber unmittelbar nach dem Abschluß des *Freischütz* (1820) komponieren wollte. Er brach jedoch die Arbeit, offensichtlich zugunsten des lukrativen Wiener Auftrags für *Euryanthe* (1821–23), nach sieben Nummern und einer Vielzahl von weiteren Skizzierungen ab und kam nie mehr auf sie zurück. Nach Webers Tod bemühte sich die Familie vergeblich, Giacomo Meyerbeer für die Vollendung zu gewinnen. So kam die Bekanntschaft mit dem jugendlichen Mahler mehrerlei Interessen entgegen: Webers Nachkommen hofften, das fragmentarische Stück endlich auf die Bühne zu bringen, und Mahler nahm die Chance wahr, als Komponist auf sich aufmerksam zu machen. Man ehrte Weber, indem man sich rundum nützte …

Carl von Weber sah seine Aufgabe dabei in einer Neueinrichtung des recht hausbackenen und etwas langwierigen Librettos.

»Es handelt von dem Eheversprechen, das Don Pantaleone, Vater der Clarissa, dem reichen, aber dummen Pinto gegeben, der die Schöne aber noch nie gesehen hat. Dieser erzählt die Geschichte dem Studenten Gaston, der sich nun unter dem Namen von Pinto im Hause des Pantaleone präsentiert, während der wahre Pinto im Gasthof zurückgehalten wird. Bei Pantaleone trifft er Don Gomez, den Liebhaber der Clarissa, dem er seine Hilfe anbietet, um das Eheversprechen des Vaters zu umgehen. So nimmt auch dieser den Namen des wahren Pinto an, der, als er auf der Szene erscheint, als Gefoppter dasteht. Alles endet mit der Heirat von Clarissa und Gomez« (Silbermann, S. 73 f.).

Mahler übernahm außer den originalen Szenen eine Reihe von veröffentlichten und unveröffentlichten Stücken, wobei er in letzterem Falle die höchst eigenwillige, an eine Art Kurzschrift erinnernde Notierungsweise Webers zu entziffern hatte. Doch Mahler behandelte sämtliche Vorlagen, ob sie für die *Pintos* geschrieben waren oder nicht, als zu bearbeitendes Material, dessen endgültige Gestalt sich erst Schritt für Schritt abzeichnete. D. h., er verstand sich weniger als dienender Bearbeiter denn als vollendender Komponist. Deshalb wohl auch suchte Mahler selbst noch die wenigen originalen Teile in Umfang und Bedeutung herunterzuspielen:

»Ihr würdet euch wundern [...] zu sehen, wie wenig von Webers eigener Hand da war: nicht viel mehr als einige wundervolle Themen, keine Note der Instrumentation. [...] Und so zurückhaltend ich anfangs bei der Ergänzung der Skizzen vorging, um so kecker wurde ich im Verlauf der weiteren Arbeit, ließ mich von dem Gegenstand und mir selbst fortreißen, mehr als von ängstlichen Erwägungen, ob es Weber auch so gemacht haben würde. Und schließlich komponierte ich überhaupt in meinem Sinn darauf los, wurde immer Mahlerischer, bis zuletzt in Entwurf und Ausführung des neuen Teils jeder Notenstrich [!] von mir war. (Auch im Text habe ich vieles gemacht, ohne meinen Librettisten zu fragen und mich zu nennen.) Und *diese* Nummern sind es, welche nachher von Kritik und Publikum am meisten gelobt und für rein ›Weberisch‹ gehalten wurden!« (Bauer-Lechner, S. 197)

In der Tat ging die Rechnung für alle Beteiligten auf. Die Uraufführung am 20. Januar 1888 im Leipziger Stadttheater wurde ein beachtlicher Erfolg, der denn auch den Anstoß zu weiteren Inszenierungen in anderen Städten (Prag, Wien, Berlin) gab. Selbst der stets außerordentlich kritisch urteilende Eduard Hanslick, der die Wiener Aufführung der *Pintos* gesehen hatte, widmete dem Stück eine ungewöhnlich ausführliche Rezension, in der er neben vielen Details insbesondere die Leistung Mahlers hervorhob und seiner Bearbeitung, trotz einiger Einschränkungen, aufrichtige Anerkennung bekundete:

> »Wenn schon bearbeitet werden mußte, Herr Mahler hat es mit unleugbarer Geschicklichkeit getan. Seine Instrumentierung verrät einen feinen Sinn für Orchesterwirkung und klingt im großen und ganzen verwandt an Weber an. Gewisse Lieblingsfiguren Webers verwendet Herr Mahler mit guter Wirkung, nur wiederholt er gar zu häufig die raschen Sechzehntelpassagen der Violinen; man hört sie fast die ganze Oper hindurch. Die starke Benützung der Blechinstrumente, zumal der Posaunen, dazu der großen Trommel in einer leichten Spieloper ist schwerlich Weberisch. [...] Sehr stimmungsvoll und fein instrumentiert – schon mit einer Vorausnahme Wagnerschen Klanges – ist Mahlers Zwischenaktmusik vor dem zweiten Aufzuge« (Hanslick, S. 94 f.).

Ein gänzlich anderes und umstritteneres Kapitel eröffnet sich mit Mahlers Bearbeitungen klassischer Werke, voran mit den Bearbeitungen der Sinfonien Beethovens, Schuberts und Schumanns, denen die Streichorchesterfassungen von Streichquartetten beizufügen sind. Wie immer auch die Vorwürfe lauten, welche unterschiedliche Akzente sie im Detail setzen: sie haben ihren gemeinsamen Punkt in der Entrüstung darüber, daß Mahler die längst als unantastbar, als sakrosankt geltenden Kompositionen der Klassiker »verbessern« wolle; daß er sich frevlerisch die Rolle eines »Über-Klassikers« anmaße und somit die Einzigartigkeit und Größe des überkommenen musikalischen Erbes verkenne.

Zunächst sei darauf verwiesen, daß diese Ablehnung, so scharf sie sich auch immer kundtat, eine gleichsam gattungsmäßige Differenzierung erkennen läßt. Und zwar zwischen den auf der Bühne und den im Konzertsaal aufzuführenden Werken. In der Oper tolerierte man eher, nicht zuletzt aufgrund von Gepflogenheiten, die aus der Tiefe der Geschichte in die Gegenwart herüberreichten und zu »zweiter Natur« geworden sind, einen flexiblen Umgang mit den Werken, akzeptierte man gewissermaßen stillschweigend, daß (überlieferte) Opern*komposition* und (gegenwärtige) Opern*interpretation*, Werk und Aufführung, zusammengehören und beide erst das künstlerische Ganze ausmachen. Hinter der Oper stand eben immer noch ein italienisch geprägtes »Ad hoc«-Verständnis der Gattung, während sich in der Instrumentalmusik ein mit der deutschen Klassik entfalteter Absolutheitsanspruch von »Ideenkunstwerken« durchsetzte. An dieser Spaltung änderte die Tatsache nichts, daß auch Mahlers Inszenierungen im oben benannten Sinne kritisiert und nicht selten sogar als »Traditionsschändung« angegriffen wurden. Doch dies war dann eher noch ein Zeichen von lebendiger Musiktheaterkultur, in der das Aufeinandertreffen und das gelegentlich rabiate Austragen gegensätzlicher Auffassungen zu einer eigenen »Tradition« geführt hatten.

Im Konzertsaal hingegen bildete sich bis zur Jahrhundertwende ein Kern von »klassischen Meisterwerken« heraus, welche mit wenigen Namen verbunden waren: Mozart, Beethoven, Weber, Schumann und Mendelssohn, zu denen allmählich weitere Namen kamen: Schubert, Berlioz, Liszt, Brahms, Tschaikowsky usw. Die Darstellung ihrer Werke unterstand einem ebenso fiktiven wie nachhaltig geltend gemachten Gebot, demzufolge eine Aufführung die im Notentext ein für allemal festgeschriebene Intention des Komponisten, die »Idee«, hörbar zu machen habe. Der Interpret sei eben nicht der »Schöpfer«, der »Herr« des Werkes, sondern sein »Diener«. Daß aber gerade unter dem Deckmantel solcher Fiktion sich alsbald eine exzessive Auslegungs- und Vereinnahmungsmentalität breitmachte (»Haben Sie Furtwänglers 9. gehört?«) und alle vermeintliche Darstellungstreue gegenüber der Autorintention in den Hintergrund drängte, wurde bald nicht mehr wahrgenommen, mehr noch: verkehrte sich in den eigentlichen Sinn von Interpretation.

Dagegen hat Mahler – nicht argumentiert, sondern aufgrund seiner Auffassung von Musik – gehandelt. Es war das in allem, was er tat, die Auffassung eines *Komponisten*, der zwischen Komposition und Interpretation eines Werkes keinen prinzipiellen Unterschied wahrzunehmen vermochte. Dieses Handeln war zugleich die Konsequenz einer bestimmten Auffassung von musikgeschichtlicher Entwicklung. Um mit letzterem zu beginnen: für Mahler beinhaltet die Geschichte der Musik die Entwicklung eines nachvollziehbaren, deshalb auch entsprechend fixierbaren und realisierbaren Ausdrucksgehalts von Musik. Einer Briefadressatin bekannte er seine Ansichten hierüber mit seltener Ausführlichkeit, beginnend mit der Frage, ob ihr nicht aufgefallen sei

»*Erstens*, daß, je weiter Sie in der Zeit zurückgehen, desto primitiver die Bezeichnungen für den Vortrag werden, d. h. desto mehr die Autoren die Auslegung ihres Gedankens den Interpreten überlassen. [...] *Zweitens*: Je weiter sich die Musik entwickelt, desto komplizierter wird der Apparat, den der Komponist aufbietet, um seine Ideen auszudrücken. Vergleichen Sie nur einmal das Orchester, das *Haydn* in seinen Symphonien anwendet [...] mit dem Orchester, das Beethoven in seiner IX. fordert – von Wagner und den Neuern gar nicht zu reden. [...]
Die Musik war in ihren Anfängen lediglich ›Kammermusik‹ [...]. Die Empfindungen, welche ihr zu Grunde lagen, der Zeit gemäß *einfach*, naiv [...]: Freudigkeit, Traurigkeit, etc. Die ›Musicantes‹ waren ihrer Sache sicher, sie bewegten sich in einem ihnen geläufigen Kreise der Ideen, und auf Grund einer festbegrenzten und innerhalb dieser Grenzen wohlgegründeten Kunstfertigkeit! Daher schrieben die Komponisten nichts vor – es war selbstverständlich, daß alles richtig gesehen, gefühlt und gehört wurde. [...] die Komponisten fürchteten nicht, mißverstanden zu werden, und begnügten sich mit skizzenhaften Aufzeichnungen für den eigenen Gebrauch [...]. Mit der Zeit dürften sie jedoch schlimme Erfahrungen gemacht haben und wurden nun darauf bedacht, durch nicht mißzudeutende Zeichen ihre Intentionen dem Ausführenden mitzuteilen. – So entstand allmählich ein großes System einer Zeichensprache [...]. Hand in Hand damit ging aber auch die *Aneignung neuer Gefühlselemente* als Gegenstände der Nachbildung in Tönen [...] bis mit Beethoven die *neue Ära* der Musik begann: Von nun an sind nicht mehr die *Grundtöne* der Stimmung – also z. B. bloße Freudigkeit oder Traurigkeit etc. – sondern auch der Übergang von einem zum anderen – Konflikte – die äußere Natur und ihre Wirkung auf uns – Humor und poetische Idee die Gegenstände der musikalischen Nachbildung. Hier genügten nicht mehr noch so komplizierte Zeichen – sondern anstatt dem einzelnen Instrument eine so reichhaltige Palette von Farben [...] zuzumuten, nahm der Komponist für je eine Farbe ein Instrument (die Analogie ist ja im Worte ›Klangfarbe‹ festgehalten). So wuchs allmählich aus diesem Bedürfnis heraus das moderne, das ›Wagnersche‹ Orchester. [...] Wir Modernen brauchen einen so großen Apparat, um *unsere* Gedanken, ob groß oder klein, auszudrücken. – *Erstens* – weil wir gezwungen sind, um uns vor falscher Auslegung zu schützen, die zahlrei-

chen Farben unseres Regenbogens auf verschiedene Paletten zu verteilen; *zweitens*, weil unser Auge im Regenbogen immer mehr und mehr Farben und immer zartere und feinere Modulationen sehen lernt, *drittens*, weil wir, um in den übergroßen Räumen unserer Konzertsäle und Operntheater von vielen gehört zu werden, auch einen großen Lärm machen müssen« (Briefe, S. 106 ff.).

Die klassische Musik nun auf den Darstellungsstand der »Modernen« zu bringen, ist für Mahler nicht nur möglich, sondern geradezu zwingend notwendig. Beethovens Sinfonien bedürfen der »Nacharbeitung« schon deshalb, weil zu seiner Zeit »das ganze Orchester nicht so groß [war] wie heute die Streicher allein. Wenn nun die übrigen Instrumente nicht ins richtige Verhältnis dazu gebracht werden, kann es nicht richtig herauskommen« (Bauer-Lechner, S. 148). Beethoven hätte die *9. Sinfonie* für ein Orchester geschrieben, das ihm zu seiner Zeit noch nicht zur Verfügung stand, wodurch sie »gehemmt und eingeschränkt ist, bis ein Berufener kommt, der ihr zum hohen Gewinn die Bande löst« (ebd., S. 60). Denn Beethoven »rechnete auf Künstler, nicht Handwerker [...]. Er hat nicht alles so minutiös hergeschrieben wie später Richard Wagner, auch war er nicht so erfahren in der Orchestertechnik, daß er zwischen Schreib- und Klangweise sich nie hätte irren sollen« (ebd., S. 41).

Entschieden konkreter wird Mahler dann in einer »Entgegnung«, die er im Februar 1900 aufgrund von massiver Kritik an seinen Konzerten mit den Philharmonikern formuliert. Für seine »Bearbeitungen« führt er zwei Gesichtspunkte an: Beethoven hätte durch seine Taubheit »den unerlässlichen innigen Contakt mit der Realität, mit der physisch tönenden Welt gerade in jener Epoche seines Schaffens verloren, in welcher ihn die gewaltigste Steigerung seiner Conceptionen zur Auffindung neuer Ausdrucksmittel und zu einer bis dahin ungeahnten Drastik in der Behandlung des Orchesters hindrängte. Ebenso bekannt wie diese Thatsache, ist die andere, dass die Beschaffenheit der damaligen Blechinstrumente gewisse zur Bildung der Melodie nöthige Tonfolgen schlechterdings ausschloss. Gerade dieser Mangel hat mit der Zeit eine Vervollkommnung jener Instrumente herbeigeführt, welche nunmehr nicht zu möglichst vollendeter Ausführung der Werke Beethoven's auszunützen, geradezu als Frevel erschiene« (ebd., S. 217).

Genau dieser letztere Punkt, womit Mahler freilich direkt die Auffassung Wagners aufgreift, ist der entscheidende. Dabei ginge es keinesfalls um »Verbesserung«, denn: »Die längst geübte Vervielfachung der Streichinstrumente hat [...] auch eine Vermehrung der Bläser zur Folge gehabt, die ausschliesslich der Klangverstärkung dienen sollen, *keineswegs aber eine neue orchestrale Rolle zugetheilt erhielten.*« Vielmehr gelte es, »fern von der Willkür und Absichtlichkeit, aber auch von keiner ›Tradition‹ beirrt, den Willen Beethoven's [...] nachzufühlen« (ebd.).

Konzentrierten sich Mahlers Bemühungen dabei auf die Sinfonien Beethovens und Schumanns, so lassen sich zugleich unterschiedliche Akzentsetzungen erkennen. Bei Beethoven suchte Mahler die *historisch* bedingte Diskrepanz zwischen kompositorischer Erfindung und interpretatorischer Darstellung zu überwinden: es wurden die Bläser, vornehmlich durch Hinzufügung eines weiteren Hörnerpaars, verstärkt, die motivisch-thematisch führenden Stimmen hervorgehoben und die Hinweise zur Dynamik präzisiert und ausgeweitet. Bei Schumann hingegen glaubte Mahler, eine *subjektiv* bedingte Diskrepanz zwischen kompositorischer und orchestraler Imagination ausgleichen zu müssen: Schumanns klavieristisch geprägte Klangvorstellung führte zu einem Orchestersatz, der nicht »sinfonisch«, sondern gewissermaßen als Instrumentierung eines Klavierauszugs erscheint. Hier griff Mahler »entlastend« ein, strich lediglich verdoppelnde, den Satz »verdickende« Stimmen, um den musikalischen »Gedanken« zu verdeutlichen.

Der schroffe Einspruch, der sich bereits damals gegen Mahlers (wie Wagners) Auffassung von »Bearbeitung« erhob, dürfte sich heute nur noch verschärft haben. Einem unter dem Mantel von »historischer Aufführungspraxis« nur notdürftig verborgenen Kunstverständnis, das sich aus skeptisch gestimmtem Verhalten zur Gegenwart heraus in vergangene »Ideale« flüchtet und dem »Alten« aufgrund seines bloßen »Alt-Seins«, das eine Wertbeständigkeit suggeriert, nacheifert, muß solch schöpferischer Umgang mit den klassischen Werken als Sakrileg erscheinen. Allerdings hat dessen Bewertung immer auch mit Ermessensfragen zu tun, denen eben keine unwandelbaren Kriterien zugrunde liegen. Wie Mahlers Verhalten gegenüber den »Klassikern« von zeitbedingten Auffassungen nicht unberührt war, so ist es auch das unsere – den »Klassikern« wie Mahler gegenüber. Denkbar wäre deshalb, daß künftige Zeiten, in denen sich wieder ein stärkeres, gewissermaßen »künstlergemäßes« Selbstbewußtsein entwickelte, auch einer günstigeren Aufnahme von Mahlers Darstellungsweise den Weg ebnen.

Gustav Mahler 1909. Bronze von Auguste Rodin (1840–1917)

Anhang

Abkürzungsverzeichnis

B-Tb	Baßtuba
B-Kl	Baßklarinette
EH	Englisch Horn
Fl	Flöte
Fg	Fagott
Hf	Harfe
Hr	Horn
Kb	Kontrabaß
Kb-Tb	Kontrabaßtuba
K-Fg	Kontrafagott
Kl	Klarinette
Klav	Klavier
Ob	Oboe
Picc	Piccolo, -flöte
Pk	Pauke
Pos	Posaune
Schlgz	Schlagzeug
Tb	Tuba
Tp	Trompete
Va	Viola
Vc	Violoncello
Vl	Violine
E	Entstehung
EA	Erstausgabe

Zur Diskographie

Die Geschichte der elektroakustischen Aufzeichnung von Mahlers Werk gibt ein getreues Abbild seiner Wirkungsgeschichte. Was immer die Gründe gewesen sind, die diesem Werk im Zeitraum zwischen Mahlers Tod (1911) und der Jahrhundertmitte stets nur partielle Präsenz zukommen ließen – sie spiegeln sich auch in der erfolgreichen, den öffentlichen wie den subjektiv-privaten Umgang mit Musik grundlegend verändernden Verbreitung der Schallplatte wider. Während Beethoven oder Wagner, Rossini oder Tschaikowsky mit erheblichen Teilen ihres Werkes und auf geradem Weg ins »Medien-Repertoire« eingingen, haftete den Mahler-Aufnahmen noch lange etwas Zufälliges an, das sie zu Ausnahmen machte. So enthält die 1952 veröffentlichte *The World's Encyclopaedia of Recorded Music* lediglich 23 Eintragungen mit Werken Mahlers, unter denen sich neben einzeln aufgeführten Liedern auch »curiosities as the arrangement of ›Von der Jugend‹ for salon orchestra« befinden (Fülöp, S. 17).

Gegen Ende der fünfziger, vollends seit den sechziger Jahren, die von den Mahler-Gedenkveranstaltungen (100. Geburtstag, 50. Todestag) eingeleitet wurden, änderte sich das Bild entscheidend. Mahler stieg, kurz gesagt, aus der Verteufelung eines komponierenden Kapellmeisters, dessen »Wollen« in krassem Mißverhältnis zu seinem »Können« stehe, wie aus der Geheimexistenz für Insider zu einer Identifikationsgestalt auf, an der bald epochale Dimensionen wahrgenommen wurden. Die Gründe hierfür sind zweifellos noch vielschichtiger als jene, die einst die Vernachlässigung Mahlers bewirkt hatten. Seine Musik scheint nunmehr weltweit das Lebensgefühl von Menschen zu treffen, die, verunsichert durch Krisen weltweiten Ausmaßes und deren Echo in befremdend »avantgardistischen« Künsten, nach verläßlichen Werten suchen. Mahlers »Ton«, in dem tröstend Vertrautes und verständlich Neues ununterscheidbar ineinanderfließen, wirkt in selbem Maße anrührend und unkonventionell. Seine Musik provoziert Unruhe – und besänftigt sie im nächsten Augenblick. Das macht Mahlers Faszination aus, die dadurch, daß sie sich in gleicher, zumindest vergleichbarer Intensität dem Musiker und dem Laien mitteilt, eine unwiderstehliche Anziehungskraft erhält.

Es versteht sich von selbst, daß ein bald weltweit operierender Medienmarkt für eine solche Konstellation einen außergewöhnlich fruchtbaren Boden erschließen sollte. Verzeichnet eine Diskographie von Jack Diether im Jahre 1958 immer noch erst 57 Aufnahmen, so enthält die jüngste (Fülöp 1995) nicht weniger als 1168, wobei eines der populärsten Werke, die *1. Sinfonie*, mit 106 und selbst ein so schwieriges, problembeladenes Stück wie die *Sechste* mit 50 Nummern vertreten sind. Dies muß, wie sich ebenfalls von selbst versteht, Vor- und Nachteile für den Hörer einschließen. Der Vorteil besteht darin, daß Mahlers Musik heute nicht nur mit seinen »Highlights«, sondern daß auch die unbekannteren Werke wie die frühen Lieder, der Klavierquartett-Satz oder die Bearbeitungen (Webers *Drei Pintos*, Streichquartette von Beethoven und Schubert, Schumanns Sinfonien u. a.) ständig »greifbar« sind – was bezeichnenderweise bei traditionell »populären« Komponisten wie Tschaikowsky oder Smetana noch immer keineswegs der Fall zu sein braucht. Der schwieriger zu fassende Nachteil liegt – zumindest für diejenigen, die künstlerisches Wertbewußtsein nicht preisgeben wollen – im inflationären Charakter, den das Mahler-»Angebot« angenommen hat und der es nicht nur dem Laien erschwert, aus überbordender Fülle das – besonders – Hörenswerte herauszufinden. Damit hängt zusammen, daß die rasante, scheinbar kein Ende kennende Vervollkommnung der technischen Mittel eine Perfektionierung der Aufnahme- und Wiedergabequalität nach sich zieht, welche den Unterschied zwischen künstlich erzieltem »Glanz« und künstlerisch bedingter Überzeugungskraft des klingenden Ergebnisses verwischt. Das aber hat wiederum zur Folge, daß »Live«-Darbietungen um der Konkurrenzfähigkeit mit den Medienprodukten willen deren Perfektionsgrad nacheifern und dabei nicht selten eine gefühls- und sinnentleerte Geschäftigkeit annehmen, die sich dann als »originelle« oder gar »authentische« Darstellung aufspielt.

Obwohl dieses Phänomen längst alle Musik betrifft, wirkt es sich doch in Mahlers Fall besonders nachhaltig aus. Denn zu seiner Wirkungsgeschichte gehört, daß die Aufnahmen mit Bruno Walter (*Sinfonien Nr. 1, 2, 4, 5, 9; Lieder eines fahrenden Gesellen; Lieder aus Des*

Knaben Wunderhorn; Das Lied von der Erde; Rückert-Lieder), Otto Klemperer (*Sinfonien Nr. 2, 4, 7, 9; Lieder eines fahrenden Gesellen; Rückert-Lieder; Das Lied von der Erde*) oder Willem Mengelberg (*Lieder eines fahrenden Gesellen; 4. Sinfonie*), die noch aus einer unmittelbar von Mahler geprägten Aufführungspraxis hervorgingen, doch wohl nur anfänglich – in den sechziger und siebziger Jahren – als »authentisch« galten, später indes mehr und mehr – auch entgegen anderslautenden Beteuerungen – von Aufnahmen jüngerer Dirigentengenerationen verdrängt wurden, die unser heutiges Mahler-»Bild« bestimmen. Es waren dies vor allem Leonard Bernstein, Rafael Kubelik, Bernard Haitink und Georg Solti, die auch im genannten Zeitraum die ersten Gesamteinspielungen der Sinfonien herausbrachten.

Es scheint nicht übertrieben, diese Gesamtaufnahmen als Pioniertaten zu bezeichnen – haben sie doch offensichtlich und wohl auch endgültig die kritischen Vorbehalte gegen Mahlers Musik verstummen lassen (wenn sich solche gelegentlich dennoch erheben, so klingen sie inzwischen hoffnungslos antiquiert). Pioniertaten sind sie aber auch in dem Sinne, daß sie in ihrer stilistisch-ästhetischen Vielfalt – Bernstein und Solti betonen mehr den dramatischen, zuweilen ans Theatralische rührenden Gehalt, Kubelik eine volksmusikalisch inspirierte Unmittelbarkeit des Ausdrucks, während Haitink eine insgesamt auf Ausgewogenheit bedachte Darstellung vertritt – nachfolgenden Aufnahmen den Weg wiesen, sei es in anknüpfender Orientierung oder im Bemühen um alternative Auffassung. Aus diesen wahrhaft grundlegenden Ansätzen hat sich in den vergangenen rund zwei Jahrzehnten ein kaum mehr zu durchhörendes Interpretationsangebot entfaltet, das zudem keinen Anhaltspunkt geben will, wohin künftige »Trends« führen könnten. Das aber macht jeden Versuch einer »ratgebenden« Diskographie zunichte, womit dem Hörer nur der mehr als bescheidene Hinweis bleibt, sich einem der dickleibigen Kataloge anzuvertrauen.

Literaturhinweise

Die Werke Gustav Mahlers erscheinen seit 1960 im Rahmen einer *Kritischen Gesamtausgabe*, welche die Internationale Gustav Mahler Gesellschaft in Zusammenarbeit mit mehreren Verlagen herausgibt.

Zitierte Literatur

Gustav Mahler. Sämtliche Werke. Kritische Gesamtausgabe. Hrsg. von der Internationalen Gustav Mahler Gesellschaft. Bd. 1. Revisionsbericht von Erwin Ratz. Wien 1967. – [Zit. als: Ratz.]

Alma Mahler-Werfel: Gustav Mahler. Erinnerungen und Briefe. Amsterdam 1940. – [Zit. als: Alma Mahler.]

Mahler. Sein Leben, sein Werk und seine Welt in zeitgenössischen Bildern und Texten. Hrsg. von Kurt Blaukopf. Mit Beiträgen von Zoltan Roman. Wien 1976. – [Zit. als: Blaukopf/Roman.]

Gustav Mahler. Briefe. Wien/Hamburg 1982. Erw. und rev. Neuausg. Hrsg. von Herta Blaukopf. Wien/Hamburg 1982. [EA: Gustav Mahler. Briefe 1879–1911. Hrsg. von Alma Maria Mahler. Berlin (u. a.) 1924.] – [Zit. als: Briefe.]

Gustav Mahler. Unbekannte Briefe. Hrsg. von Herta Blaukopf. Wien/Hamburg 1983. – [Zit. als: Unbekannte Briefe.]

Gustav Mahler in den Erinnerungen von Natalie Bauer-Lechner. Hrsg. von Herbert Killian. Mit Anm. und Erkl. von Knud Martner. Hamburg 1984. [Erw. und rev. Fass. der EA: Natalie Bauer-Lechner: Erinnerungen an Gustav Mahler. Hrsg. von Johann Killian. Leipzig 1923.] – [Zit. als: Bauer-Lechner.]

Adorno, Theodor W.: Mahler. Eine musikalische Physiognomik. Frankfurt a. M. 1960. [Zit. als: Adorno, *Mahler*.]

Adorno, Theodor W.: Mahler. Wiener Gedenkrede. In: Th. W. A.: Quasi una fantasia. Musikalische Schriften II. Frankfurt a. M. 1963. S. 115 bis 137. [Zit. als: Adorno, *Gedenkrede*.]

Boulez, Pierre: Vorwort. In: Gustav Mahler. Das klagende Lied. (Philharmonia-Partitur Nr. 392.) Wien [o. J.].

Brinkmann, Reinhold: Die gepreßte Sinfonie. Zum geschichtlichen Gehalt von Schönbergs Opus 9. In: Gustav Mahler. Sinfonie und Wirklichkeit. Hrsg. von Otto Kolleritsch. Graz 1977. (Studien zur Wertungsforschung. Bd. 9.) S. 133–156.

Broch, Hermann: Hugo von Hofmannsthal und seine Zeit. In: H. B. Kommentierte Werkausgabe. Hrsg. von Paul Michael Lützeler. Bd. 9,1: Schriften zur Literatur 1. Kritik. Frankfurt a. M. 1975. S. 111–284.

Cooke, Deryck: Vorwort. In: D.C.: Gustav Mahler. A performing Version of the Draft for the Tenth Symphony. New York / London 1976.

Dahlhaus, Carl: Rätselhafte Popularität. Gustav Mahler – Zuflucht vor der Moderne oder der Anfang der Neuen Musik. In: Mahler – eine Herausforderung. Ein Symposion. Hrsg. von Peter Ruzicka. Wiesbaden 1977. S. 5–13.

Eggebrecht, Hans Heinrich: Die Musik Gustav Mahlers. München/Zürich 1982.

Floros, Constantin: Gustav Mahler. Bd. 3: Die Symphonien. Wiesbaden 1985.

Fülöp, Peter: Mahler. Discography. New York 1995.

Gerlach, Reinhold: Strophen von Leben, Traum und Tod. Ein Essay über Rückert-Lieder von Gustav Mahler. Wilhelmshaven 1983.

Hanslick, Eduard: *Die drei Pintos* von C. M. von Weber. In: E. H.: Musikalisches und Litterarisches. (Der »Modernen Oper« V. Theil.) Kritiken und Schilderungen. Berlin 1889. S. 87–95.

Hölderlin, Friedrich: Sämtliche Werke und Briefe. Bd. 1. Hrsg. von Günter Mieth. Berlin/Weimar 1970.

Klemm, Eberhardt: Zur Geschichte der Fünften Sinfonie von Gustav Mahler. In: Jahrbuch Peters 1979. Leipzig 1980. S. 9–116. [Zit. als: Jahrbuch.]

Klemperer, Otto: Über Musik und Theater. Hrsg. von Stephan Stompor. Berlin 1982.

Krummacher, Friedhelm: Gustav Mahlers III. Sinfonie. Welt im Widerbild. Kassel [u. a.] 1991.

Mann, Thomas: Briefe 1889–1936. Hrsg. von Erika Mann. Berlin/Weimar 1965. [Zit. als: Mann, *Briefe*.]

Martner, Knud: Gustav Mahler im Konzertsaal. Eine Dokumentation seiner Konzerttätigkeit 1870–1911. Kopenhagen 1985.

– / Becqué, Robert: Zwölf unbekannte Briefe Gustav Mahlers an Ludwig Strecker. In: Archiv für Musikwissenschaft 34 (1977) H. 4. S. 287–297.

Mayer, Hans: Musik und Literatur. In: Arnold Schönberg [u. a.] über Gustav Mahler. Tübingen 1966. S. 142–156.

Moldenhauer, Hans und Rosaleen: Anton Webern. Chronik seines Lebens und Werkes. Zürich / Freiburg i. Br. 1980.

Reeser, Eduard (Hrsg.): Gustav Mahler und Holland. Briefe. Hrsg. und eingel. von E. R. Wien 1980.

Schmierer, Elisabeth: Die Orchesterlieder Gustav Mahlers. Wiesbaden 1993.

Schönberg, Arnold: Briefe. Ausgew. und hrsg. von Erwin Stein. Mainz 1958. [Zit. als: Schönberg, *Briefe*.]

– Mahler. In: A. S.: Gesammelte Schriften. Bd. 1. Hrsg. von Ivan Vojtech. Frankfurt a. M. 1976. S. 7–24. [Zit. als: Schönberg, *Mahler*.]

Silbermann, Alfons: Lübbes Mahler Lexikon. Bergisch Gladbach 1986.

Specht, Richard: Gustav Mahler. Berlin 1913.

Stefan, Paul (Hrsg.): Gustav Mahler. Ein Bild seiner Persönlichkeit in Widmungen. München 1910.

– Gustav Mahler. Eine Studie über Persönlichkeit und Werk. München 1920.

Worringer, Wilhelm: Abstraktion und Einfühlung. Ein Beitrag zur Stilpsychologie. Leipzig/Weimar 1981.

Weitere Literatur

Adler Guido: Gustav Mahler, Wien/Leipzig 1916.

Andraschke, Peter: Gustav Mahlers IX. Symphonie. Kompositionsprozeß und Analyse. Wiesbaden 1976. (Beihefte zum Archiv für Musikwissenschaft. Bd. 14.)

Bekker, Paul: Gustav Mahlers Sinfonien. Berlin 1921. Repr. Tutzing 1969.

Blaukopf, Kurt: Gustav Mahler oder Der Zeitgenosse der Zukunft. Wien [u. a.] 1969.

– und Herta: Mahler. Leben und Werk in Zeugnissen der Zeit. Mit Beiträgen von Zoltan Roman, Stuttgart 1993.

Danuser, Hermann: Gustav Mahler. Das Lied von der Erde. München 1985. (Meisterwerke der Musik. H. 25.)

Danuser, Hermann: Gustav Mahler und seine Zeit. Laaber 1991.

Floros, Constantin: Gustav Mahler I. Die geistige Welt Gustav Mahlers in systematischer Darstellung. Wiesbaden 1977.

– Gustav Mahler II. Mahler und die Symphonik des 19. Jahrhunderts in neuer Deutung. Wiesbaden 1977.

Grange, Henry-Louis de La: Gustav Mahler. Chronique d'une vie. Bd. 1: Vers la Gloire, 1860–1900. Bd. 2: L'age d'or de Vienne, 1900–1907. Bd. 3: Le génie foudroyé, 1907–1911. Paris 1979–84.

Hilmar-Voit, Renate: Im Wunderhorn-Ton. Gustav Mahlers sprachliches Kompositionsmaterial bis 1900. Tutzing 1988.

Karbusicky, Vladimir: Gustav Mahler und seine Umwelt. Darmstadt 1978.

Klemm, Eberhardt: Notizen zu Mahler. In: Festschr. Heinrich Besseler zum 60. Geburtstag. Leipzig 1961. S. 447–455.

– Über ein Spätwerk Gustav Mahlers. In: Deutsches Jahrbuch für Musikwissenschaft für 1961. Leipzig 1962. S. 19–32.

Mahler-Werfel, Alma: Mein Leben. Frankfurt a. M. 1963.

Metzger, Heinz-Klaus / Riehn, Rainer (Hrsg.): Musik-Konzepte. (Sd.-Bd. Gustav Mahler.). München 1989.

Mitchell, Donald: Gustav Mahler. The Early Years. London 1958. Rev. Ausg. London/Boston 1980.

– Gustav Mahler. The Wunderhorn Years. London 1975.

– Gustav Mahler. Songs and Symphonies of Life and Death. London 1985.

Müller, Karl-Josef: Mahler. Leben – Werke – Dokumente. Mainz 1988.

Newlin, Dika: Bruckner – Mahler – Schönberg. Wien 1954.

Pfohl, Ferdinand: Gustav Mahler. Eindrücke und Erinnerungen aus den Hamburger Jahren. Hrsg. von Knud Martner. Hamburg 1973.

Ratz, Erwin: Zum Formproblem bei Gustav Mahler. Eine Analyse des ersten Satzes der IX. Symphonie. In: Die Musikforschung 8 (1955) S. 169–177.

– Zum Formproblem bei Gustav Mahler. Eine Analyse des Finales der VI. Symphonie. In: Die Musikforschung 9 (1956) S. 156–171.

Redlich, Hans-Ferdinand: Bruckner and Mahler. London / New York 1963.

Reilly, Edward R.: Gustav Mahler und Guido Adler. Wien 1978.

Revers, Peter: Gustav Mahler. Untersuchungen zu den späten Sinfonien. Hamburg 1985.

Roman, Zoltan: Gustav Mahler's American Years 1907–1911. A documentary History. New York 1989.

Schmitt, Theodor: Der langsame Symphoniesatz Gustav Mahlers. Historisch-vergleichende Studien zu Mahlers Kompositionstechnik. München 1983.

Schreiber, Wolfgang: Gustav Mahler in Selbstzeugnissen und Bilddokumenten. Reinbek bei Hamburg 1971.

Sponheuer, Bernd: Logik des Zerfalls. Untersuchungen zum Finalproblem in den Symphonien Gustav Mahlers. Tutzing 1978.

Stephan, Rudolf: Gustav Mahler. IV. Sinfonie G-dur. München 1966. (Meisterwerke der Musik. H. 5.)

– Gustav Mahler. II. Symphonie c-moll. München 1979. (Meisterwerke der Musik. H. 21.)

– Gustav Mahler. Werk und Interpretation. Autographe, Partituren, Dokumente. Köln 1979.

Tibbe, Monika: Über die Verwendung von Liedern und Liedelementen in instrumentalen Symphoniesätzen Gustav Mahlers. München 1971. (Berliner musikwissenschaftliche Arbeiten. Bd. 1.)

Vill, Susanne: Vermittlungsformen verbalisierter und musikalisierter Inhalte in der Musik Gustav Mahlers. Tutzing 1979. (Frankfurter Beiträge zur Musikwissenschaft. Bd. 6.)

Vondenhoff, Bruno und Eleonore: Gustav Mahler Dokumentation. Tutzing 1978.

– Ergänzungsband zur Gustav Mahler Dokumentation. Tutzing 1983.

Walter, Bruno: Gustav Mahler. Ein Porträt. Wien 1936. Neuausg. Berlin/Frankfurt a. M. 1957.

Werkverzeichnis und Register

Halbfette Seitenzahlen verweisen auf die ausführlichere Behandlung eines Werkes.

Instrumentalwerke

Sinfonien und Das Lied von der Erde

Kammermusik

Bearbeitungen

Vokalwerke

Lieder und Gesänge

1. nach Gruppen

2. nach Einzelwerken

Chor- und Bühnenwerke

Personenregister